SpringerWienNewYork

Christoph Reisner, Michael Dihlmann

Moderne Praxisführung

Gründung, Management, Nachfolge und Niederlegung

SpringerWienNewYork

Dr. Christoph Reisner

Facharzt für Orthopädie und orthopädische Chirurgie
Oberarzt am Krankenhaus Wiener Neustadt/Niederösterreich
Wahlarzt in Neunkirchen/Niederösterreich
Präsident der Ärztekammer für Niederösterreich
Präsident „Wahlärzte Österreich“
Obmann „Wahlärzte und Mittelbau Niederösterreich“
Geschäftsführender Gesellschafter der Reisner & Sinzinger Med. Software G.m.b.H.
Allgemein beeideter und gerichtlich zertifizierter Sachverständiger

Michael Dihlmann

Pressesprecher der Ärztekammer für Niederösterreich
Ressortleiter „Praxis und Wirtschaft“ bei der ÄRZTE WOCHE (bis August 2007)
Mitarbeiter der Steuerberatungskanzlei „Die Ärzteberater“ in Trofaiach/Steiermark

Springer-Verlag Wien New York ist ein Unternehmen von
Springer Science+Business Media
springer.at

Umschlagbild: istockphoto/doctor_examining_a_laptop_computer
Layout: Springer-Verlag, Wien
Satz: Grafik Rödl, 2486 Pottendorf, Österreich
Druck: Holzhausen Druck & Medien GmbH, 1140 Wien, Österreich
Gedruckt auf säurefreiem, chlorfrei gebleichtem Papier – TCF
SPIN: 12104611

Mit 8 Abbildungen und 17 Tabellen

Bibliografische Information der Deutschen Nationalbibliothek
Die Deutsche Nationalbibliothek verzeichnet diese Publikation in der Deutschen Nationalbibliografie; detaillierte bibliografische Daten sind im Internet über http://dnb.d-nb.de abrufbar.

ISBN 978-3-211-74146-7 SpringerWienNewYork

Vorwort

Österreich im Sommer 2007: Die Ausgangssituation im Gesundheitswesen hat sich gegenüber der Vorbereitungsphase für das Buch „[Wahl]Arzt in Österreich“ (erschienen im Oktober 2006, Springer-Verlag WienNewYork) kaum verändert. Im Umbruch befindet sich die Ärztekammer als Standesvertretung dieser Berufsgruppe. Während vor einem Jahrzehnt noch niedergelassene Allgemeinmediziner mit Kassenvertrag in der Mehrheit waren, geht der Trend heute eindeutig zu den angestellten Ärzten. Im Mai 2007 wurde in Niederösterreich als bundesweites Novum erstmals ein Wahlarzt zum Ärztekammerpräsidenten gewählt.

Obwohl in der gegenwärtigen Regierung eine Ärztin als neue Gesundheitsministerin fungiert, ist weder eine Aufwertung des niedergelassenen Bereiches zu erkennen noch sind Ansätze für wirkliche Reformen im System vorhanden. Erkennbar zeigt sich in erster Linie der immer noch unglaublich schnell fortschreitende Bürokratisierungs- und Überwachungswahn, der vor allem die Kassenärzte zusätzlich zu ihrer ohnehin immer schwieriger werdenden Arbeit belastet. Wahlärzte stehen grundsätzlich voll im Wettbewerb und müssen sich im wirtschaftlich härter werdenden Umfeld behaupten.

Da der einzelne Arzt Systemveränderungen nicht beeinflussen kann, bleibt ihm nichts anderes übrig, als die Herausforderungen anzunehmen. Dies erfordert die Berücksichtigung zahlreicher wirtschaftlicher und rechtlicher Gegebenheiten, die wir in diesem Buch vermitteln wollen. Ganz zwangsläufig hat sich bei der Erarbeitung auch der eine oder andere Ansatz ergeben, wie man das bestehende System zu Gunsten von Ärzten, Patienten und Sozialversicherungen leicht adaptieren könnte.

Christoph Reisner und *Michael Dihlmann* im Juli 2007

Die Autoren

Dr. Christoph Reisner
Facharzt für Orthopädie und orthopädische Chirurgie
Oberarzt am Krankenhaus Wiener Neustadt/Niederösterreich
Wahlarzt in Neunkirchen/Niederösterreich
Präsident der Ärztekammer für Niederösterreich
Präsident „Wahlärzte Österreich"
Obmann „Wahlärzte und Mittelbau Niederösterreich"
Geschäftsführender Gesellschafter der Reisner & Sinzinger Med. Software G.m.b.H.
Allgemein beeideter und gerichtlich zertifizierter Sachverständiger
www.wahlarzt.at
e-Mail: wahlarzt@aon.at

Michael Dihlmann
Pressesprecher der Ärztekammer für Niederösterreich
Ressortleiter „Praxis und Wirtschaft" bei der ÄRZTE WOCHE (bis August 2007)
Mitarbeiter der Steuerberatungskanzlei „Die Ärzteberater" in Trofaiach/Steiermark
www.dihlmann.at
www.aerzteberater.at
e-Mail: michael@dihlmann.at

Wir danken folgenden Personen für die Hilfe und Mitarbeit bei der Konzeption und Erarbeitung dieses Buches:

- **Dr. Gerald Bachinger**, Patientenanwalt, St. Pölten
  gerald.bachinger@noel.gv.at, www.patientenanwalt.com
- **Fritz Bauer**, Unternehmens- und Vermögensberater, Trofaiach/Steiermark
  office@aerzteberater.at, www.aerzteberater.at
- **Dr. Karl Braunschmid**, Steuerberater, Linz
  kanzlei@braunschmid.at, www.medtax.at
- **Dr. Christian Eglseer**, IGMed, Amstetten
  c.eglseer@aon.at, www.igmed.at
- **Horst Jünger**, Steuerberater, Innsbruck
  info@juenger.at, www.medtax.at
- **Mag. Manfred Kenda**, Steuerberater, Klagenfurt
  manfred.kenda@die-steuerberater.at, www.medtax.at
- **Mag. Wolfgang Leonhart**, Steuerberater, Wien
  wolfgang.leonhart@leonhart.at, www.medtax.at
- **Mag. Markus Lechner**, Rechtsanwalt, Lochau, **lechnermarkus@aon.at**
- **Univ.-Prof. Dr. Wolfgang Mazal**, Universitätsprofessor für Arbeits- und Sozialrecht, Wien
  wolfgang.mazal@univie.ac.at
- **Dr. Karin Prutsch**, Rechtsanwältin, Graz
  office@medizinrecht.co.at, www.fritschpartner.at, www.medizinrecht.co.at
- **Harald Reigl**, MAS, Regionalleiter Niederösterreich der Ärztebank, Wien
  harald.reigl@aerztebank.at, www.aerztebank.at
- **Dr. Gottfried Scholler**, Steuerberater, Wien/St. Pölten
  scholler@scholler.at, www.medtax.at
- **Dr. Günther Schreiber**, Allgemeinmediziner, Wien
  Branchenmanager Gesundheitswesen Quality Austria
  dr.schreiber.guenther@aon.at, www.qualityaustria.com
- **Wilhelm Zieger**, Basler Ärztedienst, Graz
  wilhelm.zieger@basler.co.at, www.basler.co.at

Wir danken folgenden Institutionen und deren Mitarbeitern für die umfassende Unterstützung durch ärztespezifisches Know-how und Datenmaterial:

Basler Ärztedienst als Kompetenzzentrum für Ärzte

Der Ärztedienst der Basler Versicherung wurde neu strukturiert, um eine intensive Beschäftigung mit den mannigfaltigen wirtschaftlichen und rechtlichen Problemen der Ärzteschaft zu ermöglichen. Derzeit werden im Rahmen des Basler Ärztedienstes vier Beratungsschwerpunkte angeboten. Versicherungsberatung ist das eigentliche Ursprungsgeschäft. 2004 wurde der Dienstleistungsbereich bankenunabhängige Finanzierungen eingeführt. 2005 wurde eine umfassende Standortanalyse für Ordinationen entwickelt. Ein Hauptbestandteil des Dienstleistungsangebotes des Basler Ärztedienstes ist das Praxis&Wirtschaft-Gründungsseminar mit Planspiel, das in Zusammenarbeit mit der ÄRZTE WOCHE bereits für mehr als 1.000 Teilnehmer in allen Regionen Österreichs in den vergangenen Jahren durchgeführt wurde. Dieses Seminar hat sich mittlerweile zum größten Wirtschaftsseminar für Ärzte entwickelt.

BaslerÄrztedienst
Zentrale Graz
Kaiserfeldgasse 29, 8010 Graz
Tel. 0316/32-50-55
www.basler.co.at
e-Mail: aerzte@basler.co.at

MEDTAX, Dachverband österr. Ärztesteuerberater

Hochspezialisierte Beratung setzt Kommunikation und fachlichen Austausch mit Spezialisten des gleichen Standes voraus. Fünf der führenden Ärztespezialisten Österreichs haben sich zu diesem Zweck zusammengefunden. Die renommierten Kanzleien Ärztetreuhand Dr. Braunschmid in Linz, Steuerberatungskanzlei Jünger in Innsbruck, Dr. Scholler & Partner Wirtschaftstreuhand in Wien/St. Pölten, „Die Steuerberater Kenda & Lebersorger" in Klagenfurt und nicht zuletzt Leonhart und Leonhart Wirtschaftstreuhand in Wien sind an dieser Kooperation beteiligt, die ungeahnte Synergien letztlich zum Nutzen der Klienten ermöglicht. In Summe werden von den MEDTAX-Steuerberatern mit mehr als 5.000 Ärzten fast 15 Prozent der Ärzteschaft betreut.

MEDTAX
Dachverband österr.
Ärztesteuerberater
Landstraße 38, 4020 Linz
Tel. 0732/77-00-36
www.medtax.at
e-Mail: office@medtax.at

Inhalt

Einleitung 1

Wie attraktiv ist der Arztberuf heute? 7

Ärztebefragung „Hausarzt in Not" 8

Ergebnisse der Ärztebefragung 9

Krankenkassensystem und Einkommen unbefriedigend 9

Reformbedarf bei Ärztekammern klar erkennbar 13

Die Beziehung Arzt zu Patient sollte überdacht werden 15

Gesundheitspolitische Facetten 17

Grundbausteine für eine erfolgreiche Praxis 21

Investition und Finanzierung 22

Grundlegende Investitionsgedanken 22

Hilfreiche Tipps für den Umgang mit der Bank 25

Keine Patentlösung für Kreditaufnahme 27

Achtung Schuldenfalle! 30

Vorsicht an der Keilerfront 31

Ordination kaufen oder mieten? 32

Übersicht im Versicherungsdschungel 33

Praxisgründung optimal versichern 34

Im Bann der Haftpflichtversicherungen 37

Die strafrechtliche Risikosituation des Arztes 38

Produkte für Absicherung, Kapitalbildung und Altersvorsorge 39

Unfallversicherungen richtig dimensionieren 41

Wenn der Ordinationsbetrieb stillsteht 42

Auch an die Praxis-EDV denken 44

Was tun, wenn der Versicherer kündigt? 45

Freiwillige Deckung durch den Versicherer 46

Vorsicht bei der Nachhaftungszeit 48

EDV in der Arztpraxis 49

Organisatorische Aspekte 50

Verkabelung, Strom, Aufstellung 50

Hardware 51

Software 57

Tipps zur Angebotslegung 62

Ausgewählte Aspekte der Mitarbeiterführung 62

Bezahlung mit Erfolgskomponente 62

Urlaubsvereinbarungen ohne Missverständnisse 63

Ein Dienstverhältnis kann einmal zu Ende gehen 65

Qualitätsmanagement 68

Produktverkauf als Zusatzangebot niedergelassener Ärzte 72

Verkaufschancen und Kalkulation 72

Produktverkauf und Sozialversicherungspflicht 74

Produktverkauf im Familienverbund 77

Privatleistungen unter der Lupe 78

Analyse im Vorfeld notwendig 78

Kalkulationsgrundlagen 80

Beispiel Endermologie 81

Beispiel Anwendung von Lasern 82

Beispiel Ozontherapie 84

Beispiel Knochendichtemessungen 85

Beispiel Bioresonanz 86

Beispiel Colon-Hydro-Therapie 87

Feindbild Einkommensteuer 91

Ordnung ist das halbe Leben 92

Sorgfältige Belegablage in der Ordination 92

Die Bareinnahmenverordnung 93

Mit einfachen Mitteln die Finanzen überblicken 95

Leitfaden für steuerliche Nutzbarkeit 97

Grundlagen 97

Abgrenzung von betrieblichen zu privaten Aufwendungen 99

Steuerschlupfwinkel sind fast ausgestorben 100

Abschreibungen als wirtschaftliche Gestaltungsmöglichkeit 102

Sinn und Unsinn von Vorauszahlungen 104

Alles rund um´s Auto 105

Des Arztes liebstes Steckenpferd in Sachen Steuer 105
Auto kaufen oder leasen? 108
Die Betriebsprüfung 110

Arzt im Recht 115

Strafrechtliche Risikosituationen 116
Die ärztliche Dokumentation 117
Die ärztliche Aufklärung 118
Grundlagen 118
Art und Weise der Aufklärung 121
Zeitpunkt der Aufklärung 121
Untergliederung der Aufklärung 122
Ärzte fragen – Juristen antworten 123
Rechtliche Vorgaben im Licht der Ökonomie 148

Ärztliche Kooperationen 153

Kooperationsformen im Überblick 154
Totgeburt Gruppenpraxis 157
Ansätze für moderne Kooperationsformen im Gesundheitswesen 158
Kostensparpotenzial von Kooperationen 160
Tipps für Kooperationswillige 162
Pro und Contra Ärzte-GmbH 165
Tarifgestaltung bei Untervermietung der Ordination 169
Apparategemeinschaften leicht gemacht 171

Dilemma Kassenvertrag 173

Einkommensverhältnisse im Wandel der Zeit 174
Die kalte Progression 179
Inflation und Verwaltung schlucken Ärzteeinkommen 180
Umsatz ist nicht gleich Gewinn 182
Angemessenes Einkommen von Kassenärzten 184

Der Wahlarzt 187

Allgemeines 188
Aktuelle Situationsanalyse und Beispiele aus der Praxis 188
Sinnvolle Nebentätigkeiten 190
Wahlarzt als zweites „Standbein" 192
Formen der Zusammenarbeit 192
Auswahl, Einrichtung und Ausstattung der Ordinationsräumlichkeiten 194
Kommunikationspartner – ein Schlüssel zum Erfolg 196
Organisatorische Apekte 197
Was Patienten von einem Wahlarzt erwarten 205
Honorargestaltung und Rückersatz 206
Die Position des Allgemeinmediziners als Wahlarzt 216
Häufige Fragen von Patienten und heikle Situationen in der Praxis 220

Rüstzeug für die Praxisniederlegung 229

Auf in den wohlverdienten Ruhestand 230
Den Lebensstandard sichern 232
Staatliche Pension: Weitere Einschnitte sind zu erwarten 232
Keine Kontinuität bei Geldflüssen in der Praxis 234
Das „gefühlte Einkommen" schwankt im Laufe des Arbeitslebens 237
Auch Gutverdiener haben ein Privatbudget 239
Naturgesetze der Geldanlage nicht außer Kraft setzen 242
Ablaufplan Praxisniederlegung 245
Praxisniederlegung und Mitarbeiter 248
Steuerliche Aspekte der Praxisniederlegung 250
Allgemeines 250
Steuerliche Behandlung von Übergangs- und Veräußerungsgewinnen 253
Was ist eine Kassenordination wert? 254
Resümee der Autoren zur Bewertung von Arztpraxen 254

Medikamentendistribution – Ein gesundheitspolitischer Exkurs 259

Impfungen ökonomisch durchleuchtet 260

Konzept Medikamenten-Management 265

Beweggründe zur Entwicklung des Konzeptes 265

Ziele des Konzepts 266

Situationsanalyse 266

„Wertschöpfungskette" Medikation 267

Kritikpunkte am derzeitigen System 268

Alternative „Medikamenten-Management" 271

Umsetzbarkeit 272

Argumente, die für das Medikamenten-Management sprechen 276

Weitere Problembereiche 277

Resümee zum Thema Dispensierrecht 278

Einleitung

Die Tätigkeit der niedergelassenen Ärzte hat sich in den vergangenen Jahrzehnten stark verändert. Zunehmende Konkurrenz, angeblich immer spärlicher verfügbare öffentliche Mittel und vor allem eine unglaubliche Bürokratisierung erhöhen den Leistungsdruck. Während es früher möglich war, aus wirtschaftlicher Sicht einfach so „vor sich hin zu ordinieren", reicht das heute längst nicht mehr aus. Der Arzt von heute muss sich genauso wie ein Geschäftsführer eines anderen Unternehmens um sämtliche betriebswirtschaftliche Belange kümmern, sonst stehen finanzielle Probleme ins Haus.
In diesem Buch wurden die aus unserer Sicht wichtigen wirtschaftlichen Grundgedanken für eine erfolgreiche Praxisführung dargestellt. Dies beginnt mit Hinweisen über zweckmäßige Finanzierung. Jedem Arzt kann heute nur geraten werden, sich seines Hausverstandes zu besinnen und schlank, fristenkonform und vor allem im Hinblick auf die Tilgungsmodalitäten risikolos zu finanzieren.
Möglichkeiten des Steuersparens sind fast ausgestorben. Die „Hausaufgaben" steuerlicher Natur müssen natürlich gemacht werden, aber fast alles, was unter dem Titel „Steuersparen" verkauft wird, hat letztlich mit Misswirtschaft zu tun. Das System ist so ausgelegt, dass ein gutes Nettoeinkommen ein entsprechendes Bruttoeinkommen voraussetzt – und die Steuer gehört zwangsläufig dazu. Alles andere befindet sich im Graubereich und führt über kurz oder lang zu Problemen mit einem technisch immer besser ausgestatteten Finanzamt.
Ein besonders „heißes" Thema ist die immer bedrohlicher werdende rechtliche Situation der Ärzte. Die Entwicklung ist einerseits gekennzeichnet von härterer „Gesetzesauslegung" und zunehmender Begehrlichkeit von Patienten bzw. deren Anwälten. Im krassen Gegensatz dazu stehen die Kassenverträge, die aufgrund der oft zu restriktiven Bedarfsplanung, zu geringer Honorierung und des steigenden Zeitaufwandes für Bürokratie immer weniger Zeit für wesentliche Teile des

Behandlungsvertrages wie Aufklärung und Dokumentation lassen. Dies führt dazu, dass eigentlich kein Kassenarzt mehr einen Ordinationstag verbringen kann, ohne im rechtlichen Graubereich oder sogar Niemandsland zu stehen. Dramatisch wird die angesprochene Situation rund um die Medikation, wo derzeit eine extreme Diskrepanz zwischen Arbeit, Verantwortung und „Wertschöpfung" besteht.

Im Kapitel rund um ärztliche Kooperationsformen wird ein Bedürfnis der Ärzteschaft ganz klar erkennbar: Abseits der Kassenverträge boomen Kooperationsmodelle aller Art. Dabei lässt sich deutlich ein Hang zum möglichst einfachen, verständlichen und vor allem jederzeit „unblutig" beendbaren Modell erkennen. Im Kassenbereich wird seit fast einem Jahrzehnt an der Gruppenpraxis herumgebastelt, jedoch ohne Aussicht auf jemals eintretenden durchschlagenden Erfolg. Erstens wehrt sich die Sozialversicherung gegen eine Ausweitung des Stellenplanes, und zweitens sind die gesetzlichen Rahmenbedingungen für Ärzte unattraktiv. Faktum ist: Um zwei bestehende Vertragspraxen zusammen zu legen, braucht man sicher kein Gruppenpraxismodell.

Derzeit werden für uns unverständliche Rufe nach „Anstellung von Ärzten bei Ärzten" oder der „Ärzte-GmbH" laut. Diese Ansätze sollten zwar grundsätzlich möglich sein, bergen aber auch Gefahren und entsprechen sicher nicht den vorrangigen Wünschen der Kassenärzte. Optimal für Ärzte, Patienten und Sozialversicherungen sind schlanke Modelle mit „erweiterter Vertretung" und der Möglichkeit, auch parallel zu arbeiten – ohne Gesellschaftsgründung mit Folgen wie erhöhten Kosten und möglicher rechtlicher Auslieferung, die alle Kooperationssynergien wieder zu Nichte machen.

Wahlärzte sind mittlerweile den Kassenärzten an Zahl ebenbürtig, woraus sich deren enormes Gewicht bei der öffentlichen Versorgung ableiten lässt. Auch wenn detaillierte Zahlen dazu fehlen, ist klar, dass nur ein Bruchteil der tatsächlich von den Versicherten aufgewendeten

Honorare rückerstattet wird. Eine besondere Problematik der Wahlarzttätigkeit besteht beim Allgemeinmediziner, der zunehmend in die Ecke der Komplementärmedizin gedrängt wird. Es gelingt nur Einzelnen, als Hausarzt im eigentlichen Sinn überleben zu können.
Die im Frühjahr 2007 durchgeführte Umfrage „Hausarzt in Not", gekoppelt mit den Berechnungen rund um das „Dilemma Kassenvertrag" gibt Einblick in die Problematik von Ärzten mit Kassenvertrag. Es ist eindeutig zu erkennen, dass sich Hausärzte in Österreich im Schnitt unterbezahlt fühlen und (dadurch) auch ein latentes persönliches finanzielles Problem haben. Die Zeit für den einzelnen Patienten wird als dramatisch zu kurz eingeschätzt. Die ELGA (= ELektronische Gesundheits-Akte) in der geplanten Form wird abgelehnt, großen Zuspruch finden die Themen „Dispensierrecht für Ärzte" sowie „Honorarangleichung in den Bundesländern". Der Großteil der befragten Ärzte gab an, durch die e-Card keine Zeit zu sparen, aber höhere (unabgegoltene) Kosten tragen zu müssen. Allein der nicht abgegoltene Zeitaufwand für die Bearbeitung der ABS-Fälle (ABS = Automatisches Bewilligungs-Service) dürfte nach unseren Schätzungen 90 Millionen Euro pro Jahr nur bei den Hausärzten betragen.
Welche Erwartungen hegen die Ärzte hinsichtlich einer Lösung der anstehenden Probleme? Während immerhin die Hälfte der Befragungsteilnehmer den Ärztekammerfunktionären Maßnahmen in diese Richtung zutraut, ist die Einstellung zur Standesvertretung an sich eher negativ. Unter den möglichen „Kampfmaßnahmen" rangiert der Ärztestreik an erster Stelle; immerhin könnten sich knapp zwei Drittel damit anfreunden.
Zu guter Letzt kommt auf jeden niedergelassenen Arzt eines Tages die Praxisschließung zu. In den kommenden Jahren werden tausende Kassenärzte in den Ruhestand gehen. Dies erfordert sorgfältige Vorbereitung, auch hier können kostspielige Fehler passieren.

Einleitung

Derzeit laufen heiße Diskussionen über die Bewertung von Kassenpraxen. Der Trend geht mittlerweile auch in den letzten Bundesländern zur Abkoppelung der Einflussmöglichkeit des Übergebers eines Kassenvertrags auf den Übernehmer, was entgegen der Meinung zahlreicher Experten in der Regel zur Wertlosigkeit von Kassenpraxen führt, beispielsweise in Kärnten. Wir sind jedoch der Meinung, dass geeignete Übergabemodelle durchaus die Möglichkeit bieten, den eigentlichen Wert von Kassenpraxen, nämlich das Know-how des Übergebers, zu „veräußern".

Wie attraktiv ist der Arztberuf heute?

Ärztebefragung „Hausarzt in Not"

Wie attraktiv ist der Arztberuf heute? Wie beurteilen die von den gesundheitspolitischen Veränderungen der letzten Jahre betroffenen Ärzte ihre Situation? Im Frühjahr 2007 wurde von der ÄRZTE WOCHE in Kooperation mit dem Österreichischen Hausärzteverband eine Umfrage zur Situation der Hausärzte in Österreich durchgeführt. Fast 400 Fragebögen konnten ausgewertet werden.

Mit dieser Aktion ist es tatsächlich gelungen, die Hauptzielgruppe anzusprechen: 93 Prozent der auswertbaren Fragebögen entfallen auf Allgemeinmediziner, die den Hauptteil ihres Einkommens aus Verträgen mit der Gebietskrankenkasse beziehen. Das entspricht in Summe knapp sechs Prozent der gesamten Hausärzteschaft in Österreich.

Einige statistische Daten vorweg: Der Anteil von 20 Prozent Allgemeinmedizinerinnen liegt deutlich unter dem österreichweiten Frauenanteil. Hier wird in weiterer Folge die Untersuchung von Interesse sein, wie sich einzelne Zahlen im Hinblick auf den Geschlechtsunterschied verhalten.

Die Verteilung innerhalb der Bundesländer entspricht weitestgehend der tatsächlichen Verteilung in Österreich, mit einzelnen Ausnahmen. In Kärnten ist die Befragung auf wenig Interesse gestoßen (relativ gesehen etwa halb so viele Einsendungen wie Ärzte im Bundesland). Die Bundesländer Niederösterreich und Steiermark liegen hingegen etwa 20 Prozent über dem Schnitt, was sich höchst wahrscheinlich durch die enge Kooperation mit der IGMed (Interessen-Gemeinschaft Medizin) sowie der Steirischen Akademie für Allgemeinmedizin begründen lässt.

Die Altersstatistik liegt genau im Trend der uns zur Verfügung stehenden Information. Die Altersklasse der Ärzte in den letzten 10 bis 15 Berufsjahren (über 50) ist vor den 40- bis 50-Jährigen am häufigsten vertreten. Auch die klassischen „Landärzte“ lassen sich offenbar durch den Terminus „Hausarzt“ viel eher ansprechen. Mit etwa einem Viertel Hausapothekern unter den Einsendern (etwa 15 Prozent im Österreichschnitt) sowie der Angabe von etwa 60 Prozent der Befragten, sie würden in einer kleinen oder größeren Landgemeinde ordinieren, ist das eindeutig zu belegen. Ein weiteres Detail: Etwa zehn Prozent der befragten Ärzte sind neben der Niederlassung noch in einem Anstellungsverhältnis tätig.

Ergebnisse der Ärztebefragung

Krankenkassensystem und Einkommen unbefriedigend

Die erste Auswertung der Ärztebefragung „Hausarzt in Not“ widmete sich den Themen „Krankenkasse“ und „Einkommen“. Nachdem es gelungen ist, klassische Kassenärzte mit einem Anteil von 93 Prozent zur Teilnahme zu motivieren, haben diese Themen auch einen zwingenden, unmittelbaren Bezug zueinander.
Wichtig war für uns zunächst das Urteil der Ärzte in Bezug auf ihre derzeitige finanzielle Situation. Für die Bewertung wurde zur Abstufung das Schulnotensystem herangezogen. Der Medianarzt bezeichnet seine Situation mit „es geht“ und somit mit Schulnote 3, das statistische Mittel liegt mit 3,2 zwischen „es geht“ und „eher unzufrieden“. Gerade einmal sechs Prozent sind völlig zufrieden, immerhin 20 Prozent eher zufrieden. Für die verbleibenden 74 Prozent ist die finanzielle Situation aus eigener Sicht daher durchwachsen bis schlecht.
Keine Überraschung bringt die Analyse der eigenen finanziellen Beurteilung unter der Prämisse „Ordinationsgröße“. Hier ist eindeutig eine steigende Unzufriedenheit bei kleinerer Ordinationsgröße abzulesen. Allerdings klafft die Bandbreite nicht sehr weit auseinander. So beur-

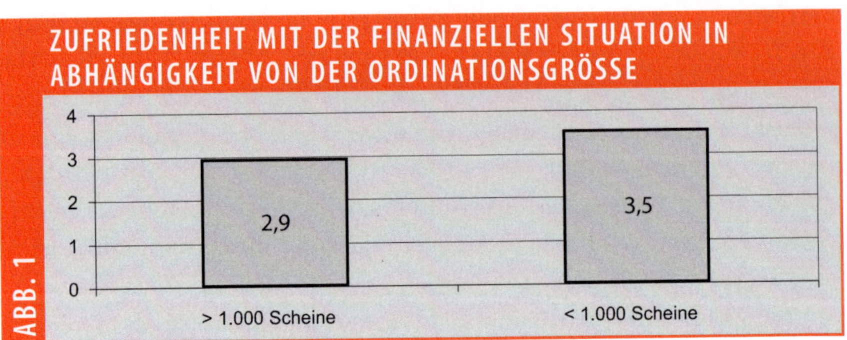

ABB. 1 ZUFRIEDENHEIT MIT DER FINANZIELLEN SITUATION IN ABHÄNGIGKEIT VON DER ORDINATIONSGRÖSSE

teilen Ärzte mit großen Ordinationen „1.000 Scheine aufwärts“ ihre individuelle Situation im Schnitt mit 2,9 (Abb. 1).

Interessant ist, dass die Frauen unter den Allgemeinmedizinern aus eigener finanzieller Betrachtung unzufriedener sind. Dass Hausapotheker eher zufriedener sind, wundert jedoch niemanden. Hier besteht sicher eine Korrelation, wenn nicht sogar ein Kausalzusammenhang zur Ordinationsgröße.

61 Prozent der Ärzte bezeichnen die Kassenvertragslage als desolat bis eher schlecht, lediglich zwölf Prozent als „einigermaßen positiv“ bis „positiv“. Entgegen der Ärztekammertendenz in allen Bundesländern stehen nur sieben Prozent der Befragten einer Honorarangleichung in den verschiedenen Bundesländern grundsätzlich negativ gegenüber, fast 70 Prozent der Befragten sind sogar vorbehaltlos dafür (23 Prozent „Es kommt darauf an“).

Nun zu den Ergebnissen, in welchem Ausmaß das Einkommen nach eigener Einschätzung steigen müsste, um damit zufrieden zu sein. Das Statistikprogramm wirft dazu den unkommentierten Wert von 24 Prozent über alle eingesandten Fragebögen aus. Werden die Hausapotheker extrahiert, ergibt sich erstaunlicherweise kein nennenswerter

Unterschied. Hausapotheker fühlen sich also im gleichen Ausmaß unterbezahlt wie Allgemeinmediziner ohne Hausapotheke.

Wer soll die von den Hausärzten erwünschten Veränderungen bewirken? Bei dieser Frage waren Mehrfachnennungen möglich. Gewinner sind die Ärztevertreter, denen immerhin jeder zweite eine Änderung der derzeitigen Lage zutraut. Kassenvertreter sind aus Sicht der Ärzteschaft logischerweise mit weniger als zwei Prozent der Einschätzungen am wenigsten geeignet, Patientenvertreter und Politiker schneiden kaum besser ab. Den Medien wiederum wird mit etwas mehr als 20 Prozent einiges an Veränderungspotenzial zugetraut.

Bei dieser Frage bestand auch die Möglichkeit, eigene Vorschläge zu notieren. Diese mit Kommentaren versehenen Notizen sind ein „gefundenes Fressen" für Journalisten, wenngleich nicht immer jugendfrei. Näheres dazu im Abschnitt „Rolle der Ärztekammern". Jedenfalls teilen sich die knapp 40 Prozent der selbst eingebrachten Vorschläge, wem Ärzte eine Änderung der derzeitigen Lage am ehesten zutrauen, recht gleichmäßig auf die drei Hauptantworten „niemandem", „sich selbst" und „geeigneten Managern" auf.

Welche Änderungen sollten beim Honorarsystem erfolgen? Für 46 Prozent der Umfrageteilnehmer wäre ein reines Einzelleistungssystem der Idealzustand, für 51 Prozent ein vernünftiges Mischsystem zwischen Pauschal- und Einzelleistungen. Die restlichen 3 Prozent teilen sich die vorgegebenen Antworten „reines Pauschalsystem" und „Gehalt von der Gebietskrankenkasse" (Abb. 2).

Was die Ärzte selbst tun können, um ein sinnvolles Honorierungssystem zu bekommen, wurde ziemlich eindeutig beantwortet. Den „Druck auf die Ärztekammer erhöhen" wäre für nur 13 Prozent ein entsprechender Ansatz. Fast ein Drittel (28 Prozent) erachten es für erstrebenswert, mit Kassenvertragskündigungen der Sozialversicherung Druck zu machen. 53 Prozent sprechen sich für Verhandlungen anhand

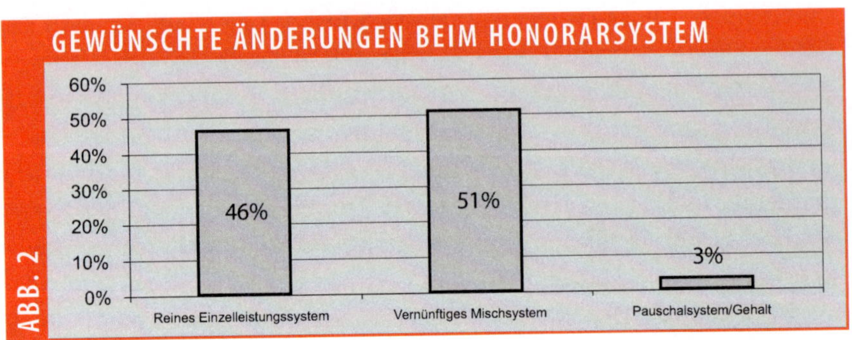

konkreter Daten aus. Weitere eingebrachte Vorschläge (allerdings ohne statistische Relevanz) waren Medienarbeit, Lobbying und politische Willensbildung.

Für das finanzielle Wohlergehen der Ärzte spielen auch die Patienten eine Rolle. So schätzen 15 Prozent der befragten Allgemeinmediziner, dass ein Großteil ihrer Patienten unter keinen Umständen dazu bereit wäre, einen Selbstbehalt zu leisten. Gut 25 Prozent sind hingegen davon überzeugt, dass das für ihre Patienten kein Problem wäre. Der Großteil (60 Prozent) schwankt zwischen „eher nicht" und „weiß nicht".

Schließlich war die Frage nach der „Art des Selbstbehaltes" zu beurteilen. Mit fast 60 Prozent der Rückmeldungen bevorzugen die Ärzte eine einkommensabhängige Variante, der Rest würde eine einheitliche Lösung eher in Ordnung finden. Hier wurden zahlreiche Kommentare im Hinblick auf die überbordende Bürokratie abgegeben. Offenbar glaubt man im Falle von einkommensabhängigen Selbstbehalten auch daran, dass die Ärzteschaft das Einheben derselben übernehmen müsste.

Reformbedarf bei Ärztekammern klar erkennbar

47 Prozent der Befragungsteilnehmer „Hausarzt in Not“ stehen mit der Aussage „ich habe sie gewählt und stehe auch noch heute dazu“ hinter der Riege der Ärztekammerfunktionäre aus den Wahlen 2003. Sechs Prozent waren damals nicht bei der Wahl, genau einer bereut, die amtierenden Funktionäre nicht gewählt zu haben. Somit verbleiben in Summe ebenfalls 47 Prozent, die „bereuen, die derzeit Amtierenden gewählt zu haben“ oder zu Recht bemerken, „diese nicht gewählt zu haben“.

Damit besteht ein sehr ausgeglichenes Verhältnis der Einstellung auf Wählerseite zu den Kammerfunktionären. Womit sich ein deutlicher Unterschied zur Kammer an sich ablesen lässt. Nur zehn Prozent halten die Institution Kammer „wie bisher“ für in Ordnung. Eine überwältigende Mehrheit (45 Prozent) wünscht sich zumindest Reformen, immerhin 30 Prozent eine totale Umgestaltung. 13 Prozent plädieren für eine Abschaffung der Pflichtkammer, immerhin noch zwei Prozent sehen überhaupt keinen Sinn in einer wie auch immer gearteten Ärztekammer.

Die grundsätzliche Einstellung zur Kammer spiegelt sich auch bei der Einschätzung der Kammerbeiträge wider: Genau 50 Prozent halten die Beiträge für eher zu hoch, 25 Prozent für viel zu hoch. Ebenso machten 25 Prozent ihr Kreuz bei „gerade richtig“. Im statistischen Niemandsland gingen drei Stimmen unter, die für „eher zu niedrig“ oder „viel zu niedrig“ stimmten.

Interessant wird die Auswertung bei der Frage nach dem Aufgabenbereich der Standesvertretung: Drei Viertel (76 Prozent) der Befragten reihen „Kassenverhandlungen“ an die erste Stelle. Hier bietet sich als Vergleichswert wieder der Notenschnitt (Kassenverhandlungen 1,64) an. Die Bereiche „Fortbildung“ und „Repräsentation“ schließen mit einer

Durchschnittsnote von etwa 3,0 deutlich dahinter ab. „Öffentlichkeitsarbeit" erreicht dicht dahinter eine 3,2 und „Disziplinarrecht" (Schnitt 4,2) wird von den meisten Ärzten als eher unwichtig angesehen.
Bei diesem Frageblock war es wiederum möglich, eigene Vorschläge einzubringen und nach Wichtigkeit zu reihen. Davon wurde auch rege Gebrauch gemacht. Die „beliebtesten" zusätzlich genannten Aufgaben der Ärztekammern sind „Qualitätssicherung", „Service für Ärzte", „Rechtsvertretung" sowie „Zukunftsplanung und Strategie".
Frustrierend wird die Auswertung bei den letzten beiden Fragen im Ärztekammerblock, die im weitesten Sinne die heimische Gesundheitspolitik betreffen. Auf die Frage, welche politische Partei die Interessen der Ärzte derzeit am besten vertritt, antworteten 91 Prozent der Befragten mit „alle gleich schlecht". Mit gerade einmal 5,4 Prozent ist die ÖVP bei den Parteien in Front, die SPÖ ist mit 2,3 Prozent an zweiter Stelle. Das BZÖ hat als einzige Partei keine einzige Nennung bekommen (Abb. 3).
Ein ähnliches Bild ergibt sich bei der Frage nach der Einschätzung, wie sich die Lage für Ärzte durch eine Ärztin als Gesundheitsministerin ändern wird. Für fast 60 Prozent wird sich nichts ändern, 14 Prozent

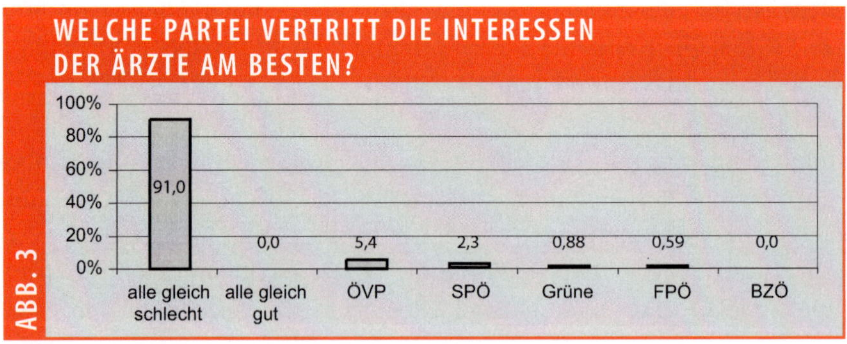

erwarten eine Verbesserung. Die verbleibenden 26 Prozent erwarten eine Verschlechterung der Lage für Ärzte.
Bei den „Kommentaren" zur Ärztekammer spiegelt sich der statistisch auswertbare Teil wider. Zahlreiche Ärzte sprechen von einer unverzichtbaren Institution, kritisiert werden aber häufig die Haltung der Funktionäre einerseits und die Ausrichtung der Kammer andererseits. Einige wünschen sich eine ähnliche Schlagkraft wie die der Apothekerkammer.
Bei diesen Wortkommentaren, die immerhin von etwa 70 Prozent der Befragten eingebracht wurden, kommt ganz deutlich der Wunsch nach mehr Durchsetzung der Interessen der Ärzte, mehr Transparenz in der Kammer und mehr Aktivität und Mut zum Ausdruck. Kritisiert werden dabei auch die Funktionäre, die „wie die Maden im Speck von den Pflichtmitgliedern versorgt würden".
Die Ärztekammern Oberösterreich und Tirol werden von auffallend vielen Ärzten ausdrücklich gelobt, die schärfste verbale Kritik kommt aus Wien und Niederösterreich. Dieser subjektive Eindruck lässt sich durch die nach Bundesländern getrennte Auswertung der Antworten auf die Frage nach der grundsätzlichen Haltung zur Ärztekammer bestätigen. Während die meisten Bundesländer auf Werte zwischen 2,3 und 2,4 kommen, erreichen die Bundesländer Wien, Niederösterreich und das Burgenland Werte um 2,8. Das ist ein Indiz für einen deutlichen Wunsch nach Umstrukturierung der Ärztekammer.

Die Beziehung Arzt zu Patient sollte überdacht werden

Die durchschnittliche Scheinzahl unserer Ärztegruppe liegt bei 1.050 und damit sicherlich in einer für ganz Österreich repräsentativen Größenordnung. Von den befragten Ärzten verordnen 60 Prozent mehr als drei Viertel ihrer Patienten auch Medikamente. Im Schnitt bekommen zwei von drei Patienten eines oder mehrere Medikamente verschrieben. Soviel zur Statistik.

Bei der Frage nach der für den Patienten zur Verfügung stehenden Zeit gibt eine überwältigende Mehrheit von 65 Prozent „bis zu zehn Minuten“ an. Immerhin 27 Prozent haben nur „bis fünf Minuten“ Zeit. Der rechnerische Schnitt liegt bei de facto 10,7 Minuten Zeit pro Patient.

Auf die Frage nach der gewünschten Zeit geben immerhin 28 Prozent den gleichen Wert wie bei der tatsächlichen Zeit an. Der Rest wünscht sich mehr Zeit, nämlich im Gesamtschnitt um 6,1 Minuten oder 57 Prozent mehr als tatsächlich zur Verfügung steht.

Die positive Haltung der Ärzte zum Patienten wird durch die Frage nach der Meinung zu Selbsthilfegruppen unterstrichen. Weniger als zehn Prozent wählten die eher negativ formulierten Antworten. 14 Prozent meinen „praktisch unverzichtbar“ und die Hälfte (51 Prozent) ist sogar der Ansicht, dass Patientenselbsthilfegruppen „manchmal ganz nützlich“ seien.

Die Angaben zu „Wartezeiten in den Ordinationen“ sprechen ebenfalls eine deutliche Sprache. Jeweils etwa 15 Prozent der Ärzte schätzen ein, dass ihre Patienten 10, 15 bzw. 20 Minuten im Warteraum verbringen, ehe sie in die Behandlungsräume vorgelassen werden. Bei knapp 30 Prozent beträgt die Wartezeit nach eigener Einschätzung eine halbe Stunde, bei 38 Prozent unserer Zielgruppe muss 40 Minuten oder mehr gewartet werden. Der rechnerische Schritt beträgt 31,1 Minuten, also etwa eine halbe Stunde.

Die Frage nach den zumutbaren Wartezeiten nivelliert sich im Schnitt mit 30,1 Minuten exakt beim durchschnittlichen tatsächlichen Wert. Auffallend ist eine deutliche Zunahme des Wertes „30 Minuten“ zu ungunsten der Extremzeiten „10 Minuten“ bzw. „50 Minuten“ oder mehr. Was sich als Trend durchaus vertreten lässt, kommt durch sehr uneinheitliche individuelle Konstellationen zustande. So gibt es eine ganze

Menge von Ärzten, bei denen der Patient mehr als eine Stunde warten muss, die aber maximal eine halbe Stunde für vertretbar halten. Ärzte, bei denen der Patient nur eine halbe Stunde warten muss, die eine Stunde Wartezeit aber durchaus für vertretbar halten, sind ebenso zahlreich vertreten.
Erstaunlich ist die Resonanz auf die Frage, wie man Politiker und Patienten zu einer umfangreicheren Systemänderung motivieren könne. Stolze 50 Prozent sprechen sich für Ärztestreiks aus, 64 Prozent für die harmlosere Variante einer geeigneten Medienpolitik. Ganze 25 Prozent halten Informationen in den Ordinationen für zielführend, 28 Prozent wünschen mehr Information durch die Ärztekammer. Bei dieser Frage waren Mehrfachnennungen genauso möglich wie eigene Vorschläge. Immerhin acht Prozent haben ein eigenes Rezept parat, um eine Veränderung herbeizuführen. Populärste Ansicht war hierbei die „Kündigung von Kassenverträgen".
Die Meinung der Ärzte in Sachen Etablierung umfangreicherer „Maßnahmen zur Qualitätssicherung" entspricht durchaus der vermeintlichen Haltung der Ärztekammern. 58 Prozent haben ein schlichtes „nein" angekreuzt. 25 Prozent sprechen sich hierbei für ein „eventuell" aus, ganze 17 Prozent sind dafür. Von diesen 17 Prozent halten übrigens vier von fünf Evaluierungen durch die Ärztekammer für zweckmäßig, 16 Prozent halten Patientenbefragungen für ein zeitgemäßes Sicherungsinstrument. Auf den Plätzen mit insgesamt weniger als fünf Prozent landen „Verordnungskontrolle", Überweisungskontrolle" sowie „Gesundenuntersuchungen".

Gesundheitspolitische Facetten

Die ersten beiden „aktuellen" Fragen im Rahmen unserer Ärztebefragung „Hausarzt in Not" befassen sich mit „ELGA" (= Elektronische Gesundheitsakte) und „Verschwiegenheit". So können derzeit noch knapp 65 Prozent der Hausärzte ihren Patienten Verschwiegenheit garantieren. Mehr als 81 Prozent lehnen jedoch die Einführung der ELGA in ihrer derzeit geplanten Form ab.

Ein ähnliches Bild zeichnen die Ärzte von der e-Card. Gerade einmal 19 Prozent geben an, Zeit durch den Betrieb der e-Card zu sparen. Dies entspricht exakt der Meinung der Ärztekammern. Sozialversicherungen, Hauptverband und Gesundheitspolitiker hingegen glauben nach wie vor fest daran, dass die e-card große Vorteile für die Ärzte und damit Zeitersparnis bei der Administration innerhalb der Ordinationen bringt.

Bei der Frage nach den Zusatzkosten herrscht noch größere Einigkeit unter den Ärzten. 97 Prozent der Befragten gaben an, durch die e-Card (unabgegoltene) Zusatzkosten zu haben (Abb. 4).

Das ABS (Arzneimittel-Bewilligungs-Service) scheint den Ärzten generell ein Dorn im Auge zu sein. Glaubt man anderen, jungst durchgeführten Umfragen zu dieser Problematik, so stellt der unabgegoltene Zeitaufwand zur Bewältigung der überbordenden Bürokratie derzeit einen der größten Kritikpunkte der Ärzteschaft an diesem System dar – das ABS ist quasi Synonym für diese Belastung.

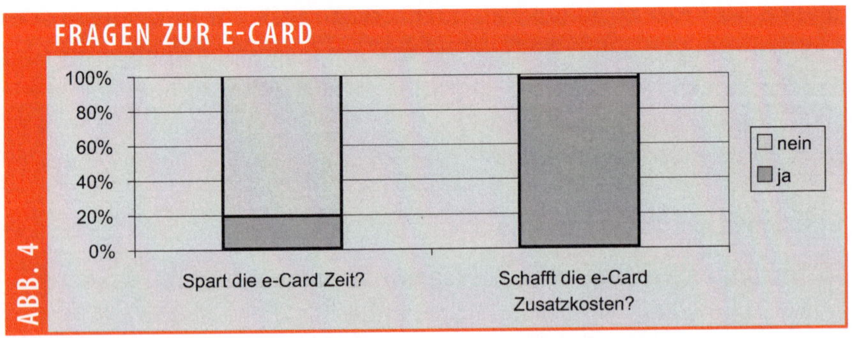

In der Befragung wurde die Zielgruppe deshalb gebeten, die Auswirkungen der Bearbeitung des ABS für die Ordination zu bewerten. Knapp die Hälfte der Ärzte hat zwei bis vier ABS-Fälle pro Ordinationstag zu bewältigen. Jeweils etwa 20 Prozent haben einen bzw. „fünf bis zehn" Fälle pro Tag in ihrer Klientel. Den Rest teilen sich die Extremwerte „null" und „mehr als zehn".

Rein statistisch ergibt sich ein Wert von 3,8 ABS-Fällen pro Tag über die erhobene Hausärztezielgruppe. Während immerhin 28 Prozent dieser Ärzte die Arbeit in Zusammenhang mit dem ABS an die Assistentinnen delegieren, werden 72 Prozent selbst tätig. Hierbei geben immerhin 51 Prozent der Befragten an, entweder „bis zehn Minuten" oder „mehr als zehn Minuten" im Schnitt pro Fall zu benötigen – natürlich inklusive aller Zeiten für Telefonate und Recherchen. Der rechnerische Schnitt beträgt 5,9 Minuten Zeit pro ABS-Fall.

Ein kleines Rechenspielchen bringt die Auswirkungen auf Organisation und Finanzen gnadenlos ans Tageslicht: Mit 22 Minuten im Schnitt pro Tag, multipliziert mit einem einer hausärztlichen Ordination angemessenen Stundensatz von 200 Euro für Infrastruktur samt aller Nebenkosten ergibt sich ein Betrag von etwa 75 Euro täglich, die der durchschnittliche niedergelassene Allgemeinmediziner gratis für die Bewältigung von ABS zur Verfügung stellen muss.

Dass der Patient zur Bewilligung nicht mehr laufen muss, kostet in Summe also mehr als 12.000 Euro pro Ordination und Jahr und damit stolze 90 Millionen Euro pro Jahr für alle Hausärzte. Rechnet man die restlichen Kassenärzte, die teilweise sogar noch mit massiveren Werten zu kämpfen haben, gedanklich mit ein, kommt man auf Werte, die jedes Kassendefizit als geradezu nichtig erscheinen lassen. Dazu kommt, dass dieser ganze Aufwand kassenintern „gegenbearbeitet" werden muss, was aufgrund der beamtenähnlichen Mitarbeiterstruktur nicht wesentlich kostengünstiger sein kann. Nicht auszudenken, dass dieses

unglaubliche Volumen auch sinnvoll für die Behandlung der Versicherten aufgewendet werden könnte.
Dass der Patient nicht mehr laufen soll, ist zwar für die meisten chefärztlichen Bewilligungen zutreffend, bei der Medikamentenabgabe hingegen noch lange nicht der Fall. Genau das würden aber offenbar weit mehr Ärzte für sinnvoll halten, als gemeinhin angenommen. Funktionäre der Apothekerkammer sprechen meistens von wenigen Ärztekammerfunktionären, die Interesse an einem Dispensierrecht für alle Ärzte haben. Manche Ärztekammern sprangen in jüngster Vergangenheit auf den Zug auf, indem sie mehr oder weniger zaghaft nach dem allgemeinen Dispensierrecht riefen. Und damit lagen sie im Trend der Zeit.
Das Ergebnis unserer Umfrage spricht nämlich auch hier eine deutliche Sprache: Bescheidene 7 Prozent der Befragten halten nichts von einem Dispensierrecht für Ärzte, 93 Prozent sind für eine der verschiedenen derzeit in den Bundesländern andiskutierten Ausprägungen. Hausapotheker, die als erfahrene Medikamentenabgeber die Vorteile für den Patienten sicher sehr gut abschätzen können, sind zu 96 Prozent für ein Dispensierrecht für Ärzte. Bemerkenswert ist, dass innerhalb der Befürworter fast 45 Prozent sogar für ein generelles und uneingeschränktes Dispensierrecht für niedergelassene Ärzte stehen. So abstrakt, wie das gerne von Apothekerseite gesehen wird, können die verschiedenen Vorschläge also nicht sein.

Grundbausteine für eine erfolgreiche Praxis

Investition und Finanzierung

Grundlegende Investitionsgedanken

Bei betrieblichen Investitionen sollte in jedem Fall zunächst eine Prüfung in Bezug auf Rentabilität oder Rendite erfolgen. Der Begriff Rendite (Synonym Rentabilität, Profitrate, Ertragsrate, Kapitalverzinsung, Rücklaufquote, Verzinsungssatz – engl. return, rate of return oder Return on Investment) ist ein Fachbegriff der Finanzmärkte. Die Rendite gibt das Verhältnis der Einzahlungen zu den Auszahlungen an und wird meist in Prozent und jährlich angegeben. Die bekannteste Renditekennzahl ist der Zinssatz.

Für uns bedeutet Rendite ganz einfach, ob eine Investition innerhalb eines absehbaren Zeitraumes einen Gewinn abwirft oder nicht. Natürlich interessiert uns noch, wie hoch der Gewinn ist und wann dieser erreicht wird.

In der Arztpraxis stellen sich diese Fragen oft. Es gibt Investitionen, bei denen die Rentabilität nicht direkt messbar ist und damit die Überlegungen dazu unnötig sind, beispielsweise bei der EDV. Deshalb geht es hier in erster Linie um die Rentabilität von Geräten, die ein Arzt anschafft. Zu hinterfragen ist, ob es sich auszahlt, ein Gerät zu kaufen oder nicht, ob die Investitionskosten überhaupt wieder zu verdienen sind oder nicht? Welche Parameter sind dafür notwendig?

An erster Stelle der Betrachtung stehen die Investitionskosten. Diese betragen im vorliegenden Beispiel 20.000 Euro. Das Gerät wird voraussichtlich fünf Jahre lang in Betrieb sein. Die jährliche Abschreibung ist mit 4.000 Euro anzusetzen, die durchschnittlichen Zinsen betragen 320 Euro pro Jahr. Damit ergeben sich Fixkosten in Höhe von 4.320 Euro pro Jahr. Der erwartete Ertrag pro Untersuchung beläuft sich auf 50 Euro. Die variablen Kosten (Material, Strom, Raum, Heizung) betragen zehn Euro.

Somit bleiben pro Untersuchung 40 Euro übrig. Diesen Betrag nennt man Deckungsbeitrag. Dividiert man nun die Fixkosten pro Jahr durch den Deckungsbeitrag pro Untersuchung, erhält man den so genannten Break-Even-Point. Damit ist jene Anzahl von Untersuchungen gemeint, die notwendig sind, um alle Kosten zu decken. Erst darüber hinaus wird ein Gewinn erwirtschaftet.

In unserem Beispiel dividieren wir die jährlichen Fixkosten in Höhe von 4.320 Euro durch den Deckungsbeitrag in Höhe von 40 Euro. Das ergibt 108 Untersuchungen. Wenn es also gelingt, 108 Untersuchungen mit dem neuen Gerät zu verkaufen, arbeitet der Arzt kostendeckend. Jede weitere Untersuchung bringt 40 Euro zusätzlichen Gewinn. Da sämtliche Fixkosten gedeckt sind, bleibt der Deckungsbeitrag. Natürlich ist davon noch die Einkommensteuer zu zahlen.

Ein erweiterter Schritt bei der Durchführung von Rentabilitätsberechnungen ist das Einbeziehen von Personalkosten. Zu diesem Zweck muss der Stundensatz der Assistentin bzw. des Arztes ermittelt werden. Dadurch wird man zu exakteren variablen Kosten zur Berechnung des Deckungsbeitrages gelangen.

Im Grunde genommen geht es darum, nicht irgendwelche übertriebenen Umsatzerwartungen in ein Projekt zu stecken. Werbeprospekte gaukeln fantastische Renditen vor. Man darf dabei nicht vergessen, dass jede Leistung, die in der Ordination zusätzlich „verkauft" werden soll, auch einen Käufer braucht. Der Arzt oder die Ordinationshilfen müssen also dahingehend geschult werden, die Zusatzleistung anzubieten. Und das bindet oft übermäßig viel Zeit, in der sich auch sonst ganz gut Geld verdienen ließe.

Neben der Planung der Investition an sich muss auch die Entscheidung über die richtige Art und Laufzeit der Finanzierung getroffen werden. Sei es für eine einmalige Investition, um einen kurzfristigen Liquiditätsengpass zu überbrücken oder für eine geplante Expansion: Es gibt

viele Situationen, in denen ein Praxisinhaber eine passende Finanzierung benötigt. So unterschiedlich die verschiedenen Bedürfnisse sind, so vielfältig ist das Angebot an Finanzierungsformen.
Eine wichtige kaufmännische Voraussetzung für die nachhaltige Finanz- und Liquiditätsplanung ist die Fristenkonformität. Darunter versteht man die Anpassung der Laufzeit einer Finanzierung an die wirtschaftliche Nutzungsdauer der finanzierten Sache. Das bedeutet, dass die Finanzierung einer langfristig genutzten Investition, etwa eines Betriebsgebäudes, auch langfristig ausgelegt sein soll.
Die verschiedenen Finanzierungsformen können nach Zweck und Fristigkeit wie folgt eingeteilt werden: Der **Betriebsmittelkredit** wird kurzfristig zur Finanzierung der Betriebsmittel für den laufenden Betrieb, wie Medikamentenlager, Löhne/Gehälter, Liquiditätsreserve und dergleichen, verwendet. Der **Investitionskredit** wird mittel- bis langfristig angelegt und dient zur Anschaffung von Betriebs- und Geschäftsausstattung, Fahrzeugen, Betriebsliegenschaften und für Umbaumaßnahmen.
Auch **Leasing** ist ein immer bedeutenderes Thema. Dieses eignet sich ebenfalls für die mittel- bis langfristige Finanzierung von Betriebs- und Geschäftsausstattung sowie Fuhrpark und Immobilien.
Diese Grundsätze sollten insbesondere bei Gründung sowie Um- und Ausbau der Ordination beherzigt werden. Mit bloßen Faustregeln allein zu arbeiten, ist zu wenig. Nur durch Erstellung einer Unternehmensplanung, eines „Businessplans“, kann man die bestehende Unsicherheit eingrenzen.
Das haben inzwischen auch die Banken erkannt: Wer etwa im Zuge eines Ordinationsausbaues mit plausiblen Planungsdaten aufwarten kann, hat bei der Kreditvergabe einen unbestreitbaren Bonus, der sich in der Höhe der Zinsen niederschlägt. Natürlich kann niemand in die Zukunft blicken, daher sind auch Businesspläne nicht mit der folgenden Realität gleichzusetzen. Wichtig ist aber, dass die tatsächliche Ge-

schäftsentwicklung in der Folge genau beobachtet und nachgerechnet wird, ob und inwiefern diese von der ursprünglichen Planung abweicht. Dies ist deshalb wichtig, weil bei einer sich abzeichnenden ungünstigen Entwicklung früher reagiert werden kann, beispielsweise indem bei der Bank eine Ausdehnung der Kreditlaufzeiten angestrebt wird.

Hilfreiche Tipps für den Umgang mit der Bank

Bei geschäftlichen Kontakten mit Banken gilt es, einige hilfreiche Verhaltenstipps zu beachten. Als wichtigste Weisheit bei der Beschaffung von Fremdkapital gilt: Man sollte sich darum kümmern, bevor man es braucht. Wer zu kurzfristig denkt, darf nicht auf Optimalkonditionen hoffen. Rechtzeitige Anbahnung einer Finanzierung, wenn notwendig sogar ein Jahr vor Kapitalbedarf, sichert Handlungsspielraum und bringt weder sich selbst noch die Bank unter Zeitdruck.

Auf jeden Fall sollten mehrere Institute eingeladen werden, ein Offert zu legen. Die Banken dürfen ruhig spüren, dass man sich als mündiger Konsument auch bei den Mitbewerbern umhört. Dabei schadet es nicht, wenn auch Banken außerhalb der gewohnten Umgebung dabei sind. Die Hausbank könnte möglicherweise voreingenommen sein, da sie ein bestimmtes Bild vom Kreditwerber, seiner Familie oder von seinen Vorfahren hat.

Eine Bank ist immer so gut wie der Mitarbeiter, der den Kunden betreut, aber grundsätzlich kochen alle Institute mit dem gleichen Wasser. Meist obliegt es der Kreativität und Kompetenz des einzelnen Mitarbeiters, was er aus seinem Kreditangebot macht. Beim Erstgespräch sollte man die Katze nicht aus dem Sack lassen, sondern versuchen, den Bankmitarbeiter zu interviewen. Zu vermeiden sind die Worte „Geld" und „Kredit", benutzt werden sollte besser „Kapital" und „Investitionsvolumen". Geachtet werden sollte auf hervorragendes Aussehen

der vorzulegenden Unterlagen und natürlich auch auf gepflegtes Auftreten. Was in jeder Bank zweifelsfrei zu erkennen ist, ist ein Faible für korrekte Kleidung.
Die Unterlagen sind nicht nur in der Vergabephase eines Kredites wichtig. Jeder Betreuer unterliegt einer internen Revision und ist darauf angewiesen, dass der Kunde seinen Kreditakt mit Papier füllt. Die Kreditunterlage sollte alle für die Vergabe wichtigen Daten enthalten. Der Kunde sollte auch sicherstellen, die Verhandlungen mit dem Banker in dessen gewohnter Umgebung zu führen. Dort fühlt er sich wohl und ist dem Kunden prinzipiell eher gut gesonnen.
Man sollte auch den optimalen Zeitpunkt überdenken. Mehr als die Hälfte aller Kredite werden im letzten Quartal des Jahres vergeben. Das hat Tradition: Dem Arzt wird erfolgreich vermittelt, dies wäre der richtige Zeitpunkt, einerseits um den Jahresertrag schon beurteilen zu können und andererseits durch rechtzeitige Investition noch Steuervorteile im alten Jahr lukrieren zu können. Mit anderen Worten: Der Arzt steht unter vermeintlichem Zeitdruck, noch „rechtzeitig“ zu investieren und vergisst so ganz gern, genauer auf die eigentlich wichtigen Finanzierungskriterien zu achten.
Eines darf man nie vergessen: Bei guter Bonität ist der Kunde in der stärkeren Position, da er sich das Institut aussuchen kann. Schließlich muss die Bank Geld verleihen, denn sie lebt davon. Gute Kunden zu vergraulen, kann sich heutzutage eigentlich kein Institut mehr leisten. Umso verwunderlicher ist es, dass derartige Versuche immer wieder vorkommen.
Neben diesen allgemeinen Verhaltenstipps ist es natürlich notwendig, die Bedingungen der eingeholten Angebote genau miteinander zu vergleichen. Der Zinssatz ohne Zusatzinformationen reicht bei weitem nicht aus, um die Qualität einer Finanzierung zu beurteilen. Die Art der Kreditrückführung hat sowohl im betrieblichen als auch im pri-

vaten Bereich großen Einfluss auf die Gesamtkosten. Die am Markt angebotenen Varianten von Kreditfinanzierungen stellen sich äußerst vielschichtig dar. Eine für jede Situation universell anwendbare Patentlösung existiert nicht. Eines ist jedoch bei allen Krediten gleich, wird aber sehr gerne in den Hintergrund gedrängt: Selbst der günstigste Kredit muss irgendwann einmal zurückgezahlt werden.

Keine Patentlösung für Kreditaufnahme

Ärzte sind Individualisten, insofern gleicht wohl keine einzige Kreditsituation einer anderen. Daher gibt es bei Finanzierungen keine Patentlösung, die den Ärzten quasi von der Stange als Idealvariante angeboten werden kann. Jede Finanzierung muss auf die jeweiligen persönlichen Gegebenheiten, wie finanzielles und privates Umfeld sowie persönliche Risikobereitschaft, abgestimmt werden.
Neben immer wieder auftauchenden „Nischenprodukten“ mit teilweise undurchschaubaren und auch fraglichen steuerlichen Tricks sind die Varianten „Ratenkredit“ und „Endfälliger Kredit“ nach wie vor die beliebtesten Arten von betrieblicher und privater Kreditfinanzierung bei Ärzten. Beim Ratenkredit wird der Kredit in laufenden, meist monatlich zu zahlenden Raten bedient, wobei diese Rate jeweils einen Zinsanteil und einen Kapitalanteil beinhaltet. Dabei nimmt das Kreditvolumen ständig ab, allerdings mit unterschiedlicher Geschwindigkeit.
Je länger man tilgt, desto geringer wird der Zinsanteil und der Kapitalanteil steigt – natürlich bei immer gleicher Rate. Dies sorgt für einen bogenähnlichen Verlauf der Kreditrestschuld und bedingt die Tatsache, dass beispielsweise nach der halben Finanzierungsdauer noch deutlich mehr als die Hälfte des Ursprungsbetrages aushaftet. Dafür steigt in der zweiten Hälfte der Kreditlaufzeit die Geschwindigkeit der Rückzahlung rapide an.

Bei einer endfälligen Variante wird hingegen während der gesamten Laufzeit nur der Zinsanteil bezahlt. Das aufgenommene Kreditvolumen bleibt immer in gleicher Höhe aushaftend und wird am Ende der Laufzeit als Gesamtsumme zurückgezahlt. Diese Variante erfordert natürlich, dass man neben der monatlichen Zinszahlung eine laufende Einzahlung in eine Sparform (Tilgungsträger) tätigt, um am Ende der Laufzeit das erforderliche Kapital tatsächlich zur Verfügung zu haben.
Aus dieser oberflächlichen Sicht wird schon klar, mit welch vielschichtigen Gedanken man sich bei einer Kreditaufnahme auseinandersetzen muss. So ist es auf den ersten Blick nicht sinnvoll, einen Kredit – etwa in Euro – endfällig aufzunehmen und womöglich für die Sparform geringere Zinsen zu bekommen als Kreditzinsen zu bezahlen sind. Dass die Endfälligkeit unter Umständen etwa bei betrieblichen Krediten doch Sinn macht, liegt einerseits an der bestehenden steuerlichen Situation der Absetzbarkeit betrieblicher Zinsen und Nichtabsetzbarkeit von (betrieblichen) Tilgungen, andererseits aber auch an der Möglichkeit, durch zusätzliche „Feinheiten" weitere Vorteile erzielen zu können. Aus diesem Grund werden gerade endfällige Finanzierungen oft in Fremdwährungen wie dem Schweizer Franken aufgenommen, da diese Währungen im Vergleich zum Euro durchwegs ein wesentlich geringeres Zinsniveau aufweisen.
Was so attraktiv klingt, hat natürlich einen Haken. Deshalb sind in letzter Zeit die Banken nicht mehr so glücklich über diese Art der Finanzierung in einzelnen Währungen. Bei Aufnahme des Kredites wird nämlich der Betrag in die jeweilige Währung umgetauscht. Das bedeutet, dass das Kreditkonto auch den Betrag in dieser Währung ausweist. Diesem Betrag liegt ein Tageskurs zugrunde, der im ersten Moment nicht wirklich von Interesse ist, da die Finanzierung im Normalfall langfristig abgeschlossen wurde. Allerdings können sich die Kurse jederzeit ohne Vorwarnung zu Gunsten oder Ungunsten des Kreditneh-

mers ändern. Dies hat zur Folge, dass sich auch das Kreditobligo zu Gunsten oder Ungunsten des Kreditnehmers ändert. Schwankungen in zweistelliger Prozenthöhe innerhalb kurzer Zeit sind jederzeit möglich. Eine weitere Art, die Zinsdifferenz zwischen Kredit und Ansparprodukt zu Gunsten des Kreditnehmers zu verändern, ist die Auswahl eines entsprechenden Tilgungsträgers, der gute Renditen aufweist. Diese Renditen – und das hat die jüngste Vergangenheit klar bewiesen – sind jedoch nicht garantiert. Gerade in der Endphase der 1990-er Jahre war es „chic", Kredite mit Fonds, fondsgebundenen Versicherungen oder Aktienportfolios als Tilgungsträger zu versehen. Damit lässt sich natürlich – unter Verwendung atemberaubender Zinsphantasien – jeder Kredit exzellent darstellen. Heute weiß man bereits, dass zahlreiche Ärzte wesentlich länger an ihren Finanzierungen kauen müssen als bei Kreditabschluss erhofft, weil eben die (unverbindlichen) Renditen der Angebotsberechnung doch nicht erreicht wurden.

Der Kunde muss sich also entscheiden: Will er höhere mögliche Renditen, gepaart mit den Risiken der Weltwirtschaft und ihren Krisen, die auch von politischen Entwicklungen, Kriegen und Terroranschlägen abhängig sind? Oder will er niedrigere Renditen, die unabhängiger von externen Faktoren sind und deshalb eine höhere Wahrscheinlichkeit aufweisen, das geplante Sparziel zu erreichen? Oder gibt es vielleicht einen Kompromiss, eine Kombination, eine Risikostreuung?

Der Faktor Sicherheit ist jedenfalls der Hauptgrund, warum Lebensversicherungen bei Banken so beliebt sind. Aktien oder Fonds sind weniger erwünscht, weil sie kurzfristig zu starke Schwankungen aufweisen. Trotzdem ist es empfehlenswert, bei Lebensversicherungen eine Sicherheitsspanne von mindestens 10 Prozent einzuziehen. Wenn alles normal abläuft, gehört die Sicherheitsspanne nach Ablauf dem Kunden.

Eine Endfälligkeit macht aber nur bei jenen Krediten Sinn, die über mindestens zwölf Jahre laufen. Bei kürzerer Laufzeit sind die Erträge der Tilgungsträger üblicherweise zu klein – die Rechnung geht nicht auf. Wichtig ist vor allem, mit der Bank im Voraus die Modalitäten möglichst genau auszuhandeln und sich alle denkbaren Alternativen vertraglich zu sichern.

Achtung Schuldenfalle!

Die Steuergesetzgebung in Österreich bevorzugt die Aufnahme von Fremdkapital im betrieblichen Bereich. Zinsen von Betriebskrediten sind steuerlich abzugsfähig, das wird jedem Praxisgründer gleich zu Beginn seiner Tätigkeit beigebracht. Die Finanzierung mit Eigenmitteln ist im Gegensatz dazu steuerlich gesehen nichts wert. In vielen Fällen, beispielsweise bei Praxisgründung, sind diese Gedanken aber ohnehin müßig, da Eigenmittel nur in den seltensten Fällen vorhanden sind.
Dies führt logischerweise dazu, dass ein Arzt im Normalfall endfällige Kredite bevorzugt, weil diese mit gleich bleibend hoher, Steuer mindernder Zinsenlast ausgestattet sind, während sich nebenher im steuerlichen „Privatbereich" ein so genannter Tilgungsträger ansparen lässt. Solche Modelle rechnen sich in aller Regel sehr gut, sind aber auch mit kleinen Gefahren behaftet. Um einen Steuervorteil möglichst lange behalten zu können, werden Verträge meist über eine längere Laufzeit abgeschlossen als die Nutzungsdauer der angeschafften Wirtschaftsgüter.
Wer dies in seiner ganzheitlichen Finanzplanung nicht berücksichtigt, kann schnell in die Schuldenfalle geraten. Diese „Falle" ist als Überschuldung zu verstehen, aus der Betroffene nur schwer wieder herauskommen. Wie kann diese „Gefahr" bei Ärzten beurteilt werden? Die Antwort darauf ist, wie bei zahlreichen anderen Fragestellungen auch, auf die individuelle Situation abzustimmen. Zunächst muss bei betrieblicher Neuverschuldung geprüft werden, ob die Ordination das ge-

wünschte Finanzierungsvolumen überhaupt tragen kann. Viele Probleme kommen aber erst im Laufe der Zeit ans Tageslicht. Deshalb muss eine Finanzierungsplanung laufend überwacht werden. Als Hilfsmittel sind hier die Entwicklung des Anlagenverzeichnisses sowie der Tilgungsträger mit einzubeziehen. Passen diese Zahlen nicht zusammen, ist möglicherweise „Feuer am Dach".

Ursache dafür können übertrieben hohe Privatentnahmen sein. Kaum ein Arzt kennt sein tatsächliches Nettoeinkommen, er schätzt im besten Fall lediglich ab, wie viel er für die Lebensgestaltung aufwenden kann. Bei diesen Schätzungen ist allerdings oft der Wunsch Vater des Gedankens.

Wer sich über Jahre falsch verhält, kommt aus der Überschuldung nur sehr schwer heraus. Dies erfordert eine individuelle Betrachtung der Situation jedes Arztes. Es gibt keine Faustregel, welche die maximale Verschuldung eines Arztes an Eckdaten wie Umsatz oder Gewinn festschreiben kann. Genauso wie die Analyse muss auch die Lösung individuell erarbeitet werden.

Vorsicht an der Keilerfront

Bei jeder Finanzierungsentscheidung ist es hilfreich, sich in die Lage eines Beraters oder der betreffenden Bank zu versetzen. Diese müssen nämlich eigennützig handeln, also zum finanziellen Vorteil für die Bank oder sich selbst. Wann ist ein Arzt der beste Kunde für eine Bank? Wenn eine Überschuldung in einem Ausmaß gegeben ist, dass aufgrund der vorhandenen Sicherheit für die Bank kein Ausfallsrisiko besteht, andererseits die Bonität aber schwach genug ist, um einem Bankenwechsel vorzubeugen. So sitzt man quasi in der Falle, ohne ein echtes wirtschaftliches Problem zu haben. Beispielsweise können für ein überhöhtes Kreditvolumen auch noch überhöhte Zinsen verrechnet

werden. Und solange der Leidensdruck nicht zu groß ist, wird ein betroffener Arzt auch keine Aktivitäten setzen.
Deshalb sind grundsätzlich Bedenken angebracht, bei einer Kreditaufnahme ausschließlich ein Bankinstitut zu wählen. Auf alle Fälle sollte ein Finanzierungsberater einbezogen werden; zu groß sind die Fallen und Rätsel im Kleingedruckten von Kreditverträgen. Für die Notwendigkeit, mehrere Angebote von verschiedenen Instituten einzuholen, gibt es genug Gründe. Diese Angebote müssen natürlich geprüft werden bzw. sollten Ärzte in Ermangelung des erforderlichen Fachwissens Spezialisten mit dieser Aufgabe betrauen.
Wer kommt für diese Dienstleistung in Frage? Neben fachlicher Kompetenz, die sich beispielsweise über Referenzen nachweisen lässt, ist es immer von Vorteil, die Arbeitsweise eines Finanzierungsberaters zu hinterfragen. Wird diese Dienstleistung beispielsweise kostenlos angeboten, ist mit an Sicherheit grenzender Wahrscheinlichkeit ein Provisionsgeschäft im Spiel. Das ist grundsätzlich nichts Anrüchiges, die Größenordnung sollte aber hinterfragt werden. Seriöser ist es jedenfalls, wenn für die Dienstleistung ein Honorar verlangt wird und der Dienstleister die Bearbeitungsgebühren und andere Spesen auf ein Minimum drückt. Auch ein Steuerberater kann die grobe Relation abschätzen und beurteilen, ob der gewählte Dienstleister seriös arbeitet. Im Optimalfall arbeiten beide Hand in Hand, womit einer schlechten Kreditauswahl weitgehend vorgebeugt werden kann.

Ordination kaufen oder mieten?

Jeder Arzt wird früher oder später mit der Frage konfrontiert, ob er eine Ordination kaufen oder mieten soll. Ob Kauf oder Miete rentabel ist, lässt sich am besten beurteilen, indem man sich in die Rolle eines Investors versetzt, der das Kaufobjekt weiter vermieten möchte. Wäre beispielsweise eine Ordination mit 100.000 Euro zu kaufen, dann rentiert sich diese Investition aus der Sicht eines Investors ab einer Jahresmiete von 5.000 Euro oder etwa 420 Euro monatlich, was einer Bruttorendite von fünf Prozent vor Steuer entspricht.

Bleiben wir also bei diesem **Beispiel:** Ein Kauf würde bei einem Fremdfinanzierungszinssatz von 5 Prozent eine Monatsbelastung von 662 Euro ergeben, im Vergleich zu knapp 420 Euro bei Miete. Wenn gekauft wird, gehört das Objekt nach 20 Jahren schuldenfrei dem Käufer. Bei Miete lässt sich der Differenzbetrag ansparen (245 Euro pro Monat), das ergibt ebenfalls den Betrag von 100.000 Euro nach 20 Jahren bei einem Zinssatz von fünf Prozent. Ohne Berücksichtigung von Indexanpassungen, Wertsteigerungen oder den steuerlichen Gesichtspunkten ist diese Situation daher ausgeglichen.

Wesentlich höhere Mieten in Relation zum Kaufpreis sprechen natürlich für einen Kauf und umgekehrt. Mieten als solches ist sicher flexibler, aber ständig mit einer Indexanpassung verknüpft, die wahrscheinlich höher ist als die Wertsteigerung der Immobilie. Große Vorteile ergeben sich in aller Regel nur, wenn der Lebenspartner in ein derartiges Modell miteingebunden werden kann. Damit lassen sich einige Steuervorteile nutzen.

Übersicht im Versicherungsdschungel

Wem graut nicht vor dem Gedanken, sich mit Verträgen, Kleingedrucktem, Indexanpassungen und Prämienvorschreibungen, die sich im Laufe der Jahre im mittlerweile stark angefüllten Versicherungsordner angesammelt haben, herumschlagen zu müssen. Oft haben Ärzte keine Ahnung mehr, gegen welche Eventualitäten sie versichert sind (s. Tabelle 1). Die dafür erforderlichen Unterlagen füllen manchmal ganze Ordner.

FÜR ÄRZTE RELEVANTE VERSICHERUNGEN

TABELLE 1

Versicherung	Was ist versichert?
Haftpflichtversicherung	Eintreten eines Schadens durch schuldhaftes Verhalten
Rechtsschutzversicherung	Anwalts- und Gerichtskosten für die Durchsetzung von Schadenersatzansprüchen
Strafrechtsschutzversicherung	Erweiterung des Rechtsschutzes auf strafrechtliche Risiken
Lebensversicherung	Ansparform, aber auch Absicherung des Todesfallrisikos
Unfallversicherung	Absicherung des Risikos der Invalidität infolge eines Unfalls
Betriebsunterbrechungs-versicherung	Absicherung der Kosten sowie des entgangenen Gewinns infolge Betriebsstillstand
Büropauschalversicherung	Von außen verursachte Schäden beim Inventar

Solche Situationen können allerdings unangenehme Folgeerscheinungen nach sich ziehen. Schließlich finden sowohl in der Praxis als auch im Privatleben regelmäßig Veränderungen statt, die eine Adaptierung der Versicherungsverträge notwendig machen. Außerdem sollte ständig hinterfragt werden, ob alles, was einmal abgeschlossen wurde, noch immer benötigt wird. Das beginnt bei der Anpassung der Versicherungssummen sowie der Größenordnung der Selbstbehalte und geht bis zu den Versicherungsbedingungen, die sich eventuell seit Vertragsabschluss verändert haben. So kann es in bestimmten Fällen Sinn machen, eine Versicherung durch Konvertierung an neue, bessere Bedingungen anzupassen. Genauso kann es aber von Vorteil sein, solange wie möglich im alten Vertrag zu bleiben, wenn sich zwischenzeitlich die Bedingungen verschlechtert haben.

Praxisgründung optimal versichern

Der Einstieg in die eigene Praxis schafft für den Arzt zum ersten Mal die Notwendigkeit, sich umfassend über seinen Versicherungsschutz

Gedanken zu machen. In den meisten Sparten sind Neuabschlüsse unvermeidlich, lediglich im Bereich der Haftpflichtversicherung gibt es in aller Regel schon bestehende Versicherungen aus der Zeit der Spitalstätigkeit. Liegt bereits eine Haftpflichtversicherung vor, dann sollte kontrolliert werden, ob auch das Risiko der freiberuflichen Tätigkeit mitversichert ist. Trifft dies nicht zu, muss dieses Risiko eingeschlossen werden. Fällt diese Möglichkeit weg, dann ist zu prüfen, mit welchen Fristen und zu welchen Konditionen der aktuelle Vertrag gekündigt werden kann.
Auch auf andere Vertragsdetails sollte Augenmerk gelegt werden:

- Beinhaltet der Vertrag etwa Bedingungen, die nur für die Tätigkeit als Angestellter von Bedeutung waren (so genanntes Anordnungsrisiko) und die ein freiberuflich Tätiger nicht mehr benötigt?
- Entsprechen die Versicherungssummen den EU-Empfehlungen?
- Berücksichtigen die Versicherungsbedingungen die derzeitige Rechtsprechung?
- Gibt es Leistungseinschränkungen, etwa in der Form, dass Schadenersatzforderungen aus medizinisch nicht indizierten Eingriffen gar nicht oder nur vermindert bezahlt werden?

Auch abseits der eigentlichen ärztlichen Tätigkeit sind Versicherungsfragen zu klären. Wenn z.B. die Praxisräumlichkeiten gemietet sind, sollte eine Absicherung gegen Mietsachschäden im Vertrag enthalten sein. Auch die Angestellten sollten eingeschlossen sein.
Allein diese ausgewählten Fragen lassen erkennen, dass sich die Versicherungsauswahl nur zum Teil über die Höhe der Prämie abspielt. Vor allem die Haftpflichtversicherung wird in Zukunft im Zusammenhang mit der ärztlichen Aufklärungs- und Informationspflicht zu einer zentralen Säule des Versicherungsschutzes eines Arztes werden. Neben der Haftpflicht gewinnt der effiziente Rechtsschutz zunehmend an Bedeu-

tung. Immer wieder zeigt es sich, dass viele Ärzte eine Berufsrechtsschutzversicherung besitzen, ohne es zu wissen.
Manchmal versteckt sich ein diesbezüglicher Schutz in irgendwelchen Bündelverträgen in Zusammenhang mit Kfz-Versicherungen oder Verträgen für den Privatbereich, wobei auch für diese Sparte der Deckungsumfang genau kontrolliert werden muss:

- Sehen die Bedingungen eine unbegrenzte Deckung in die Vergangenheit vor?
- Werden auch private Sachverständigengutachten von der Versicherung übernommen?
- Reicht die Versicherungssumme für ein Strafverfahren durch mehrere Instanzen?

Anwaltliche Zeugenbegleitung, Kosten des Privatbeteiligungsverfahrens und Deckung sind auch beim Vorwurf reiner Vorsatzdelikte einige Punkte, die eine Berufsrechtsschutzversicherung unbedingt beinhalten sollte.
Ein finanzielles Risiko resultiert aber nicht nur aus der ärztlichen Kerntätigkeit. Die meisten Ärzte haben ihre Ordination fremdfinanziert. Neben den dafür obligatorischen Risikoversicherungen (Todesfall) muss auch das Risiko einer Invalidität in Folge eines Unfalls abgesichert werden. Die Versicherungssumme bei bleibender Invalidität sollte zumindest die aufgenommenen Kredite abdecken. Hier schadet es in keinem Fall dafür zu sorgen, dass berufsspezifische Risiken, wie eine Hepatitis- oder HIV-Infektion nach Verletzung mit Spritzen, in der Unfallversicherung enthalten sind.
Schließlich muss auch der Praxisinhalt gegen Elementarereignisse versichert werden. Bei besonders teuren medizinischen Geräten wie Ultraschall oder Videoendoskop stellt sich durchaus die Frage nach einer speziellen Geräteversicherung.

Im Bann der Haftpflichtversicherungen

Bei der Erläuterung von Haftpflichtversicherungen ist das grundlegende Verständnis wichtig, dass die Haftung nur dann schlagend wird, wenn ein Verschulden vorliegt. Schuldhaftes Verhalten, Eintreten eines Schadens oder Haftung für Personen-, Sach- oder Vermögensschäden führen zur Deckung gerechtfertigter Ansprüche durch die Haftpflichtversicherung. Natürlich kann auch ein Schaden ohne Verschulden entstanden sein. In diesem Fall besteht die Aufgabe einer Haftpflichtversicherung in der Abwehr ungerechtfertigter Ansprüche.
Die Deckung gerechtfertigter Ansprüche sowie die Abwehr ungerechtfertigter Ansprüche sind also die Aufgaben einer Haftpflichtversicherung. Immer wieder wird fälschlich angenommen, dass die Abwehr durch die Rechtsschutzversicherung erfolgt.
Ein größeres Problem ist die Abgrenzung, welche Haftpflichtversicherung für welchen Schaden zuständig ist. Eine Ärztehaftpflichtversicherung versichert das Risiko der ärztlichen Tätigkeit sowie den Betrieb einer Ordination. Von Bedeutung allerdings ist, dass fast alle Gesellschaften entweder in den Allgemeinen oder meist in den ergänzenden Bedingungen eine Deckungserweiterung mit folgendem Wortlaut übernehmen: „Versichert sind auch Schadenersatzverpflichtungen des Versicherungsnehmers aus der Innehabung von Grundstücken, Gebäuden oder Räumlichkeiten, die ausschließlich für den versicherten Betrieb oder Beruf und/oder ausschließlich für Wohnzwecke des Versicherungsnehmers benützt werden." Dies bedeutet, dass die Ärztehaftpflichtversicherung bereits die Haus- und Grundhaftpflichtversicherung für alle Gebäude, Wohnungen und Grundstücke des Arztes beinhaltet, sofern diese Immobilien nicht vermietet werden, sondern ausschließlich privaten oder beruflichen Zwecken dienen. Deshalb sollte jeder Arzt einmal die Bündelversicherung seines Wohnhauses oder Wochenenddomizils überprüfen. So mancher wird überrascht

sein, dass fast immer eine eigene Haus- und Grundhaftpflichtversicherung vorhanden ist.

Die strafrechtliche Risikosituation des Arztes

Die Erfahrung der letzten Jahre zeigt, dass sich Ärzte in einer zunehmend schwierigeren Berufssituation befinden. Patienten und deren Angehörige neigen dazu, beim kleinsten angeblichen Fehler eines Arztes einen Rechtsanwalt zu bemühen. Die Begehrlichkeit der Patienten nimmt zu. Einerseits steigen die Ansprüche, andererseits auch das Wissen. Schon jetzt ist es für jeden Patienten leicht möglich, sich via Internet zahlreiche Informationen über Krankheitsbilder und Behandlungsmethoden zu verschaffen und das „ärztliche Wissen" sowie den Informationsgehalt eines Beratungsgesprächs in einer Ordination zu überprüfen.
Weiters ist zu bedenken, dass viele Ärzte einem enormen Arbeitsdruck ausgesetzt sind. Allein dadurch steigt die Gefahr, einen ärztlichen Kunstfehler zu begehen und damit die Wahrscheinlichkeit, sich einer Strafanzeige und damit einem Strafverfahren aussetzen zu müssen. Wird gegen einen Arzt ein Schadenersatzanspruch geltend gemacht, dann folgt sofort eine Strafanzeige. Diese Vorgangsweise ist schlüssig: Über ein Strafverfahren ist die Schuld des Arztes festzustellen. Hierdurch kann der Versuch optimiert werden, Schadenersatzansprüche geltend zu machen.
Die Statistik zeigt, dass die Zahl der Vorwürfe gegen Ärzte wegen Behandlungs-, Aufklärungs- und Organisationsfehlern ständig zunimmt. In diesem Fall hilft einem betroffenen Arzt aber keine Haftpflichtversicherung, weil es nicht um zivilrechtliche Ansprüche, sondern um die Verteidigung gegen Strafvorwürfe geht. Mittel zum Zweck ist deshalb eine Straf-Rechtsschutz-Versicherung.

Ärzte denken fast immer daran, das Risiko der Arzthaftung für Schadenersatz und Schmerzengeld durch den Abschluss einer Berufshaftpflichtversicherung zu minimieren. Ein Strafverfahren ist für den Arzt jedoch mindestens genauso gefährlich wie ein Haftungsprozess – seine berufliche Zukunft steht auf dem Spiel.
Das strafrechtliche Risiko bedarf daher einer mindestens ebenso effektiven Absicherung wie das Haftungsrisiko. Die Haftpflichtversicherung im Schadenersatzprozess wie auch die herkömmliche Berufs-Rechtsschutzversicherung im Strafprozess kann unter bestimmten Umständen allerdings die Deckung verweigern, beispielsweise bei vorsätzlichem Verhalten. Dieses liegt schon dann vor, wenn der Arzt einen Misserfolg oder einen bestimmten Schadenseintritt für möglich hält und gegen dessen Verwirklichung nichts unternimmt. Hinzu kommt, dass der Arzt auch für Handlungen seiner Mitarbeiter die strafrechtliche Verantwortung trägt, und zwar aus dem Aspekt des Überwachungsverschuldens.
Neben der Kompetenz des Strafverteidigers ist hier oft die Einholung eines eigenen Sachverständigengutachtens von erheblicher Bedeutung für den Ausgang des Verfahrens. Zwar beauftragen Richter von sich aus Sachverständige, verfügen selbst aber meist nicht über die erforderlichen Fachkenntnisse. In der Praxis haben jedenfalls Privatsachverständige einem Verfahren oft eine entscheidende Wende gegeben.

Produkte für Absicherung, Kapitalbildung und Altersvorsorge

Eine Lebensversicherung dient zur Absicherung diverser finanzieller Risiken in Bezug auf das menschliche Leben und wird in verschiedenen Varianten angeboten. Je nach Ausprägung des Produktes steht dabei das Element der Risikovorsorge, die Ansparung von Kapital oder das Ziel der Altersvorsorge im Vordergrund.

Die Leistung des Versicherungsnehmers besteht in der Bezahlung der Prämie. Im Gegenzug gewährt das Versicherungsunternehmen Schutz und erbringt im Fall des Eintritts des versicherten Ereignisses (beispielsweise Tod während der Laufzeit des Versicherungsvertrags oder Erleben des Pensionsantrittsalters) die vertraglich vereinbarte Versicherungsleistung zuzüglich einer allfälligen Gewinnbeteiligung. Über diese Gewinn- oder Überschussbeteiligung kann der Versicherungsnehmer in einem hohen Ausmaß an den Erträgen der veranlagten Gelder des Versicherungsunternehmens teilhaben.

Bei einer Risikoversicherung wird die Versicherungssumme bei Eintritt des Todes der versicherten Person fällig. Mit dieser Versicherung kann bei verhältnismäßig niedrigen Prämien Vorsorge gegen das finanzielle Risiko im Ablebensfall getroffen werden. Erlebt die versicherte Person den Ablauf der Versicherung, dann wird bei der reinen Risikoversicherung keine Versicherungsleistung fällig.

Die gemischte, so genannte Er- und Ablebensversicherung ist die bekannteste Form der Lebensversicherung. Sie ist zum einen Vorsorge für den Todesfall, in dem im Regelfall die gleiche Leistung wie bei der Risikoversicherung erbracht wird, zum anderen dient sie der Ansparung von Kapital für den Erlebensfall. Zunehmende Bedeutung hat hierbei die private Pensionsversicherung erlangt, bei der ab dem Pensionsantrittsalter eine lebenslängliche Rente ausbezahlt wird. Bei diesen Versicherungen besteht auch die Möglichkeit, die Weiterzahlung einer Witwen-/Witwerrente nach dem Tod des Rentenbeziehers zu vereinbaren.

Lebensversicherungen können vielfach durch Zusatzversicherungen ergänzt werden. Zu diesen gehört beispielsweise die Berufsunfähigkeitsversicherung, bei der im Falle des Eintritts der Berufsunfähigkeit keine weiteren Versicherungsprämien mehr zu zahlen sind und zusätzlich eine Rente ausbezahlt wird. Eine weitere Option ist die Unfall-

Zusatzversicherung, bei der im Fall des Ablebens des Versicherten durch einen Unfall eine zusätzliche Versicherungsleistung fällig wird. Neben den klassischen Versicherungen gibt es neue Varianten von Er- und Ablebensversicherungen, bei denen die Leistung, die der Versicherer im Erlebensfall der versicherten Person erbringt, an die Wertentwicklung eines Fonds (fondsgebundene Lebensversicherung) oder eines vereinbarten Bezugswertes (indexgebundene Lebensversicherung) gekoppelt ist. Bei anderen neuen Lebensversicherungsprodukten ist neben dem Ableben auch der Eintritt verschiedener schwerer Krankheiten als Versicherungsfall vorgesehen (Dread Disease-Versicherung).

Unfallversicherungen richtig dimensionieren

Allein in Österreich verunglücken pro Jahr 800.000 Personen in der Freizeit, im Straßenverkehr oder am Arbeitsplatz. Bezieht man diese Zahl auf alle Einwohner Österreichs, dann liegt die Wahrscheinlichkeit eines Unfalls für jeden Einzelnen bei etwa zehn Prozent.
Die meisten Unfälle verlaufen glimpflich. Doch was passiert in den seltenen Einzelfällen, wo durch schwerwiegende Behinderung beispielsweise eine weitere Ausübung des Berufes nicht mehr möglich ist? Hierbei sind Arbeitsunfälle von Freizeitunfällen zu unterscheiden. Bei einem Arbeitsunfall wird der Verdienst des letzten Jahres als Bemessungsgrundlage herangezogen. Nur bei völliger Erwerbsunfähigkeit erhält man zwei Drittel dieser Bemessungsgrundlage. Bei teilweiser Erwerbsunfähigkeit erfolgt bei der Allgemeinen Unfallversicherungsanstalt erst eine Bezahlung ab 20 Prozent. Somit geht bei Arbeitsunfällen ein wesentlicher Teil des Einkommens verloren.
Bei den wesentlich häufiger vorkommenden Freizeitunfällen ist die Situation dramatisch. Hier zahlt die gesetzliche Unfallversicherung gar nichts. Zur Überbrückung des Finanzlochs sollte in diesen Fällen jeder mit einer privaten Unfallversicherung ausgestattet sein. Diese ist so zu

dimensionieren, dass bei Invalidität genügend Geld ausbezahlt wird, um die anfallenden Kosten begleichen und zusätzlich aus dem Zinsertrag seinen Lebensunterhalt bestreiten zu können.

Die Absicherung dieser so genannten Invalidität ist das Herzstück jeder Unfallversicherung, zusätzlich lassen sich auch Schmerzengeld, Unfalltod, Taggeld, Pflegetaggeld, Spitalgeld und Unfallkosten versichern. Um diese horrenden Summen absichern zu können, lassen sich Unfallversicherungen mit so genannten Progressionen ausstatten. Dies bedeutet, dass mit zunehmender Invalidität die tatsächlich ausgezahlte Summe überproportional ansteigt. Letztlich ermöglicht diese Progression den Versicherungsunternehmen, derartige Verträge überhaupt zu leistbaren Tarifen anbieten zu können.

Für Ärzte gibt es eine weitere Möglichkeit der Vertragsoptimierung. Mit der verbesserten Gliedertaxe werden bestimmte Invaliditätsarten besonders gut abgesichert, beispielsweise der Verlust einzelner Finger. Während der Verlust des Daumens in Folge eines Unfalls normalerweise nur einen Invaliditätsgrad von 20 Prozent bedeutet, liegt er bei Ärzten bereits bei 100 Prozent. Ohne Daumen ist ein Arzt normalerweise nicht mehr in der Lage, seinen Beruf auszuüben.

Wenn der Ordinationsbetrieb stillsteht

Grundüberlegung beim Abschluss einer Betriebsunterbrechungsversicherung ist, im Schadensfall eine Summe ausbezahlt zu bekommen, die zur Absicherung der wirtschaftlichen Existenz bis zur Wiederaufnahme des Betriebs durch Ersatz der weiterlaufenden Kosten und des entgangenen Gewinns ausreicht. Es sollten also nicht jene Schäden abgedeckt werden, die beispielsweise bei Zerstörung des Inventars durch Feuer entstanden sind, sondern das entgangene Einkommen bei gänzlichem oder teilweisem Betriebsstillstand.

Derartige Produkte bieten nur wenige Versicherungsgesellschaften an. Sie unterscheiden sich bei den Prämien nur marginal, sondern vielmehr durch gravierende Differenzen beim Deckungsumfang. Die Wahl der dafür nötigen Versicherungssumme hängt stark von den betrieblichen und individuellen privaten Gegebenheiten ab. Von einer reinen Kostenversicherung, die nur die betrieblichen Unkosten abdeckt, bis zur Versicherung des gesamten Jahresumsatzes spannt sich ein weiter Bogen von Möglichkeiten.

Die maximale Versicherungssumme ist mit Jahresbruttoumsatz minus Materialeinsatz und variablen Kosten definiert. Der Zusammenhang zwischen der Höhe der Versicherungssumme und den verschiedenen Möglichkeiten der Karenzzeiten mit der Prämie macht eine fachlich fundierte Beratung nötig. Hierbei ist auch der Steuerberater unbedingt einzubinden.

Besondere Beachtung verdient die so genannte Haftungszeit. Diese endet bei fast allen Gesellschaften nach einem Jahr. Sämtliche Folgen einer Erkrankung oder eines Unfalls, die nach dieser Haftungszeit auftreten, fallen daher nicht mehr unter den Versicherungsschutz.

Ein wesentlicher Punkt der Betriebsunterbrechungsversicherung ist die Leistung bei Teilarbeitsfähigkeit. Oft ist es nötig, eine Praxis aus wirtschaftlichen Gründen – wenn möglich – zumindest teilweise offen zu halten. Die Entschädigung im Falle einer eingeschränkten Tätigkeit sollte ebenfalls unbedingt Vertragsbestandteil sein.

Beim Abschluss einer Betriebsunterbrechungsversicherung ist auch die Karenzfrist zu beachten, die bei ambulanter Behandlung den Erstzeitpunkt der Entschädigung nach dem Versicherungsfall regelt. Bei einer Karenzfrist von beispielsweise drei Tagen zahlt die Versicherung erst ab dem vierten Tag nach dem Eintritt des Versicherungsfalles. Selbstverständlich besteht die Möglichkeit, die Entschädigung bei einem stationären Aufenthalt schon ab dem ersten Tag zu erhalten.

Auch an die Praxis-EDV denken

Der Einsatz moderner Technologie in der Datenverarbeitung erfordert ein erweitertes Sicherheitsbewusstsein. Schließlich will sich niemand eines schwarzen Tages Gedanken darüber machen müssen, wer im Schadensfall die erforderlichen Wiederbeschaffungs- oder Reparaturkosten zahlt.

Die Lösung all dieser Probleme ist die Büro-Pauschalversicherung (BBP), eine Sachversicherung, in der die gesamte stationäre, kaufmännische Betriebseinrichtung einer Praxis ohne Einzeldeklaration versichert werden kann. Versichert werden alle stationären Datenverarbeitungsanlagen samt dazu gehöriger Peripheriegeräte und sämtliche Anlagen der Bürotechnik, wie Telefon, Gegensprechanlage, Fax, Kopierer, Alarm- und Brandmeldeanlagen. Sollte ein Laptop mit eingeschlossen werden, ist dieser gesondert zu deklarieren.

Bei Abschluss einer BBP ist einmalig eine Bestimmung der Versicherungssumme auf Basis des Neuwertes inklusive Kosten für Fracht, Zoll und Montage aller zu versichernden Anlagen nötig. Der Vorteil liegt darin, dass in unserer technisch schnelllebigen Zeit Bürogeräte in kürzeren Abständen ausgetauscht, in der Regel aber nicht gemeldet werden und somit im Schadenfall nicht versichert wären. Beispielsweise beinhaltet die BBP der Basler-Versicherung eine kostenlose Vorsorgeversicherung bis zu 20 Prozent der Versicherungssumme während eines Versicherungsjahres, wodurch alle Anlagen immer versichert sind.

Grundlage der BBP-Versicherung sind die von allen Versicherungsunternehmen verwendeten Allgemeinen Bedingungen für die Versicherung von elektronischen Anlagen und Geräten (AEVB). Wesentlicher Grundsatz dabei ist, dass die Schäden eindeutig nachweisbar von außen verursacht worden sein müssen. Möglichkeiten bestehen sonder Zahl, z.B. Beschädigungen durch Fahrlässigkeit, Vandalismus, Implosionen, Flüssigkeiten aller Art, Erdrutsch, Hochwasser, Frost, Brand oder Blitzschlag. Hinzu kommen Schäden, die beim Löschen von Bränden entstehen können, Überspannungen der elektrischen Leitungen, Einbruch, Diebstahl, Kurzschluss und zuletzt auch die Ungeschicklichkeit jener, die diese Anlagen bedienen. Der Versicherungsschutz erstreckt sich nicht auf Schäden, die von Wartungsverträgen des Herstellers oder Lieferanten abgedeckt werden.

Was tun, wenn der Versicherer kündigt?

Eine Risikogemeinschaft unterliegt, wie auch andere Geschäfte, einer Kosten/Nutzenrechnung. Deshalb ist jeder Versicherer gefordert, seine Vertragsbestände unter diesem Aspekt einer laufenden Prüfung zu unterziehen. Dies führt in Einzelfällen zu Sanierungen des Vertragsbestandes, woraus manchmal Vertragskündigungen resultieren.

Kündigungen von Versicherungsverträgen erfolgen meist dann, wenn eine hohe Schadenhäufigkeit vorliegt oder große Schadenbeträge ausbezahlt werden, aber auch, wenn entsprechende geschäftspolitische Entscheidungen anstehen. Im Regelfall versucht der Versicherer mit einem Sanierungskonzept das aus seiner Sicht bestehende Problem zu lösen, was jedoch nicht immer gelingt.

Nach einer Kündigung oder einer einvernehmlichen Vertragslösung wieder einen Versicherer zu finden, kann problematisch werden. Der neue Versicherer muss eine penible Risikoeinschätzung vornehmen, die einerseits die Vergangenheit berücksichtigt und andererseits zukünftige Schäden und Vorerkrankungen bewerten muss. Gute Versicherer sind auch in solchen Fällen um eine Lösung bemüht, die einen adäquaten Versicherungsschutz bietet.

Für eine Versicherungsgesellschaft ist die Risikoprüfung ein wichtiger erster Schritt für eine Vertragsgestaltung. Daher hat die Antragsprüfung hohen Prioritätscharakter. Der Antrag soll dem Versicherer alles Wissenswerte über seinen zukünftigen Vertragspartner vermitteln, um eine bestmögliche Risikoeinschätzung vornehmen zu können. Schließlich soll eine langjährige Partnerschaft gewährleistet sein.

Bei einer Risikoprüfung erfolgt zunächst die Erhebung der allgemeinen Daten, wie Versicherungssumme, Prämie, Selbstbehalt oder medizinische Fachrichtung. Danach sind zwecks Beurteilung des Gesundheitszustandes zahlreiche Gesundheitsfragen zu beantworten. Diese stellen einen wesentlichen Bestandteil des Antrages dar. Sie sind für den Versicherer die einzige Möglichkeit zur Einschätzung eines zukünftigen Risikos und deshalb im Antrag sehr umfangreich angelegt.

Was passiert, wenn die Gesundheitsfragen nicht vollständig oder falsch beantwortet oder Krankheiten bzw. Unfälle nicht angegeben wurden? Diese Situation kann für den Kunden höchst unangenehm werden, da eine mögliche Leistungsverweigerung durch den Versicherer droht.

Freiwillige Deckung durch den Versicherer

Begibt man sich auf die Suche nach einer Definition für „Kulanz", so finden sich unter anderen die etwas trockenen, aber doch treffenden Formulierungen „entgegenkommende Behandlung eines Geschäftspartners aus kaufmännischen Erwägungen" oder „Auszahlung von Versicherungsleistungen, auf die kein Rechtsanspruch besteht". Versicherer sind mit diesem Thema naturgemäß häufig konfrontiert. Aufgrund der Vielfalt mancher vertraglicher Leistungen, aber auch wegen der Komplexität einzelner Bedingungswerke kann jeder Kunde früher oder später in die Situation kommen, von seinem Versicherer eine Kulanz einzufordern.

Die Entstehungsgründe für Kulanzen sind ebenso vielfältig wie die Formen ihrer Gewährung. Regelmäßig wird einem Versicherungsnehmer der Gedanke an eine Kulanzlösung dann kommen, wenn er seinem Versicherer einen Schaden gemeldet hat, der im Vertrag keine Deckung findet. Dafür kann es aber mehrere Gründe geben, denn allzu oft ist die geforderte Leistung schlichtweg nicht versichert. Beispiele sind Kosten für ein neues Schloss nach einem Einbruchdiebstahl in der Haushaltsversicherung, die Zahlung von Taggeld in der Unfallversicherung für mitversicherte Personen, Kollisionsschäden in der Teilkaskoversicherung oder Neuwertersatz in der Leitungswasserversicherung. Die Liste ließe sich beliebig fortsetzen.

Oft besteht zwar Versicherungsschutz, aber nicht ausreichend. Klassiker sind die Unterversicherung oder das Erreichen von Haftungshöchstsummen in der Haftpflichtversicherung. Manchmal kommt es auch zu Obliegenheitsverletzungen des Versicherungsnehmers: Als Beispiele seien verspätete Schadensmeldungen, Anerkenntnis einer Schadenersatzforderung im Haftpflichtbereich oder Alkoholisierung am Steuer genannt. Folgen davon sind in der Regel gänzliche oder teilweise Ablehnung der versicherungsmäßigen Deckung durch den Versicherer, was finanzielle Einbußen für den Versicherungsnehmer bedeutet.

Ob und in welchem Umfang ein Versicherer letztlich eine Kulanz gewährt, hängt von einigen Faktoren ab. In der Regel erfolgt eine Gesamtbetrachtung der Kundenverbindung. Konkret betrifft dies die Dauer der Vertragsverbindung(en), die Anzahl der bisherigen Schadensfälle, die Einschätzung der zukünftigen Entwicklung der Geschäftsbeziehung und natürlich auch die Frage, welches Risiko sich im aktuellen Fall verwirklicht hat. Anhand dieser Kriterien wird dann über Gewährung und Umfang der Kulanz entschieden.

Die Bereitschaft, einem langjährigen Kunden mit vielen Verträgen und wenig Schadensfällen eine Kulanz – in einem vielleicht auch noch strittigen Fall – zu gewähren, wird daher höher sein als gegenüber

einem Kunden, der erst kurz unter Vertrag ist und aufgrund eines schweren Unfalls mit Alkoholisierung eine Minderung des Regressbetrages wünscht.
Bester Adressat für ein Ansuchen um eine kulante Lösung ist der Versicherungsbetreuer oder Makler. Die endgültige Entscheidung obliegt dem Versicherer unter Berücksichtigung kaufmännischer und strategischer Gründe, aber auch der sozialen Verantwortung, die keinem Versicherungsunternehmen fremd sein sollte. Schließlich handelt es sich bei einer Versicherung um eine Risikogemeinschaft, die Schäden einzelner leichter tragen kann als dieser selbst.

Vorsicht bei der Nachhaftungszeit

Die Zahl der behaupteten ärztlichen Fehlleistungen, für die Patienten und deren Anwälte immer höhere Schadenersatzforderungen stellen, nimmt stetig zu. In diesem Zusammenhang gibt es eine oft unterschätzte Problematik, nämlich dass kein Versicherungsschutz mehr besteht, obwohl der Versicherte vom Gegenteil überzeugt ist.
Der Schadenersatzanspruch eines Patienten entsteht durch einen Beratungs- oder Behandlungsfehler. Dieser Anspruch kann aber erst dann geltend gemacht werden, wenn der Schaden als solcher erkannt und mit der ursprünglichen Behandlung in ursächlichen Zusammenhang gebracht wird. Erst ab diesem Zeitpunkt läuft gegenüber dem Arzt die Verjährungsfrist, innerhalb derer die Forderung gerichtlich durchgesetzt werden kann.
Der Anspruch des Arztes gegen seinen Haftpflichtversicherer unterliegt ebenfalls der Verjährung, wofür der Gesetzgeber die Frist auf ebenfalls drei Jahre verlängert hat. Diese Frist beginnt aber spätestens mit der Beendigung des Versicherungsvertrages. Damit fallen Schadenersatzansprüche gegen den Arzt nicht mehr unter den Versiche-

rungsschutz, wenn sie später als drei Jahre nach Vertragsbeendigung erhoben werden. Eine Vorsorgemöglichkeit stellt die Verlängerung des Versicherungsschutzes aus einem bereits abgelaufenen Versicherungsvertrag dar.

EDV in der Arztpraxis

Der Einsatz einer modernen Spezialsoftware ist mittlerweile aus der Ordination nicht mehr wegzudenken. Einerseits nimmt die Einsicht der Ärzte zu, dass der sinnvolle Einsatz geeigneter Programme nicht nur die Arbeitsqualität, sondern auch Schriftverkehr und Dokumentation entscheidend verbessern kann. Andererseits steigen die Anforderungen an die Ärzteschaft von Seiten der Sozialversicherungsträger, was die Verwendung einer Ordinations-EDV zunehmend unumgänglich macht.
Der einzelne Arzt sieht sich jedoch mit einem unüberschaubaren Markt konfrontiert, die offiziellen Informationen über die angebotenen Programme und Hersteller halten sich in Grenzen. Einige Ärztekammern versuchen in Eigeninitiative, ihren Mitgliedern geeignete Mittel zur Auswahl in die Hand zu geben.
Dieser Abschnitt des Buches soll übersichtsartig einen Beitrag zur Aufklärung leisten. Die Frage, ob ein Arzt in seiner Ordination mit EDV arbeiten will, kann einerseits philosophisch und andererseits von der praktischen Seite betrachtet werden, wobei letztere im Vordergrund unserer Ausführungen steht. Die nachfolgenden Erläuterungen sollen zeigen, dass selbst bei ein- bis zweimaliger wöchentlicher Ordinationstätigkeit eine EDV-gestützte Kartei- und Patientenverwaltung wesentliche Vorteile bringt. Gerade in einer Wahlarztordination ist es wichtig, das wirtschaftliche Risiko zu senken und die Anschaffungs- und Erhaltungskosten des EDV-Systems zu minimieren.

Organisatorische Aspekte

Eine optimale Organisation der Ordination sollte den Zeitaufwand für Verwaltung (bei guter Dokumentationsqualität!) minimieren, die Zeit für Patienten maximieren und zu einem guten Zeitmanagement beitragen. Weiters sollte die Patienten-bezogene Arbeit weitestgehend abgeschlossen sein, wenn der Patient die Ordination verlässt und keine „Nach(t)arbeit" mehr erforderlich sein. Ohne entsprechende Software-gestützte Karteiführung ist es unserer Ansicht nach nicht möglich, diesen Standard zu erfüllen.

Verkabelung, Strom, Aufstellung

Jeder Praxisbetreiber sollte nach Möglichkeit dafür sorgen, dass die EDV über einen getrennt abgesicherten Stromkreis versorgt wird. So können Spannungsschwankungen und elektromagnetische Einstreuungen vermieden werden. Auch wenn mit einem Einplatzsystem begonnen wird, sollte eine Leerverrohrung für eine spätere EDV-Vernetzung vorgesehen werden, das erspart spätere Stemmarbeiten. Weiters ist auf ausreichend Platz für jene Geräte zu achten, die Luft zur Kühlung benötigen. Sollte es erforderlich sein, den PC in Möbelstücke einzubauen, muss genügend Platz gelassen werden, um das Gerät im Bedarfsfall tauschen zu können, da ein neuer PC andere Maße haben kann.

Beim Aufstellen des Monitors ist zu beachten, dass sich kein Licht spiegelt, wenn es auf einen Röhrenmonitor (falls ein solcher überhaupt noch verwendet wird) auftrifft. Unbedingt zu vermeiden sind extreme Temperaturen, sowohl im Winter wie auch im Sommer. Die Raumtemperatur sollte sich zwischen 18 und 26 Grad C bewegen. Bei tieferen Temperaturen braucht die Hardware eine gewisse Zeitspanne, um sich wieder an die Raumtemperatur anzupassen.

Grundbausteine für eine erfolgreiche Praxis

Hardware

Zum Betrieb eines Arbeitsplatzes sind PC, Tastatur, Monitor und Maus erforderlich.

PC

Bei der Anschaffung eines PC sollte auf folgende Erfordernisse geachtet werden:

- mind. 3,0 GHz
- Speicher (RAM) ab 1GB
- Festplatte (ab 60 GB)
- CD- oder DVD-Laufwerk mit Brennfunktion
- Netzwerkkarte für Twisted pair/RJ45
- Diskettenlaufwerk (nicht mehr unbedingt erforderlich)
- zusätzliche Sicherungslaufwerke (siehe Sicherung)

Tastatur

Funktastaturen sind äußerst praktisch, weil auf dem Schreibtisch keine störenden Kabel sichtbar sind. Wichtig ist darauf zu achten, dass IMMER Ersatzbatterien bereit liegen, um das Funktionieren der Tastatur zu gewährleisten. Es gibt auch ergonomische Tastaturen, die jedoch hinsichtlich ihrer Bedienung gewöhnungsbedürftig sind. Dies sollte bei der Auswahl bedacht werden.

Maus

Auch Mäuse werden als Funkvariante angeboten und bieten ähnliche Vorteile wie Funktastaturen. Zusätzlich unterscheidet man optische Mäuse (arbeiten mit Lichtstrahl) und mechanische Mäuse (arbeiten mit einer Kugel). Kugelmäuse sind zwar billiger, können aber bei Verschmutzung Funktionsprobleme verursachen.

Monitor

Grundsätzlich wird zwischen Röhrenmonitoren und Flachbildschirmen unterschieden. Erstere sind billiger, haben aber den Nachteil, dass sich einfallendes Licht spiegelt. Ihr einziger Vorteil ist der günstigere Preis.
Flachbildschirme kosten zwar mehr, bieten aber einige Vorteile. Sie sind erheblich kleiner, der Energieverbrauch ist geringer und die Bilder sind verzerrungsfrei. Standardgröße bei Röhrenmonitoren ist 17 Zoll Bildschirmdiagonale, das entspricht 15 Zoll Bildschirmdiagonale bei einem Flachbildschirm. Röhrenmonitore werden kaum noch verkauft, zu empfehlen sind 17 Zoll-Monitore oder bei großem Arbeitsabstand auch größere.

Laptop

Alternativ zu einem Festgerät kann auch ein Laptop verwendet werden. Grundsätzlich kann man davon ausgehen, dass ein Laptop teurer und seine Lebensdauer kürzer ist. Die Laptoplösung ist nur dann zu empfehlen, wenn Mobilität im Ordinationsbetrieb wichtig ist. Ein nicht funktionierender Laptop kann nur von der Herstellerfirma repariert werden, ein nicht funktionierendes Standgerät meist auch von einem Fachmann vor Ort. Beim Kauf der Hardware ist nicht nur die Prozessorgeschwindigkeit von Bedeutung. Wichtig sind auch die Größe des Internen Speichers (je größer, desto schneller, bei XP mindestens 512 MB, bei Vista mindestens 1 GB) und die Daten der Grafikkarte.

Server

Ein Server ist ein leistungsfähiger, zentraler Rechner, der sämtliche Daten verwaltet und auf dem NICHT gearbeitet wird. Zusätzlich bietet eine Serversoftware zahlreiche Sicherheitsmerkmale, die ein „norma-

les“ Betriebssystem nicht aufweist. Dies bietet ein hohes Maß an Betriebssicherheit, da bei „Absturz“ einer Workstation alle anderen Arbeitsplätze weiterarbeiten können. Weiters können Druckaufträge rascher verarbeitet werden.
Insbesondere bei großen Netzwerken mit vielen gleichzeitigen Datenzugriffen ist ein Server unerlässlich. In Wahlarztordinationen, wo meist Zweiplatzsysteme zur Anwendung kommen, fungiert einer der beiden Rechner als (scheinbarer) Server mit Standardbetriebssystem. Die Anschaffung eines Servers ist in Wahlarztordinationen nur selten notwendig. Diese Entscheidung sollte gemeinsam mit dem Softwareanbieter getroffen werden. Bei Ein- und Zweiplatzsystemen ist kein Server erforderlich, ab einem Dreiplatzsystem die Anschaffung überlegenswert.

Drucker

Im Regelfall reicht ein Drucker aus, der in der Anmeldung stehen sollte. Wenn Fremdformulare (Rezepte, Zuweisungen, Verordnungen) bedruckt werden, sind Mehrschachtdrucker oder Spezialdrucker (vor allem für die Rezepte) zu empfehlen. Mehrschachtdrucker sind erheblich teurer, einige Softwareanbieter haben das Formularwesen (Rezepte, Verordnungen, Zuweisungen) in der Software integriert und kommen daher mit einem Einschachtdrucker aus (vor allem im Wahlarztbereich).
Nadeldrucker sind erforderlich, wenn Dokumente bedruckt werden, die automatisch durchschreiben. Sie sind relativ laut, die Druckqualität ist nicht besonders gut.
Tintenstrahldrucker haben den Vorteil, dass Farbdruck möglich ist. Hinsichtlich Geschwindigkeit und Druckauflösung sind sie Laserdruckern jedoch unterlegen.

Laserdrucker sind professionell einsetzbare Geräte, die schnell und scharf, grundsätzlich aber nur schwarz, weiß und Graustufen drucken. Farblaserdrucker sind zwar in den letzten Jahren billiger in Anschaffung und Betrieb geworden, jedoch immer noch teurer als die Schwarz-Weiß-Lösung. Insbesondere in Ordinationen, in denen viel gedruckt wird, ist unbedingt ein Laserdrucker zu empfehlen.

Modem, Firewall, Virenschutz

Ein Modem stellt über die Telefonleitung eine Verbindung zur Außenwelt her. Es ermöglicht das Senden und Empfangen von Faxen sowie den Zugriff auf das Internet. Wenn möglich, trennen Sie ihren Internetzugang vom PC, auf dem ihre Ordinationssoftware installiert ist. Sie ersparen sich möglicherweise Ärger und Schaden, der durch virenverseuchte Mails entstehen kann. Sollte eine Trennung nicht möglich sein oder das Mailprogramm und der Internetzugang unbedingt auf dem Ordinationsrechner benötigt werden, ist die Installation einer Firewall und eines Virenschutzprogramms, das sich automatisch über Internet aktualisiert, erforderlich. Damit sichern Sie ihren PC vor Zugriffen oder Angriffen aus dem Internet und vermeiden eine Virenverseuchung. Doch auch mit Virenschutzprogrammen ist eine Verseuchung mit neuen Viren NICHT auszuschließen.

USV-Anlage

Ein Stromausfall während des Zugriffs der Software auf eine Datenbank kann irreparable Schäden in der Datenbank verursachen. Bereits ein kurzer Stromausfall über 5 Millisekunden bringt das Betriebssystem des Computers zum Absturz. Die USV-Anlage ist eine Notstromversorgung und sorgt dafür, dass die EDV bei Stromausfällen nicht unkontrolliert abstürzt. Sie versorgt den PC noch für 10 bis 20 Minuten mit Strom und ermöglicht es, Daten ordentlich zu speichern. Weiters bewahrt sie den PC vor kurzen Über- oder Unterspannungen im Rahmen von Spannungsschwankungen im Netz oder bei Gewittern und stabilisiert die Spannung, die zum PC geleitet wird. Daher ist bei jedem PC die Anschaffung einer USV-Anlage empfehlenswert.

Datensicherung

Als Grundsatz gilt: Nach jeder Ordination MUSS gesichert werden. Mehrere Datensicherungskonzepte sollten obligat und das Sichern der Daten möglichst einfach in der Handhabung sein. Man kann mobile und stationäre Sicherungsmedien unterscheiden, zu empfehlen sind mindestens ein mobiles und ein stationäres Konzept. So ist es möglich, die Daten beispielsweise auch bei einem Brand oder nach einem Hochwasser ohne Datenverlust auf einem neuen PC neu zu installieren. Bei Verwendung eines Servers ist eine entsprechende Sicherungsroutine einzurichten.
Folgende Medien bieten sich an:

- Wechselfestplatte (mobil)
- CD-Brenner (mobil, bei großen Datenmengen zu empfehlen)
- DAT-Streamer, Streamerband (mobil, für sehr große Datenmengen)
- Zip Drive (mobil, 100 MB bis 750 MB) – alte Technologie
- Jazz Drive (mobil)
- USB-Memory-Stick (mobil, mittlerweile in Größen bis 8 GB erhältlich)
- optische Medien (mobil)
- Sicherung auf zweiten PC (stationär)
- Sicherung auf denselben PC (stationär, nicht sehr „sicher")

Alle bisher genannten Medien ermöglichen die Datensicherung erst jeweils nach Ende der Ordination. Das heißt, dass bei einem Festplat-

tenschaden, der während der Ordination auftritt, der betroffene Ordinationstag verloren geht.
Bei einer Plattenspiegelung werden sämtliche Daten gleichzeitig auf zwei Festplatten geschrieben. Bei Crash einer Festplatte arbeitet die andere ohne Datenverlust weiter. Eine Plattenspiegelung erfordert ein Betriebssystem, das diese Möglichkeit bietet. Server sind in der Regel mit einer Plattenspiegelung ausgestattet.
Ihr persönliches Datensicherungskonzept sollte unbedingt mit ihrem Softwareanbieter erarbeitet werden, je nach Größe der Datenbank wird er entsprechende Vorschläge machen.

Service

Für die Hardware sollte unbedingt ein Ansprechpartner vorhanden sein, der bei Ausfall des PC wegen eines Hardwaredefektes die Störung rasch beheben kann. Der Kauf von Hardware in Großmärkten kann dieser Anforderung nicht gerecht werden.

Systemvarianten

Einplatzsystem für Kleinstordination: 1 PC oder 1 Laptop mit Drucker. Diese Lösung ist vor allem empfehlenswert, wenn ein Arzt ohne Ordinationshilfe arbeitet. Der Vorteil liegt in den geringen Hardwarekosten, der Nachteil darin, dass der Arzt die Stammdaten (Name, Adresse, Versicherung etc.) erfassen muss und so Zeit für nicht ärztliche Tätigkeiten „verliert". Diese Lösung bietet sich aber auch an, wenn die Zeit des Patientenkontaktes sehr lange ist (etwa bei psychotherapeutischen Gesprächen usw.).

Zweiplatzsystem – die häufigste Variante in Wahlarztordinationen: 2 PCs mit Netzwerkkarte müssen über ein Netzwerkkabel miteinander

verbunden sein. Funknetzwerke sind möglich, auf Grund der niedrigeren Geschwindigkeit der Datenübertragung sind sie bei Verwendung eines Datenbankprogramms derzeit noch nicht empfehlenswert. Weiters kann die Datensicherheit bei Funknetzwerken problematisch sein (Funksignale können möglicherweise auch von nicht Berechtigten außerhalb der Ordination empfangen werden).
Die Anschaffung EINES Druckers, der im Regelfall in der Anmeldung steht, ist ausreichend. In der Anmeldung erfolgt die Aufnahme der Stammdaten des Patienten beim Erstbesuch, danach die Reihung auf der Warteliste. In der Ordination werden die tagesbezogenen Ereignisse, also die „Karteieinträge" eingegeben.
Bei Ordinationen mit Kassenverträgen sind oft **mehrere Arbeitsplätze** im Bereich der Anmeldung erforderlich, die zusätzlich mit einem Terminal für die e-Card ausgestattet sein müssen. Weiters stehen oft zwei oder mehr Ordinationsräume zur Verfügung, die jeweils mit einem EDV-Arbeitsplatz ausgestattet sind. In dieser Konstellation ist die Anschaffung eines Servers unumgänglich.

Software

Die Software sollte einfach und intuitiv zu handhaben sein, ein Maß dafür ist die nötige Einschulungszeit. Viele Details können die Anwendung erschweren. Ein gutes EDV-System für Kassenärzte ist nicht in gleichem Maß für Wahlärzte geeignet, da die Anforderungen, insbesondere was die Patientenfrequenz und den Servicegedanken betrifft, unterschiedlich sind.
Beim Testen eines Programms sollte ein Ordinationsablauf simuliert werden. Nur so kann man herausfinden, ob die Anwendung zusagt. Auch der Besuch von Ordinationen, in denen das EDV-System bereits installiert ist, kann hilfreich sein. Wahlärzte müssen bedenken, dass

sie bei Rezeptformularen, Verordnungen und Zuweisungen nicht auf die Formulare der Krankenkassen zurückgreifen können. Es gibt bereits EDV-Programme, die diese Formulare selbst generieren. Das spart Anschaffungskosten für Drucksorten und Lagerplatz.
Briefkopf, persönliches Logo oder Stempel sollten jedenfalls in das Programm eingebunden werden können. Die „persönliche Note" halten wir vor allem in der Wahlarztordination für besonders wichtig. Bei Softwarelösungen für Wahlarztordinationen ist zu prüfen, ob sich die Honorargestaltung ausschließlich an den Kassentarifen orientiert oder eine völlig freie Honorargestaltung möglich ist. Insbesondere ist wichtig, dass einem Pauschalpreis beliebig viele Einzelleistungen zugeordnet werden können. Dies ist eine Grundvoraussetzung für die Wahlarztordination, die nicht von allen Anbietern erfüllt wird. Für alle Ordinationen gilt es, einen „Notbetrieb" für den Fall, dass die EDV komplett ausfällt, vorzubereiten.

Marktübersicht

Genaue, zuverlässige Daten über den österreichischen Ärztesoftwaremarkt sind nicht bekannt. Insider gehen von einer Marktsättigung von etwa 95 Prozent bei Ordinationen mit Kassenvertrag aus, im Bereich der Wahlärzte dürfte die Sättigung deutlich geringer sein (eigene Schätzung: maximal 50%).
Beim Hauptverband sind mehr als 100 Softwareprogramme als „geprüft" registriert. Erhebungen der Ärztekammern für Niederösterreich und Oberösterreich bestätigen die Vermutung, dass sich der Großteil des Marktes auf einige wenige Firmen aufteilt. Die Preise für Ärztesoftware (ohne Geräte) reichen von null bis ca. 10.000 Euro, ein für Spezialsoftware vergleichsweise günstiges Preisniveau.

Datenkonvertierung

Beim Umstieg von einem Softwareprogramm auf ein anderes gibt es immer wieder Probleme mit der so genannten Datenkonvertierbarkeit. Einige Anbieter verhindern vorsätzlich den Datentransfer, in der Hoffnung auf stärkere „Kundenbindung“. Diese Konvertierbarkeit von Daten ist ein Qualitätsmerkmal für Firmen und Programme, die ihre Kunden nicht knebeln müssen, sondern mit fairen Methoden am Markt auftreten.
Über lange Zeit war diese Datenkonvertierbarkeit nicht prüfbar. Die Ärztekammer für Niederösterreich hat deshalb vor einigen Jahren ein Datenkonvertierbarkeits-Zertifikat initiiert. Es liegt aber trotzdem immer noch im Verantwortungsbereich des Anwenders, sich diese Informationen zu beschaffen.

Markenprodukte sind Grundlage für möglichst fehlerfreien Betrieb

Die Anbieter am Ärztesoftwaremarkt verfolgen auch im Bereich der Computer (Hardware) unterschiedliche Strategien. Grundsätzlich gibt es die Möglichkeit, Markengeräte zu verwenden. Als Alternative bieten einige Firmen selbstgebaute Computer an, deren Bauteile am Weltmarkt gekauft werden. Die Intention ist klar: Die Preisspannen beim Verkauf selbstgebauter Geräte sind wesentlich höher. Aber diese Selbstbauten haben auch gravierende Nachteile für den Kunden. Bei Markenprodukten von renommierten Herstellern lassen sich beispielsweise Garantien und Gewährleistungen wesentlich leichter beanspruchen. Außerdem sind die renommierten Markenhersteller auch mit den großen Softwareherstellern in engem Verbund. So wird dafür gesorgt, dass Programme weitgehend fehlerfrei laufen. In einem sensiblen Ordinations-EDV-Netzwerk mit möglicherweise eingebundenen medizintechnischen Geräten ist die Verwendung von Billig-PCs ein zu großes Risiko. Der Einsatz von Markengeräten ist daher dringend anzuraten.

Wartung

Mit dem Kauf eines Softwareprogramms und den dazugehörigen Geräten ist es aus finanzieller Sicht gerade im Kassenbereich nicht getan: Die Programme müssen ständig optimiert und an die Anforderungen der Sozialversicherungsträger angepasst werden. Neben hohem Personalaufwand bedeutet dies für die Firmen nicht unwesentliche Kosten für die Administrierung und den Versand der so genannten Updates. Daher ist es notwendig, diese Kostenposition auch bei den Angebotsvergleichen mit einzubeziehen. Aber Vorsicht: Manche Anbieter rechnen beispielsweise notwendige Lizenzgebühren (Beispiel Apothekerverlag) bereits von vornherein mit in die Angebote hinein, manche Anbieter verschweigen diese Zusatzkosten, die in jedem Fall verrechnet werden müssen.

Rasche Hilfe bei auftretenden Problemen

Was tun, wenn der Computer während des Ordinationsbetriebs streikt? Rasche telefonische Ersthilfe ist gefragt. Leider machen manche Anwender die Erfahrung, dass gerade wenn Not am Mann ist, niemand von der Herstellerfirma zur Verfügung steht. Das liegt auf der Hand, denn die Probleme treten entweder im Ordinationsbetrieb oder beim Abrechnen auf. Und genau diese Aktivitäten erfolgen oft abseits des „normalen" Bürobetriebs.

Prüfen Sie daher, ob sich die angegebenen Zeiten für Support mit Ihren Arbeitszeiten decken. Es gibt auch Anbieter, die telefonischen Support sieben Tage die Woche rund um die Uhr gewährleisten. Auch hinsichtlich dieser Anforderung hilft ein Anruf bei der Ärztekammer, ob die Hotline auch wirklich gut erreichbar ist. Rasche Hilfe bei Problemen, die immer und überall auftreten können, ist ein ganz wesentliches Beurteilungskriterium für den Anbieter eines Softwareprogramms.

Schulungen

Moderne Softwareprogramme sind so angelegt, dass sie grundsätzlich auch von Laien problemlos bedient werden können. Was sich so vorteilhaft anhört, hat aber auch Nachteile. Mancher Anwender glaubt aufgrund der vermeintlich einfachen Bedienungsmöglichkeit, dass er sich eine Schulung sparen kann. Doch das ist Sparen am falschen Platz.
Wer sich nicht ausführlich in seinem Softwareprogramm schulen lässt, wird niemals auch nur annähernd alle Möglichkeiten der Anwendung kennen lernen und bringt sich somit selbst um die Vorteile eines effizienten EDV-Einsatzes. Alle heute gängigen Softwareprogramme bieten ein breites Leistungsspektrum, das ohne Anleitung nicht effizient genutzt werden kann. Deshalb sind nicht nur Einstiegsschulungen für das ganze Ordinationsteam unbedingt notwendig, sondern auch regelmäßige Nachschulungen oder Usermeetings, um über die neuen Entwicklungen und Verbesserungen Bescheid zu wissen.

Nutzung des Internets

Was vor einigen Jahren noch verpönt war, ist nicht zuletzt durch die Anforderungen unseres modernen Gesundheitssystems mittlerweile Standard: der Internetanschluss. Seit Einführung der e-Card führt ohnehin kein Weg mehr an einer Online-Anbindung der Ordinations-EDV vorbei. Doch wo Licht ist, ist auch Schatten. Viren und Spams sind heutzutage ständige lästige Begleiter bei der Nutzung des Internets. In beiden Fällen hilft nur ein wirksamer Schutz, der genauso ausgeklügelt sein sollte wie die Datensicherung. Es hilft auch nichts, Schutzprogramme zu installieren und diese nicht regelmäßig zu optimieren. Um wirkliche Sicherheit zu garantieren, müssen auch diese Programme ständig, am besten automatisch gewartet werden. Deshalb ist zu empfehlen, diese Optionen bereits im Sicherheitspaket der Ordinationssoftware vorzusehen und keineswegs selbständig oder durch externe Firmen auf den Rechnern zu installieren. Weiters wird die Verwendung einer Firewall empfohlen, um sich auch vor Viren zu schützen, die ohne e-Mailverkehr ins System kommen können.

Tipps zur Angebotslegung

Vom **Anbieter** sollte im Zusammenhang mit der Angebotslegung zusätzlich Folgendes erfragt werden:

- Anwenderzahl, am besten mit Referenzliste?
- Markengeräte oder Eigenbau?
- Wartungskosten inklusive aller Lizenzen?
- Hotlinezeiten? – Verwendete Datenbank?
- Sicherungskonzept?

Bei der zuständigen **Gebietskrankenkasse** zu erfragen:

- Kassenabrechnungstauglichkeit?

Bei der zuständigen **Ärztekammer** erfragen:

- Gibt es Probleme beim Support?

Bei der **Ärztekammer für Niederösterreich** erfragen (gilt für ALLE Bundesländer):

- Datenkonvertierbarkeit?

Ausgewählte Aspekte der Mitarbeiterführung

Bezahlung mit Erfolgskomponente

Jeder Arbeitgeber muss sich fragen, welches Personal er haben will und ob er es sich leisten kann – auch der niedergelassene Arzt. Das

Umfeld der Beschäftigung und das Verhältnis zwischen Chef und Mitarbeitern haben sich im Laufe der Zeit grundlegend geändert. Statt Hierarchie, Macht, Fremdbestimmung und Druck haben heute Vertrauen, Freiraum, Begeisterung und Selbstbestimmung am Arbeitsplatz an Bedeutung gewonnen.

Genauso könnte sich das Entlohnungssystem ändern. Während in Arztpraxen traditionell seit Jahrzehnten nahezu ausschließlich Fixgehälter gezahlt werden, sind leistungsorientierte Entgeltkomponenten in der Wirtschaft auf dem Vormarsch und werden früher oder später wohl auch in Ordinationen Einzug halten. Im Sinne des Betriebsergebnisses machen diese Ansätze durchaus Sinn. So lassen sich durch Zielvereinbarungs-Bonifikationen in realistischem Rahmen positive Effekte für Unternehmen und Mitarbeiter erzielen. Diese müssen aber nachvollziehbar sein und im Voraus schriftlich festgelegt werden. Es bringt nichts, Boni im Nachhinein mit undefinierter Motivation auszuschütten. Auch wenn sich das Personal darüber freut, hat es keine „steuernde" Wirkung.

Leistungsorientierte Entgeltkomponenten lassen sich sowohl für einzelne Personen als auch für Gruppen formulieren. Die Auszahlung ist selbstverständlich legal und wird über die Lohnverrechnung abgewickelt. Geld allein ist aber nicht alles. Der Dienstgeber muss auch Möglichkeiten anbieten, die nicht mit Geld aufzuwiegen sind, z.B. ein gutes Arbeitsklima. Jeder Mitarbeiter braucht klare Verantwortungen und Kompetenzregelungen. Ein vertrauensvolles und offenes Klima ist Grundlage jeder Teamentwicklung. Solche „immateriellen Beteiligungen" bewirken, dass die Mitarbeiter motiviert sind und nicht nur besser arbeiten, sondern ihre Leistung auch als wertvoll erachten.

Urlaubsvereinbarungen ohne Missverständnisse

Urlaub soll der Erholung dienen und ist grundsätzlich zwischen Dienstgeber und Dienstnehmer einvernehmlich festzulegen, wobei die jeweiligen Interessen zu berücksichtigen sind. Daher gibt es in so manchen Betrieben Probleme, wenn der Arbeitgeber die arbeitsrechtlichen Bestimmungen beachten möchte. Kommen die Beteiligten nicht überein, bleibt nur ein Schiedsgericht. Ob in einem solchen Fall die Fortsetzung des Dienstverhältnisses überhaupt sinnvoll ist, kann zumindest bezweifelt werden.

Ärzten als Arbeitgebern ist zu empfehlen, bereits im Dienstvertrag einige Regelungen im Hinblick auf den Urlaub festzulegen, beispielsweise die Möglichkeit eines Betriebsurlaubes, wobei Ausmaß und Ankündigungszeit zumutbar sein müssen. Die einfache Ankündigung: „Ab morgen ist die Ordination vier Wochen geschlossen", wird nicht haltbar sein, weil sich die Dienstnehmer nicht mehr darauf einstellen können. Würden die Dienstnehmer dennoch zustimmen, wäre alles in Ordnung.

Schriftliche Vereinbarungen sind nicht nur für diesen Fall zu empfehlen, sondern generell für alle in Zusammenhang mit Urlaub möglichen Probleme. So sollte ebenfalls im Dienstvertrag vereinbart sein, dass rechtzeitig angekündigte Zeiten, in denen die Ordination wegen Fortbildung geschlossen ist, als Urlaubstage gerechnet werden. Natürlich müssen Urlaubstage zur freien Wahl durch den Dienstnehmer verbleiben, damit seine Interessen entsprechend gewahrt werden. Beispiele hierfür sind ein Betriebsurlaub des Partners oder Schulferien der Kinder.

Das Urlaubsjahr eines Dienstnehmers ist individuell zu behandeln. Es beginnt mit dem Tag des Eintritts in die Ordination. Bis zu 25 Dienstjahren in der Ordination beträgt der Urlaubsanspruch 5 Wochen-Arbeitstage, das bedeutet bei einer 5-Tage-Arbeitswoche 25 Arbeitstage Urlaub, bei einer 4-Tage-Woche beispielsweise 20 Arbeitstage.

Auch Teilzeit und geringfügig Beschäftige wie Reinigungskräfte haben Anspruch auf Urlaub. Arbeitet jemand nur montags und mittwochs,

dann besteht Urlaubsanspruch auf fünf Montage und fünf Mittwoche. Feiertage zählen nicht als Urlaubstage.
Erkrankt ein Dienstnehmer während des Urlaubes länger als drei Tage, sind diese nicht als Urlaub zu werten. Der Dienstnehmer muss den Dienstgeber von der Erkrankung aber unverzüglich in Kenntnis setzen und ein ärztliches Zeugnis vorlegen. Der Dienstnehmer darf den Urlaub eigenmächtig nicht um die Krankentage verlängern und erst später wieder in der Ordination erscheinen.
Eine neue Ordinationshilfe erwirbt in den ersten sechs Monaten nur zwei Tage Urlaubsanspruch pro Monat, ab dem siebten Beschäftigungsmonat steht ihr bereits der volle Jahresurlaub zu. Ein nicht verbrauchter Urlaub darf während eines bestehenden Dienstverhältnisses nicht in Geld abgelöst werden und erlischt auch nicht trotz Geldablöse. Wird Urlaub allerdings nicht konsumiert, dann verjährt er zwei Jahre ab Ende des Urlaubsjahres.

Ein Dienstverhältnis kann einmal zu Ende gehen

Die Beendigung eines Dienstverhältnisses ist stets eine kritische Phase, die gut vorbereitet sein sollte. Zuerst ist zu prüfen, um welche Form der Beendigung es sich handelt, weil daraus unterschiedliche Rechtsfolgen resultieren. Formen der Auflösung sind:

- Kündigung durch den Dienstgeber oder Dienstnehmer,
- einvernehmliche Auflösung des Dienstverhältnisses,
- berechtigte oder unberechtigte (sofortige) Entlassung und
- berechtigter oder unberechtigter (sofortiger) Austritt.

Weiters ergeben sich unterschiedliche Folgen, je nachdem ob es sich um Angestellte, Arbeiter oder sonstige Beschäftigte (etwa Hausgehilfen) handelt und ob ein volles oder ein Teilzeit-Dienstverhältnis aufgelöst werden soll. Nachfolgend sollen die Auswirkungen von Dienstgeber- und Dienstnehmerkündigungen als häufigste Formen der Beendigung bei Angestellten hinsichtlich Urlaubs- und Abfertigungsansprüchen beleuchtet werden.

Bei einer Kündigung muss einerseits die Kündigungsfrist (Zeitspanne zwischen dem Zugang der Kündigungserklärung und dem rechtlichen Ende des Arbeitsverhältnisses) und andererseits der Kündigungstermin (Zeitpunkt, zu dem das Arbeitsverhältnis endgültig aufgelöst sein soll) beachtet werden. Der oft zitierte letzte Arbeitstag ist meist nicht mit jenem Tag ident, an dem das Dienstverhältnis aufgelöst werden soll.

Die Ansprüche des Arbeitnehmers bei Kündigung durch den Dienstgeber oder den Dienstnehmer selbst sind in der Regel die Ersatzleistung für noch offenen Urlaub und die aliquoten Sonderzahlungen. Wird der Dienstnehmer durch den Dienstgeber gekündigt, besteht zusätzlich Anspruch auf Postensuchtage im Ausmaß von einem Fünftel der normalen wöchentlichen Arbeitszeit.

Bei einer Dienstgeberkündigung besteht für die meisten Dienstverhältnisse, die vor dem 1. Jänner 2003 begonnen haben, auch Abfertigungsanspruch. Dies trifft dann zu, wenn der Dienstnehmer nicht in das neue Abfertigungssystem übernommen worden ist, was in der Regel der Fall sein wird. Der Abfertigungsanspruch richtet sich nach der Dauer des Dienstverhältnisses und beträgt 2 Monatsentgelte (Gehalt inkl. Sonderzahlungsanteile) nach 3 Jahren, 3 Monatsentgelte nach 5 Jahren, 4 Monatsentgelte nach 10 Jahren, 6 Monatsentgelte nach 15 Jahren und schließlich 12 Monatsentgelte nach 25 Jahren. Ein Monatsentgelt beträgt in der Regel das 1,17-fache eines Monatsgehaltes.

Darüber hinaus kann eine freiwillige Abfertigung gewährt werden, was insbesondere bei verdienten Ehegatten-Dienstverhältnissen eine interessante Steuersparmöglichkeit darstellt. Achtung: Auch bei nicht verdienten Mitarbeitern entsteht bei einvernehmlicher Auflösung in den meisten Fällen ein Abfertigungsanspruch, anspruchsberechtigt sind des weiteren Teilzeit und geringfügig Beschäftigte.

Der Verbrauch von Urlaubstagen ist – auch in der Kündigungsfrist – grundsätzlich zwischen Dienstgeber und Dienstnehmer zu vereinbaren (unter Berücksichtigung der Erfordernisse der Ordination und der Erholungsmöglichkeiten des Dienstnehmers). Dabei trifft den Dienstnehmer nach Aussprechen der Kündigung die Verpflichtung, offene Urlaubstage in einem zumutbaren Ausmaß zu verbrauchen. Die Zumutbarkeit hängt von der noch zur Verfügung stehenden Zeit, dem Ausmaß des offenen Urlaubes sowie den Möglichkeiten, die Urlaubstage vernünftigerweise zum vorgesehenen Erholungszweck zu nützen, ab. Zu empfehlen ist, die Vereinbarung über den Urlaubskonsum möglichst bei oder bald nach der Kündigung zu treffen.

Der Anspruch auf Urlaub wird aliquot zur Dauer des Urlaubsjahres bis zum Ausscheiden berechnet. Bereits konsumierte Urlaubstage werden davon abgezogen. Alte Urlaube verjähren nach zwei Jahren und müssen daher nicht berücksichtigt werden. Für Teilzeitbeschäftigte gilt die gleiche Urlaubsregelung wie für Vollbeschäftigte. Sind bis zum Ende des Dienstverhältnisses nicht alle Urlaubstage verbraucht, ist eine Ersatzleistung in Geld (inkl. anteiliger Sonderzahlungen) zu bezahlen; für 1 Urlaubstag im Normalfall das 1,6-fache eines Tagesgehalts.

Wurden bis zur Beendigung des Arbeitsverhältnisses mehr Urlaubstage konsumiert als aliquot zugestanden wären, dann hat der Dienstgeber keine Möglichkeit, den Überkonsum zurückzufordern (ausgenommen bei verschuldeter Entlassung oder unberechtigtem vorzeitigen Austritt). Bei der Überlegung, ein Dienstverhältnis mit einem Dienstnehmer eventuell zu lösen, sollte der Dienstgeber darauf achten, dass nicht schon zu Beginn eines Urlaubsjahres zu viele Urlaubstage konsumiert werden.

Qualitätsmanagement

Dr. Günther Schreiber ist niedergelassener Allgemeinmediziner in Wien. Er erinnert sich noch gut an seine Turnuszeit, denn damals gab es unmittelbar in seinem Umfeld den so genannten **Rohypnol-Skandal** (siehe Kasten „Der Lainz-Skandal"). Schreiber hat sich damals geschworen, sein berufliches Umfeld so anzulegen, dass derartige Vorkommnisse verhindert werden. Neben dem Mangel an Eigenverantwortung von Mitarbeitern hätten auch die damaligen Rahmenbedingungen des Systems zu dieser Katastrophe geführt.

Nach zehn Jahren als Allgemeinmediziner im Kassensystem hat sich Schreiber 1992 entschlossen, seinen Vertag zu kündigen und begonnen, seine bis heute bestehende Wahlarztordination aufzubauen. 1995 hatte er zum ersten Mal Kontakt mit dem damals aus der Industrie schon länger bekannten Qualitätsmanagement. Diverse Tätigkeiten und Ausbildungen führten schließlich zu seiner derzeitigen Funktion als Branchenmanager für das Gesundheitswesen des Zertifizierungsunternehmens Quality Austria.

DER LAINZ-SKANDAL

Ende der 1980-er Jahre sorgten Missstände im Pflegeheim Wien-Lainz für großes mediales Aufsehen und ein gerichtliches Nachspiel. Im Mittelpunkt des „Lainz-Skandals" stand die Tötung betagter PatientInnen durch vier Stationsgehilfinnen. Zur Anklage kamen schließlich 40 vollendete und zwei versuchte Morde. Offenbar wurden sechs Jahre lang alte, bettlägrige Patientinnen mit den Pharmaka Rohypnol, Valium und Dominal forte „behandelt", auch die „Mundpflege" erlangte als Mittel zum Zweck traurige Berühmtheit. Als Motive wurden die Überbelegung, der berufliche Stress und Personalnot angeführt. Aufgrund des aus diesem Skandal resultierenden negativen Images wurde das Pflegeheim Lainz später in „Geriatriezentrum am Wienerwald" umbenannt.

Die Ordination von Schreiber selbst ist nicht zertifiziert. Die Dokumentation der Qualität nach außen durch das Zertifikat würde sich aus seiner Sicht für diese „one-man-show“ (mit wenigen Wochenstunden) nur bedingt auszahlen.

Für niedergelassene Ärzte gibt es derzeit nur wenige Möglichkeiten, Qualität in der Ordination zu dokumentieren. Eine davon ist die freiwillige Selbstevaluierung, das Ausfüllen eines Fragebogens. Dieser ist laut Schreiber überwiegend auf die Beurteilung der Strukturqualität aufgebaut. So wird nach Ausstattung, behindertengerechter Struktur oder vorhandenen Notarztkoffern gefragt, aber kaum nach den Prozessen oder Ergebnissen, vergleichbar mit den Kriterien für Sterne bei Hotels. Somit wird nur erhoben, was eigentlich jeder Arzt in seiner Ordination haben sollte und in aller Regel auch hat.

In den Bereich der Prozessqualität fällt beispielsweise die Überprüfung der Behandlung von Krankheiten und angewandter Therapien. Anhand des Grades der Gesundung von Patienten könnte die Ergebnisqualität beurteilt werden.

Vor einigen Jahren wurde – ausgehend von den Ärztekammern – eine Ausbildung für Qualitätsmanagement in Ärztekreisen eingeführt. Dies führte zur „Verifikatorenausbildung“, die einen Arzt ermächtigt, Ordinationen von Kollegen zu beurteilen. Derzeit gibt es etwa 80 bis 100 solche Verifikatoren in ganz Österreich. Die Ärztekammer legte jedenfalls immer großen Wert darauf, dass die Qualitätskontrolle in der Hand der Ärzte bleibt. Dieser Ansatz entspricht dem „State of the art“ von Qualitätsmanagement im niedergelassenen Bereich.

Neuere Ansätze wären durchaus vorhanden, z.B. das „KTQ-Modell“. Dabei erfolgt die Beurteilung diverser Kriterien, die gemäß der Schritte „Planung“, „Umsetzung“, „Kontrolle/Messung“ sowie „Verbesserung“ abgearbeitet werden. Für Schreiber trifft das KTQ-Manual die Sprache der Mediziner genauer, denn für die Beantwortung dieser Fragen ist eine Ausbildung als Qualitätsmanager nicht zwingend erforderlich. Erst seit kurzem gibt es auch in Österreich Visitoren, die nach dem KTQ-Modell zertifizieren dürfen.

Weitere Konzepte sind das EPA-Modell (Europäisches Praxis Assessment) und das Qualitätsmanagementverfahren „QEP – Qualität und Entwicklung in Praxen®“ aus Deutschland. Schreiber kennt auch Tendenzen seitens der Sozialversicherungen, den niedergelassenen Ärzten bzw. Therapeuten Nachweise abzuverlangen, wie die Qualität der „verkauften“ Leistungen gesichert und auch „transparent“ wird. So braucht beispielsweise ein Physiotherapeut in Niederösterreich, der Elektrotherapien um etwa 7 Euro für Versicherte der Wiener Gebietskrankenkasse anbietet, schon heute das Zertifikat ISO 9001 für die Rückverrechnung seiner Leistung.

Bei der Entscheidung für das richtige Qualitätsmanagement im niedergelassenen Bereich ist für Schreiber vor allem die Frage nach dem Aufwand relevant, denn der Schritt in eine unnötige Bürokratie ist nur ein kleiner. Er sieht bei all jenen Ärzten, die das Fortbildungsangebot etwa der Ärztekammern für sich und ihre Mitarbeiter genutzt haben, kaum Handlungsbedarf. Viele Mediziner glauben jedoch, dass die fachliche Qualifikation allein genügt, um gute Qualität zu bieten, was aber nicht der Fall ist.

Aus seiner eigenen Erfahrung als Kassenarzt weiß der Allgemeinmediziner, dass die optimale Behandlung von Patienten im Sinne von Qualität unter den Systembedingungen leidet. Beispielsweise wäre für eine optimale Behandlung eine halbe Stunde erforderlich, was aber nicht honoriert werde. Der Arzt behilft sich dann womöglich mit einer von der Kasse nicht honorierten „Extraleistung“, Akutmedikamenten und Überweisungen in die Ambulanz oder zum Facharzt.

Schreibers Analyse ist klar: Ein Kassenarzt hat für die ganzheitliche Erfassung der Beschwerden des Patienten keine Zeit mehr und wird dafür auch nicht bezahlt. Seine Idealvorstellung wäre, das Finanzierungssystem der Zweigleisigkeit zu ändern. Derzeit müsse die Sozialversicherung daran interessiert sein, den Patienten in Richtung Spital zu verschieben, die Spitalsverwaltungen hingegen müssen den umgekehrten Weg forcieren.

Diese Situation erfordert eine grundlegende Veränderung. Der Hausarzt sollte als Gatekeeper die Weichen so stellen, dass die medizinische Betreuung für das System nach definitiver Berechnung am günstigsten und gleichzeitig für den Patienten am besten ist. Schreiber ist der Ansicht, dass die Diskussion über Qualität im Gesundheitssystem nicht die Evaluierung betreffen sollte, sondern auch eine Änderung der Rahmenbedingungen.

Was der Patient im Sinne einer optimalen Betreuung benötigt, sollte auch umgesetzt werden können. Dazu gehört unter anderem das ausführliche Anamnesegespräch mit einer dem neuesten Wissensstand entsprechenden Untersuchung und Behandlung, was derzeit nur unzureichend und eingeschränkt honoriert wird. Hier wird am falschen Platz gespart, weil die durch eine eventuell unnötige Überweisung ins Krankenhaus anfallenden Kosten nicht mehr dem niedergelassenen Bereich zugeordnet werden.

Die Schwierigkeit, sich dieser Wechselbeziehungen und Wirkungen in einem komplexen System bewusst zu werden, sie darzustellen, zu berechnen und zu optimieren, kann nur mit Hilfe aller im System Verantwortlichen gemeistert werden. Dazu gehören die Änderung des Verrechnungssystems mit gleichzeitiger Honoraranpassung sowie die Einführung geeigneter ärztlicher Kooperationsmöglichkeiten.

Produktverkauf als Zusatzangebot niedergelassener Ärzte

Verkaufschancen und Kalkulation

Produktverkauf in Arztpraxen liegt im Trend. Der Augenarzt beispielsweise kann zusätzlichen Umsatz mit dem Verkauf von Kontaktlinsen erzielen, der Dermatologe spezielle Kosmetika anbieten, und zahlreiche Ärzte vertreiben erfolgreich Nahrungsmittelergänzungsprodukte. Der Arzt ist also in seiner Ordination immer öfter nicht mehr nur „klassisch ärztlich" tätig, sondern rundet sein Leistungsspektrum durch eine passende Produktpalette ab. Die Mehrheit der Patienten nimmt dieses Angebot auch gerne an. Produkten, die direkt beim Arzt gekauft werden können, wird oft eine höhere Qualität zugeschrieben als jenen, die im „freien Handel" zu haben sind.

Der Verkauf medizinischer Produkte kann ein durchaus lukratives Geschäft sein und bietet insbesondere Wahlärzten ein nicht uninteressantes Nebeneinkommen. Jeder Arzt sollte allerdings einige Aspekte überdenken und beachten, bevor er daran geht, diese Einkommensquelle für sich zu erschließen.

Zunächst gilt es, die möglichen Verkaufschancen abzuwägen. Hierbei empfiehlt es sich, seine Kartei zu analysieren und abzuschätzen, wie viele interessierte und vor allem kaufkräftige Patienten in Frage kommen. Ganz besonderes Augenmerk ist auf die Preiskalkulation zu legen, denn das beste Produkt wird zum Ladenhüter, wenn der Preis zu hoch angesetzt ist. Zur Einschätzung der Voraussetzungen kann es hilfreich sein, Kollegen zu Rate zu ziehen, die in diesem Bereich bereits Erfahrungen haben. Es wäre kontraproduktiv, die Preise „ins Blaue" hinein zu berechnen, ohne zu wissen, was der Markt verträgt.

Selbstverständlich wird eine genaue Kalkulation des Verkaufspreises unumgänglich sein. Um den „richtigen" Preis zu finden, reicht es bei weitem nicht aus, nur den Einkauf der Produkte, eine Gewinnspanne und die Umsatzsteuer zu berechnen. Ein wesentlicher Punkt wird oft übersehen: Die Zusatzkosten, die durch den Verkauf von Produkten anfallen können und nicht direkt in die Kalkulation einfließen. Darunter fallen in erster Linie die Personalkosten, z.B. wenn wegen großer Nachfrage ein zusätzlicher Dienstnehmer aufgenommen werden muss. Weitere Kosten können durch erhöhten Raumbedarf anfallen. Auch Werbemaßnahmen sollten als Kostenfaktor nicht unterschätzt werden und unbedingt in die Kalkulation einfließen. Vor allem Inserate verursachen erfahrungsgemäß relativ hohe finanzielle Belastungen. Alle diese Ausgaben sind auf den Einkaufspreis umzulegen und dem gewünschten Gewinn hinzuzurechen.

Wichtig für einen erfolgreichen Verkauf ist es auch, die Produkte „passend" anzubieten. Hier ist ein gewisses Marketing-Know-how gefragt. Grundsätzlich gilt: „Je besser die Präsentation, desto höher der Absatz." Die Produkte in einem Schrank zu lagern und nur bei Bedarf dem Patienten zu präsentieren, wird zu wenig sein. Zielführender ist es, das Angebot, wenn möglich, mit ansprechender Dekoration in einer Vitrine zu präsentieren, um einen Kaufanreiz zu schaffen. Viele Hersteller oder Vertreiber medizinischer und pharmazeutischer Artikel bieten Verkaufshilfen an, die der Arzt in Anspruch nehmen sollte.

Neben Preiskalkulation und Marketing müssen auch die steuerlichen Aspekte einer zusätzlichen Verkaufstätigkeit beachtet werden. Da Umsätze aus dem Produktverkauf nicht als ärztliche Tätigkeit gelten, muss grundsätzlich Umsatzsteuer in Höhe von 10 bzw. 20 Prozent (je nach Art des Produktes) dem Verkaufspreis zugeschlagen werden. Diese ist an das Finanzamt abzuführen. Auf der anderen Seite darf sich der Arzt die Umsatzsteuer aus dem Einkauf der Produkte als Vorsteuer abziehen. Dies gilt auch für jene Vorsteuerbeträge aus anderen Ausgaben, die ganz oder teilweise mit dem Produktverkauf zusammenhängen. Bei solchen „gemischten" Ausgaben muss eine Aufteilung nach dem Verhältnis zwischen ärztlicher Tätigkeit und Produktverkauf erfolgen. Als Schlüsselgröße für diese Aufteilung werden die jeweiligen Umsätze aus den beiden Tätigkeiten herangezogen. Erzielt man einen Gesamtjahresumsatz (ärztliche Tätigkeit PLUS Produktverkauf) von unter 30.000 Euro, dann kann die Umsatzsteuerbefreiung für so genannte „Kleinunternehmer" in Anspruch genommen werden. In diesem Fall muss keine Umsatzsteuer verrechnet werden, Vorsteuerabzug steht aber auch nicht zu. Allerdings stellt sich die Frage, ob man in diesem Fall nicht trotzdem in die Umsatzsteuerpflicht optieren sollte, weil man vielleicht höhere Vorsteuerbeträge von den Ausgaben lukrieren kann als man Umsatzsteuer abführen müsste.

Der steuerliche Aspekt ist auch bei der Preiskalkulation zu beachten. Durch die Umsatzsteuer wird das Produkt für den Privatabnehmer entsprechend teurer, weil er als Endverbraucher die Umsatzsteuer nicht als Vorsteuer abziehen kann.

Schließlich darf nicht darauf vergessen werden, dass diese zusätzlichen Einnahmen – abhängig von den bereits bestehenden Einkommensverhältnissen – mit Einkommensteuer belastet werden. Geht man davon aus, dass die Ordination selbst beispielsweise einen Gewinn von über 51.000 Euro im Jahr abwirft, dann ist der Gewinn aus dem Verkauf mit 50 Prozent Einkommensteuer belastet; er wird auf das bereits bestehende Einkommen aufgeschlagen.

Produktverkauf und Sozialversicherungspflicht

Die abgabenrechtlichen Konsequenzen eines Gewerbebetriebes im Rahmen einer Ordination sind weit reichend. Neben den harmlosen einkommensteuerlichen und den mitunter lästigen umsatzsteuerlichen Aspekten sind vor allem die sozialversicherungsrechtlichen Auswirkungen interessant. Dabei gibt es aber auch Konstellationen, die zu lukrativen Kostenvorteilen führen.

Wie bei jeder gewerblichen Tätigkeit, kommt es zur Versicherungspflicht bei der Sozialversicherungsanstalt der gewerblichen Wirtschaft. Die Krankenversicherung berechnet sich derzeit in Höhe von 9,1 Prozent des steuerpflichtigen Gewinnes aus der gewerblichen Tätigkeit vor Abzug der entrichteten Sozialversicherungsbeiträge. Der Höchstbeitrag liegt derzeit bei knapp 410 Euro monatlich.

Wirft die gewerbliche Nebentätigkeit nur niedrige Gewinne ab, kann die gewerbliche Pflichtversicherung dazu führen, dass eine günstigere Möglichkeit der Krankenversicherung erreicht wird als bei einem Mediziner ohne gewerbliche Tätigkeit. Im besten Fall kann es gelingen, dass für die Krankenversicherung lediglich der Mindestbeitrag von derzeit monatlich knapp 55 Euro bezahlt werden muss. Dies ist dann gegeben, wenn der Jahresgewinn aus der gewerblichen Nebentätigkeit maximal die Mindestbeitragsgrundlage in Höhe von derzeit 7.130 Euro jährlich beträgt. Sogar eine kostenlose Mitversicherung von Ehegatten und Kindern ist zu diesem „Preis" möglich.

Der Beitragssatz für gewerbliche Tätigkeiten zur Pensionsversicherung beträgt 15,5 Prozent, während für ärztliche Tätigkeiten 20 Prozent vom Gewinn eingehoben werden. Somit liegt der Beitrag für gewerbliche Tätigkeiten unter jenem für die ärztliche Tätigkeit. Der Clou dabei ist, dass der Regelung für gewerbliche Betätigungen Vorrang eingeräumt wird. Das bedeutet, dass zuerst jene Gewinne mit 15,5 Prozent belastet werden, die aus der gewerblichen Tätigkeit stammen. Die Gewinne aus der ärztlichen Tätigkeit werden nur insoweit als Bemessungsgrundlage mit dem höheren Satz herangezogen, als nach Ansatz der gewerblichen Einkünfte die Höchstbemessungsgrundlage von derzeit 53.760 Euro noch nicht ausgeschöpft wurde.

Ein weiterer Vorteil: In den ersten beiden Jahren der gewerblichen Betätigung kommt es lediglich zur Vorschreibung der Mindestbeiträge zur Krankenversicherung. Eine Nachbemessung bei Vorliegen des endgültigen Gewinnes laut Steuerbescheid erfolgt für die ersten beiden Gründungsjahre nicht. Im Ergebnis bedeutet dies, dass in den ersten beiden Jahren der gewerblichen Tätigkeit der Beitrag zur Krankenversicherung mit dem Mindestbeitrag abgetan ist.

Ein Beispiel: Die Gewinne einer Fachärztin für Augenheilkunde aus Kontaktlinsenverkäufen betragen 20.000 Euro. Des Weiteren werden Gewinne aus der augenärztlichen Tätigkeit von 100.000 Euro erzielt. In diesem Fall werden 15,5 Prozent von 20.000 Euro und weitere 20 Prozent von 33.760 Euro (53.760 Euro minus 20.000 Euro) an Beiträgen zur gesetzlichen Pensionsversicherung vorgeschrieben. In Summe führt dies zu einer monatlichen Belastung von 821 Euro. Würde die betreffende Augenärztin keine Kontaktlinsen verkaufen, dann wären jährlich 20 Prozent von 53.760 Euro für die gesetzliche Pensionsversicherung zu zahlen, das sind 896 Euro pro Monat. Auf das Jahr gerechnet, würde dies eine Mehrbelastung von rund 900 Euro bedeuten, ohne dass dafür eine höhere Leistung aus der Pensionsversicherung erzielt werden könnte.
Die Krankenversicherungsbeiträge belaufen sich in diesem Beispiel auf 9,1 Prozent von 20.000 Euro, also 152 Euro monatlich. Kinder und Partner könnten zu diesem Betrag kostenlos mitversichert werden. In den ersten beiden Jahren der gewerblichen Tätigkeit reduzieren sich die monatlichen Beiträge zur Krankenversicherung auf den Mindestbeitrag von derzeit 49 Euro.

Die auf den ersten Blick lästig erscheinenden sozialversicherungsrechtlichen Konsequenzen der Ausübung eines Gewerbes entpuppen sich daher bei genauem Hinsehen unter Umständen als Vorteil. Wie die Beispielrechnung zeigt, kann ein Gewerbe in der Ordination zu einer lukrativen Senkung der Kosten für die Kranken- und Pensionsversicherung führen.

Produktverkauf im Familienverbund

Wird der Ehepartner in die gewerbliche Tätigkeit, also in den Verkauf von Produkten mit einbezogen, kann dies für den Arzt mehrere Vorteile bringen. Einerseits wird die Verkaufstätigkeit wahrscheinlich mit mehr Enthusiasmus erledigt als von einer Ordinationshilfe, die den Verkauf nur als Zusatzaufgabe zu ihrer „normalen" Tätigkeit sieht. Ohne finanziellen Anreiz, etwa eine Umsatzbeteiligung, ist bei Mitarbeitern meist keine große Verkaufsmotivation zu erwarten.

Andererseits ermöglicht der Produktverkauf dem Arzt, seine Partnerin im Rahmen eines Dienstverhältnisses zu beschäftigen und ein für die Finanzverwaltung glaubhaftes Aufgabengebiet präsentieren zu können. Im Rahmen von Betriebsprüfungen muss nämlich immer wieder nachgewiesen werden, ob das Dienstverhältnis des Ehegatten nicht nur auf dem Papier und für Zwecke der Steuerersparnis existiert. Daher empfiehlt es sich, eine schriftliche Arbeitsplatzbeschreibung, in der das Aufgabegebiet des Partners grob definiert wird, sowie einen genauen Tätigkeitsbericht über die verrichtete Arbeit zu verfassen.

Die Gehaltsaufwendungen sowie die Lohnnebenkosten mindern den steuerpflichtigen Gewinn des Arztes. Der Ehepartner wiederum ist, sofern eine Anmeldung über der Geringfügigkeitsgrenze erfolgt, auch kranken-, pensions- und unfallversichert. Die Höhe des Gehalts muss einem Fremdvergleich standhalten, um bei einer Prüfung durch die Finanz anerkannt zu werden. Das bedeutet, dass die Entlohnung dem durchschnittlichen Gehaltsniveau anderer Ordinationshilfen in der eigenen Ordination oder in vergleichbaren fremden Ordinationen entsprechen muss. Eine eventuell höhere Entlohnung kann sich durch höhere Qualifikation, höheres Ausbildungsniveau, durch einen größeren Aufgabenbereich oder ganz einfach durch längere Arbeitszeiten ergeben.

Das steuerlich optimale Gehalt liegt unter den Prämissen, dass sich der Arzt in der höchsten Steuerprogression befindet und der Partner sonst keine Einkünfte hat, bei einem Bruttogehalt von etwa 1.100 Euro pro Monat. Nachdem der Partner durch die Anstellung auch Pensionszeiten erwirbt und Pensionsbeiträge einzahlt, kann unter Umständen im Einzelfall auch eine höher dotierte Anstellung durchaus Sinn machen. Der absolute Höchstbetrag für eine sinnvolle Anstellung von Ehepartnern in der Ordination ist theoretisch mit der Höchstbemessungsgrundlage für die Sozialversicherung gegeben, die im Jahr 2007 3.840 Euro pro Monat ausmacht.
Die Option Produktverkauf kann einen jungen Wahlarzt in den Gründungsjahren wirtschaftlich unterstützen und fehlende ärztliche Einnahmen kompensieren. Für Kassenärzte und etablierte Wahlärzte ist ein interessantes Zusatzeinkommen möglich.

Privatleistungen unter der Lupe

Analyse im Vorfeld notwendig

Das Angebot von Privatleistungen bietet Chancen für Patienten und Praxis-Team. Die Patienten kommen in den Genuss individueller, persönlicher Betreuung und profitieren von medizinischen Zusatzangeboten. Die Arztpraxis hat die Möglichkeit, Umsatzverluste aus dem Bereich der gesetzlichen Krankenversicherung auszugleichen oder sogar ihre Umsätze zu erhöhen.
Ohne eine gründliche Bedarfsanalyse im Vorfeld ist es allerdings möglich, dass sich der Verkauf dieser Selbstzahler-Leistungen nicht rentiert. Zunächst müssen Arzt und Team gemeinsam überlegen, welche Selbstzahler-Leistungen für die Praxis überhaupt in Frage kommen. Nur wenn Arzt und Team-Mitglieder voll hinter den Zusatzleistungen

stehen, können sie den Patienten auch erfolgreich angeboten werden. Zusatzqualifikationen von Arzt und Team-Mitgliedern und besondere Interessen des Praxis-Chefs, aber auch die örtlichen Gegebenheiten spielen dabei die größte Rolle.

Zu diesem Zweck ist es lohnenswert, über die Zusatzleitungen der umliegenden Arztpraxen Informationen einzuholen. Auch wenn das persönliche Interesse noch so groß ist, macht es wenig Sinn, als fünfter Mediziner eines Stadtteils Akupunkturbehandlungen anzubieten.

Ebenfalls unverzichtbar ist ein Blick auf die eigene Patienten-Zielgruppe. Die Praxis-EDV, Patienten-Fragebögen oder das persönliche Gespräch können dabei helfen. Verschaffen Sie sich einen Überblick darüber, was ihre Patienten am meisten interessiert und wo der größte Bedarf an Zusatzleistungen liegt. Diese müssen unbedingt zu ihrer individuellen Patientenzielgruppe passen.

Bevor die endgültige Entscheidung über das Angebot einer Privatleistung fällt, muss unbedingt die Rentabilität berechnet werden. Wie viel Zeit müssen Arzt und Team für die Zusatzleistung aufbringen? Kann dieser Zeitaufwand mit dem bestehenden Personal gedeckt werden? Aufkommender Unwille bei Mitarbeiterinnen, die aufgrund zusätzlicher Aufgaben noch weniger Zeit für ihr Tagesgeschäft haben, ist kontraproduktiv. Die Frage, ob sich das Angebot auch lohnt, wenn eine zusätzliche Mitarbeiterin aufzunehmen wäre, sollte ebenfalls ins Kalkül gezogen werden.

Als weitere Faktoren sind die Kosten für Material, Marketingmaßnahmen (Aushänge im Wartezimmer, Patientenbroschüren, Recall-Systeme etc.), Dokumentation, eventuell zusätzliche Geräte und erhöhten Raumbedarf zu bedenken. Vergessen werden dürfen auch nicht die Ausgaben für eventuelle Weiterbildung und Spezialisierungen der Arzthelferinnen. Möglicherweise ist auch eine Umgestaltung der Praxisräumlichkeiten und der internen Organisation notwendig.

Um eine Zusatzleistung effizient verkaufen zu können, muss auch der „Praxisservice“ stimmen. Möglichst kurze Wartezeiten und freundliche Zuwendung durch die Praxismitarbeiter sollten selbstverständlich sein.

Kalkulationsgrundlagen

Auf der rein monetären Seite von Privatleistungen steht die Frage nach dem wirtschaftlichen Gewinn für die Ordination. Für die Berechnungen sind einige Kalkulationsgrundlagen erforderlich. Betrachten wir einmal einen Durchschnittsarzt, der bei 200.000 Euro Umsatz pro Jahr 100.000 Euro Gewinn vor Steuern macht. Auf eine wöchentliche Arbeitszeit von 30 Stunden durchschnittlich für 42 Wochen pro Jahr hochgerechnet und unter Berücksichtigung von Urlaub, Krankheit, Fortbildung und Feiertagen, ergibt sich ein Stundenumsatz von 160 Euro sowie ein Stundengewinn von 80 Euro vor Steuer. Diese 80 Euro werden später zur Berechnung gebraucht, denn sie stellen jenen Gewinn dar, der unter Ausnutzung der gesamten Infrastruktur während des Ordinationsbetriebes vom Arzt erwirtschaftet wird. Wird also eine Privatleistung vom Arzt erbracht, sollten diese 80 Euro als Zielvorgabe im Hinblick auf die Rentabilität dienen.
Manche Privatleistungen lassen sich allerdings ohne direkte Mitwirkung „unter Aufsicht“ des Arztes erbringen. Für die Bewertung solcher Leistungen sind die Stundensätze einer Assistentin heran zu ziehen. Hierbei gehen wir von einer Assistentin aus, die für 25 Stunden wöchentlich ein Monatsgehalt von 1.000 Euro bezieht. Auch hier gelten wieder 42 Arbeitswochen pro Jahr, was in Summe etwa 1.000 Stunden bedeutet. Die 1.000 Euro brutto pro Monat summieren sich inklusive Lohnnebenkosten und Sonderzahlungen auf etwas mehr als 18.000 Euro pro Jahr, was einen Stundensatz von rund 18 Euro ergibt. Mit diesen

Grundlagen lässt sich nun die Rentabilität von Privatleistungen aller Art kalkulieren, wie im Folgenden an einzelnen Beispielen dargelegt wird.

Beispiel Endermologie

Endermologie wird als Zusatzleistung in allen Arten von Ordinationen immer beliebter. Sie kommt gegen Cellulite, Falten und Schwangerschaftsstreifen zum Einsatz. Das dafür erforderliche Gerät hat die Größe eines großen Staubsaugers (auf die Technik wird hier nicht eingegangen), weiters ist zur Behandlung eine Liege erforderlich.
Endermologie wird von Hautärzten, Chirurgen und Gynäkologen angeboten, macht aber auch vor Allgemeinmedizinern nicht halt. Die für die Anwendung erforderliche Ausbildung dauert einen Tag, die Behandlung kann unter Aufsicht des Arztes auch von einer Assistentin durchgeführt werden (Abb. 5).
Summa summarum sind Investitionen von ca. 35.000 Euro zu tätigen, was bei einer kalkulatorischen Nutzungsdauer von fünf Jahren einem jährlichen Aufwand von 7.000 Euro entspricht. Pro Patient werden

ERTRAGSSITUATION AM BEISPIEL ENDERMOLOGIE

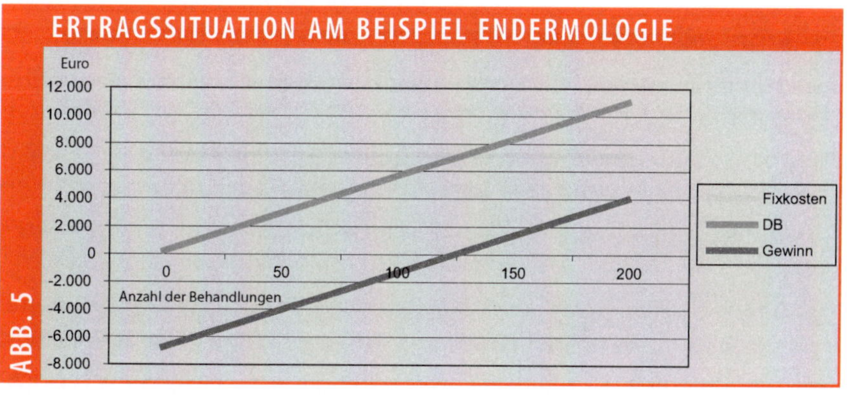

ABB. 5

zehn bis 30 Behandlungen benötigt, wobei Zehnerblocks um 600 bis 800 Euro angeboten werden. Aufgrund dieser Informationen kann der durchschnittliche Umsatz pro Patient mit 1.400 Euro ermittelt werden. Die einzelne Behandlung dauert etwa eine Stunde. Das Gerät ist im Wesentlichen wartungsfrei, Stromverbrauch und gelegentlicher Filterwechsel schlagen fast nicht zu Buche.

Unter Berücksichtigung des Stundensatzes für die Assistentin entsteht ein so genannter Deckungsbeitrag von 52 Euro pro Stunde. Das bedeutet, dass die Anschaffung mit 135 Betriebsstunden pro Jahr bereits amortisiert ist. Das wiederum entspricht knapp sieben Durchschnittspatienten pro Jahr. Werden pro Jahr 20 Patienten betreut, entsteht laut Kalkulation ein Totalgewinn von 13.800 Euro – ohne dass der Arzt selbst tätig werden muss.

Es gibt noch weitere Optimierungsmöglichkeiten, beispielsweise durch die Anschaffung von gebrauchten Geräten. Einziger Engpass: der benötigte Ordinationsraum. Doch dieses Problem lässt sich möglicherweise dadurch beheben, dass man diese Leistungen in Zeiten mit schwacher Patientenfrequenz anbietet.

Beispiel Anwendung von Lasern

Lasertherapie ist eine Privatleistung, die ausschließlich vom Arzt selbst durchzuführen ist. Lasergeräte kommen seit vielen Jahren zur Behandlung von Haut- und Gefäßveränderungen in den Praxen dermatologisch arbeitender Ärzte zum Einsatz. Aus diesem Grund muss die Kalkulationsgrundlage auch auf den Stundensatz des Arztes zugeschnitten sein.

Die Anschaffungskosten sind enorm. Neben der Grundausstattung mit zwei bis drei Lasergeräten ist der Laserschutzkurs zu absolvieren, zwei bis drei Tage eigene Schulung sind obligatorisch. Laser sind serviceanfällig, auch der Behandlungsraum muss genauen Vorgaben entsprechen. Die Erstinvestition ist mit 150.000 Euro in Summe nicht zu hoch gegriffen. Dieses Volumen muss erst einmal verdient werden. Immerhin entspricht es einer jährlichen Abschreibung von 30.000 Euro.

Auf der anderen Seite sind solche Behandlungen auch lukrativ. Je nach Indikation lässt sich eine Komplettbehandlung um 500 bis 4.000 Euro anbieten, wobei pro Patient bis zu zehn Stunden in bis zu sechs Sitzungen anfallen. Wir kalkulieren mit 2.000 Euro Behandlungshonorar für zehn Stunden, somit bleibt ein Stundensatz von 200 Euro für Kostendeckung und Gewinn. Da für derartige Behandlungen kein Personal notwendig und der Arzt selbst eine Stunde lang beschäftigt ist, sollten sie nur während der ordinationsfreien Zeit angeboten werden, ansonsten „fressen" die anfallenden Kosten den gesamten möglichen Gewinn.

Zur Break-Even-Rechnung: Mit 15 Patienten pro Jahr hat sich die Investition amortisiert, bei 30 Patienten entsteht ein zusätzlicher Gewinn von 30.000 Euro. Das klingt zwar attraktiv, ist aber in Relation zur aufgewendeten Zeit zu sehen. Es bedeutet immerhin 300 zusätzliche Arbeitsstunden, damit ein zusätzlicher Gewinn von 100 Euro pro Stunde entsteht – also mehr als bei Normalbetrieb.

An diesem Beispiel erkannt man die Problematik finanzieller Art bei Leistungen, die vom Arzt selbst zu erbringen sind. Im Vergleich zur Abwicklung durch eine Assistentin muss hierbei für eine Rentabilität der vier- bis zehnfache Stundenumsatz erwirtschaftet werden. Verschärft wird diese Problematik durch die Größenordnung der Investitionen.

Laserbehandlungen lassen sich aus genau diesen Gründen wesentlich rentabler in geeigneten Kooperationen durchführen. Kann in einem Ärztezentrum beispielsweise ein Laserraum mit Geräten von drei Ärzten verwendet werden, dann lässt sich der Stundenkostensatz drastisch reduzieren. Damit erreicht man bereits nach wenigen Behandlungen ein akzeptables Betriebsergebnis.

Beispiel Ozontherapie

Die Ozontherapie ist seit etwa 80 Jahren bekannt. Sie kann den Stoffwechsel der Zellen verbessern, Harnsäurespiegel und Fette abbauen, Durchblutungsstörungen vermindern und das Angebot an Sauerstoff für das Gewebe vergrößern, was zu einer erhöhten Aufnahme führt. Durch diese Eigenschaften werden viele Arten von Bakterien, Viren und Pilzen abgetötet. Ozontherapie eignet sich demnach sehr gut als Behandlung im Spektrum einer Wellness-orientierten Ordination aller ärztlichen Fachrichtungen.

Für deren Anwendung sind bestimmte Geräte erforderlich. Der Patient wird angeschlossen, Blut abgenommen, mit Sauerstoff angereichert und wieder zugeführt. Eine Sitzung dauert 20 Minuten. Der Arzt muss zwar den Patienten an- und abhängen, kann aber die Zwischenzeit für andere Behandlungen oder Tätigkeiten nutzen.

Zur Kalkulation: Ein Gerät kostet etwa 15.000 Euro. Das ergibt bei einer geplanten Nutzungsdauer von fünf Jahren eine jährliche Belastung von 3.000 Euro. Als marktübliches Honorar sind etwa 70 Euro pro Behandlung anzunehmen, die Therapie kann bei Bedarf regelmäßig durchgeführt werden.

Zunächst die Deckungsbeitragsrechnung: Wer 70 Euro in 20 Minuten umsetzt, erreicht einen Stundenumsatz von 210 Euro. Wir erinnern uns: Eine durchschnittliche Ordination setzt im Vollbetrieb 160 Euro um, unter Ausnutzung der gesamten Infrastruktur samt Assistenz. Dem Ordinationsinhaber bleiben hierbei 80 Euro übrig. Diese Zahlen sind bereits ein Indiz dafür, dass Ozontherapie auch finanziell betrachtet sehr vorteilhaft ist.

Der zweite Blick gilt der Break-even-Berechnung. Dieser Parameter sagt aus, ab wie vielen Behandlungen sich die Investition amortisiert. Dies ist bei knapp 15 Betriebsstunden, also 45 Patienten pro Jahr der Fall. Wer ein Gerät für Ozontherapie besitzt, sollte dieses umfassend nutzen. Bei 100 Behandlungen pro Jahr wird ein Ertrag von 4.000 Euro erwirtschaftet, bei 200 Behandlungen (also durchschnittlich einer pro Tag) 11.000 Euro. Das sind stolze Werte in Anbetracht der Tatsache, dass sich diese Leistung quasi ohne zusätzlichen Arbeitsaufwand „nebenher" erbringen lässt. Selbstverständlich können auch preislich attraktive Zehnerblöcke angeboten werden. Informationen über diese Therapie sollten zur Verkaufsunterstützung im Wartezimmer aufliegen.

Beispiel Knochendichtemessungen

Bei einer Knochendichtemessung wird der Kalksalzgehalt der Knochen bestimmt. Hierfür werden verschiedene Verfahren und Geräte eingesetzt, die mit Ultraschall oder Röntgenstrahlen arbeiten. Die Knochendichtemessung wird zur Abklärung einer Osteoporose durchgeführt. Zielgruppe sind Frauen nach Eintritt des Wechsels, Personen über 65 Jahren sowie Risikogruppen.

Prinzipiell kann dieses Verfahren in allen Ordinationen angewendet werden. Prädestiniert sind neben dem Allgemeinmediziner auch Fachärzte wie Gynäkologen, Internisten und Orthopäden. Voraussetzungen sind eine mehrstündige Ausbildung sowie die Anschaffung eines Gerätes in der Preisklasse zwischen 15.000 und 45.000 Euro.

Wir kalkulieren mit einem Mittelklassegerät um 30.000 Euro. Die Messung dauert etwa 15 Minuten und kann von der Assistentin durchgeführt werden. Marktüblich sind 40 bis 60 Euro pro Behandlung, wir kalkulieren mit einem Schnitt von 50 Euro pro Patient. Die Behand-

lung wird pro Patient nur einmal durchgeführt, eine eventuelle Kontrolluntersuchung nach zwei Jahren. So errechnet sich eine jährliche Abschreibung von 6.000 Euro, der Deckungsbeitrag pro Stunde beträgt 182 Euro, also vier Behandlungen zu 50 Euro abzüglich des Stundensatzes der Assistenz von 18 Euro inklusive Nebenkosten.
Aus diesen Daten ergibt sich ein Break-even-Punkt für die Investition von knapp 33 Betriebsstunden pro Jahr, was etwa 130 Patienten entspricht. Bei 200 Behandlungen pro Jahr wird ein Gewinn von 4.000 Euro erwirtschaftet, bei 300 Behandlungen liegt dieser bei 9.000 Euro. Diese Berechnungen lassen erkennen, dass eindeutig geriatrisch ausgerichtete Praxen die Knochendichtemessung rentabel betreiben können. Wer täglich einen Patienten misst, kommt immerhin auf 6.500 Euro Gewinn. In diesem Falle ist die Break-even-Grenze von 130 maßgebend. Es muss also jeden zweiten Tag eine Messung durchgeführt werden, damit die Kosten des Gerätes erst einmal verdient werden. Deshalb ist diese Methode für Allgemeinpraxen aus wirtschaftlicher Sicht eher nicht geeignet. Bei Behandlungsbedarf bleibt also nur die Zuweisung zu geeigneten Spezialisten.

Beispiel Bioresonanz

Die Verfechter der Bioresonanztherapie glauben, dass ein biophysikalisches Informationsfeld, das über Schwingungen die biochemischen Vorgänge steuert, im menschlichen Organismus die wichtigste Rolle spielt. Diese Schwingungen lassen sich für therapeutische Zwecke nutzen. Schulmediziner lehnen dieses Konzept durchweg ab, es gibt auch keine Dokumentation über die Wirksamkeit. Verfechter der Methode verweisen jedoch auf Erfolge im Sinne einer dauerhaften, nebenwirkungsfreien Therapie, mit denen sich viele Probleme, beispielsweise Allergien, lösen lassen.

Die Diskussion über die medizinische Sinnhaftigkeit dieser Therapie sei anderen überlassen. Wir legen hier die kalkulatorischen Grundlagen für Ärzte dar, die sich für die Anwendung der Bioresonanz entscheiden. Dafür sind ein Gerät und eine kurze Ausbildung erforderlich, was in Summe mit etwa 30.000 Euro zu Buche schlägt. Das entspricht einer jährlichen Abschreibung von 6.000 Euro auf fünf Jahre.
Eine Behandlung dauert etwa eine Stunde, dabei werden auf der Haut des Patienten Elektroden angebracht. Je nach Krankheitsbild sind bis zu 20 Behandlungen notwendig. Der Arzt sollte natürlich erreichbar sein, Durchführung und Überwachung der Behandlung kann auch eine Assistentin übernehmen. 60 Euro pro Behandlungsstunde sind angemessen. Abzüglich der Kosten für die Assistenz von 18 Euro ergibt sich daher ein Deckungsbeitrag von 42 Euro pro Stunde. Demnach rentiert sich eine Anschaffung erst ab etwa 140 „verkauften" Stunden pro Jahr, was bei durchschnittlicher Behandlungsanzahl 10 Patienten entspricht. Der Ertrag pro Jahr bei 20 Patienten lässt sich mit 5.760 Euro ansetzen, bei 30 Patienten mit durchschnittlicher Behandlungsdauer erreicht man bereits 11.640 Euro.
Es darf allerdings nicht außer Acht gelassen werden, dass möglicherweise ein zusätzlicher Raum benötigt wird. Dieser ist in die Kalkulation noch nicht miteinbezogen. Immerhin sprechen wir bei 30 Patienten von über 400 Betriebsstunden. Steht ohnehin der eine oder andere Raum unbenutzt leer, geht die Rechnung auf. Muss ein Raum zusätzlich angemietet werden, ist mit keinem Gewinn mehr zu rechnen.

Beispiel Colon-Hydro-Therapie

Dickdarmspülungen und Darmbäder waren schon im Altertum üblich, um bei Verstopfung sofortige Abhilfe zu schaffen. Das Verfahren hat sich bis heute kaum geändert, durch technische Fortschritte ist es wirksamer geworden und frei von unangenehmen Begleitumständen. Die moderne Colon-Hydro-Therapie wird erfolgreich zur Darmreinigung und -sanierung eingesetzt. Dabei geht es nicht nur um die Behandlung von Verdauungsstörungen, sondern um das Ausschwemmen von Erkrankungen. Diese Therapie kann mit Fasten, aber auch mit Ernährungsberatung bzw. -umstellung kombiniert werden.

Im Allgemeinen werden zehn Behandlungen durchgeführt. Der Patient liegt hierbei für jeweils etwa eine Stunde bequem, entspannt und zugedeckt in Rückenlage. Mit Hilfe eines „Einmal-Schlauch-Systems" und eines geräteeigenen Reinigungssystems wird allen Hygieneansprüchen Rechnung getragen. Die modernen Geräte sind anwenderfreundlich zu bedienen und absolut geruchsfrei. Befürworter dieser Therapie berichten von schmerzfreien Behandlungen mit wohltuend entspannendem Gefühl, bei dem der gesamte Bauchraum gereinigt wird.

Die Colon-Hydro-Therapie kann in Ordinationen aller Fachrichtungen durchgeführt werden. Die Aufsicht des Arztes reicht aus, die Überwachung der Behandlung kann durch die Assistenz erfolgen. Für ein geeignetes Gerät sind Kosten von 6.000 Euro zu disponieren. Obligatorisch sind ein vom Normalbetrieb abgetrennter Raum sowie eine geeignete Liege. Wasser- und Abwasseranschluss sollten ebenfalls vorhanden sein.

Eine gängige Größenordnung für das Honorar einer Behandlung mit zehn Einzelstunden liegt bei etwa 500 bis 600 Euro. Wenn man den Stundensatz von 18 Euro inklusive Lohnnebenkosten für die Assistenz mitberechnet, kommt man auf einen Deckungsbeitrag von 32 Euro pro Stunde. Dieser Betrag ist der Überschuss aus dem Honorar, der zur Rückzahlung der Investition bzw. zur Erzielung eines Gewinns verwendet wird.

Berechnet man die jährliche Abschreibung der Investition, kommt man auf einen Wert von 1.200 Euro. Diese sind bereits ab 38 Einzelbehand-

lungen eingespielt, was knapp vier Patienten pro Jahr entspricht. Werden aber 20 Patienten pro Jahr behandelt, ergibt sich ein Gewinn von knapp 9.000 Euro, bei 30 Patienten sind es bereits 14.000 Euro.
Auch dieses Beispiel zeigt, dass sich die Behandlung mit Überwachung durch den Arzt nicht so gut rechnen würde. Der für die Rentabilität einer durchschnittlichen Kassenpraxis notwendige Stundengewinn des Arztes von 80 Euro kann bei einem Umsatz von 50 Euro pro Stunde nicht erreicht werden. Wird die Behandlung von der Assistentin durchgeführt, entsteht wie bei fast allen vergleichbaren Therapien ein passabler zusätzlicher Gewinn, ohne den eigentlichen Engpass – die Arbeitszeit des Ordinationsinhabers – zusätzlich strapazieren zu müssen.

Feindbild Einkommensteuer

Ordnung ist das halbe Leben

Sorgfältige Belegablage in der Ordination

Das Ablegen von Belegen gehört üblicherweise nicht zu den Steckenpferden der Ärzte. Für all jene, die ihre Buchhaltung nicht laufend auf Vordermann bringen, kommt deshalb einmal im Jahr die Zeit der fieberhaften Suche nach Belegen. Die Schubladen werden entleert und die Belege an den Steuerberater weitergeleitet – in der Hoffnung, alles gefunden zu haben.

Geordnet oder nicht, spielt keine wesentliche Rolle. Viele Ärzte meinen, dass der Steuerberater am besten wissen sollte, wie man mit Belegen umgeht. Doch das kann teuer werden. Verrechnet der Steuerberater Stundensätze, dann muss natürlich der Mehraufwand seitens der Kanzlei bezahlt werden.

Erfolgt die Aufbewahrung von Belegen in der Praxis mit einfachen Mitteln entsprechend konsequent, dann verringert sich unter anderem die Gefahr, dass etwas vergessen wird oder verloren geht. Für den Arzt wird die Abwicklung einfacher und weniger zeitaufwändig, ganz nebenbei macht er dem Steuerberater das Leben leichter.

Die „Tricks" für eine ideale Belegablage sind leicht erklärt. Grundsätzlich werden zwei Belegkreise unterschieden: Barbelege und Bankbelege. Alle baren Einkaufsbelege werden am besten nach Datum aufsteigend täglich in einem eigenen Ordner abgelegt. Privathonorare sind laufend zu erfassen. Das kann ganz einfach in einem Schulheft unter Angabe von Datum, Namen und Honorar erfolgen. Kopien der Honorarnoten sollten auf alle Fälle in der Praxis vorhanden sein. Am Monatsende muss man dann nur die Bareinzahlungen zusammenzählen und in einem Betrag verbuchen.

Sind die Bareinnahmen aus Honoraren im Ordinations-EDV-Programm ersichtlich, müssen diese mit der Buchhaltung übereinstimmen. Es handelt sich dabei um so genannte „Grundaufzeichnungen", die im Falle einer Betriebsprüfung auch elektronisch vorgelegt werden müssen. Bankauszüge sollten lückenlos aufbewahrt werden. Nur so ist in einer Ordination mit entsprechendem Volumen eine ordnungsgemäße Buchführung gewährleistet, damit im Rahmen einer Betriebsprüfung keine Komplikationen auftreten. Die Ablage der Bankbelege erfolgt aufsteigend. Wichtig dabei ist, dass jeder Position auf dem Bankauszug eine Bedeutung zugeordnet werden kann. Gibt es Positionen, für die kein Beleg vorhanden ist, dann sollten zur Erklärung handschriftliche Anmerkungen erfolgen.

Werden für die Bezahlung von Honorarnoten Erlagscheine ausgegeben, kann mit einfachen Mitteln ein effizientes Mahnwesen eingerichtet werden. Man benötigt dafür einen Ordner mit zwei Rubriken. Wird einem Patienten eine Honorarnote ausgehändigt, dann kommt die dazugehörige Honorarnote in die Rubrik „offene Rechnungen" unter dem jeweiligen Buchstaben. Bei Zahlungseingang am Konto wird die entsprechende Rechnung dem Ordner entnommen, die Bankauszugsnummer darauf vermerkt und in die Rubrik „bezahlte Rechnungen" eingereiht. Mit dieser Methode lässt sich ziemlich schnell feststellen, welche Rechnungen noch „offen" sind. Wird ein Honorar längere Zeit nicht bezahlt, spricht nichts gegen eine Zahlungserinnerung.

Sind alle Belege auf die vorgeschlagene Art und Weise geordnet, kann alles verbucht werden. Selbstbucher werden sich damit auch sehr leicht tun. Wer so geordnete Belege dem Steuerberater übergibt, wird sicher in kürzester Zeit und ohne Rückfragen über den letzten Stand der Ordination aus wirtschaftlicher Sicht informiert werden können.

Die Bareinnahmenverordnung

Wurden bisher keine Einzelaufzeichnungen geführt, dann besteht für das Jahr 2007 noch die Möglichkeit, die Umsätze durch vereinfachte

Losungsermittlung zu erfassen. Hierbei sind End- und Anfangsbestand, alle Barausgänge, wie etwa Privatentnahmen, Betriebsausgaben, Bankeinzahlungen oder sonstige Ausgaben, sowie nicht erfolgswirksame Bareingänge, wie etwa Privateinlagen oder Bankabhebungen, täglich zu erfassen und aufzuzeichnen.

Ab 2008 muss endgültig auf Einzelaufzeichnungen umgestellt werden, es sei denn der Umsatz ist geringer als 150.000 Euro pro Jahr. In diesem Fall kann diese Rückverrechnung auch über das Jahr 2007 hinaus angewendet werden.

Alle Ärzte mit mehr als 150.000 Euro Umsatz pro Jahr müssen ab 2008 Einzelaufzeichnungen führen. Besondere Probleme durch diese neue Verordnung treten bei den Fächern bzw. Konstellationen auf, die sich durch einen tätigkeitsbedingt hohen Anteil an Barbewegungen auszeichnen. Das sind beispielsweise Ärzte, die eine Hausapotheke betreiben. Für den Hausapotheker ist außerdem eine Ermittlung der Rezeptgebühren anhand der Krankenkassenabrechung nicht mehr möglich. Die Erfassung der Rezeptgebühren kann nunmehr nur noch auf eine der folgenden Arten sichergestellt werden: Entweder mittels händischer Aufzeichnungen jeder einzelnen Bareinnahme in einem Bareinnahmenheft oder mittels eines Art „Registrierkassen-Programms" in der EDV, bei dem die tatsächlich erhaltenen Einnahmen ohne Änderungsmöglichkeiten erfasst werden. Wichtig ist hier der Ausschluss der nachträglichen, nicht nachvollziehbaren Änderungsmöglichkeit, etwa vergleichbar mit händischen Aufzeichnungen per Kugelschreiber statt Bleistift.

Eine nach wie vor praktikable, wenn auch auf den ersten Blick nicht moderne Methode ist die tatsächliche Erfassung mittels einer echten Registrierkassa. Allen niedergelassenen Ärzten ist daher zu empfehlen, für alle Bareinnahmen (außer den Rezeptgebühren beim Hausapotheker) ein Einnahmenheft zu führen, in dem jede Einnahme einzeln erfasst wird.

Mit einfachen Mitteln die Finanzen überblicken

Aus manchen Blickwinkeln betrachtet, sind Ordinationen besondere Betriebe. Eine Besonderheit ist die starke Verbindung der betrieblichen Finanzen mit den privaten. Grundsätzlich steht es jedem Arzt frei, beispielsweise nur ein Bankkonto zu nutzen und alle Transaktionen über dieses Konto zu führen. Es ist allerdings einleuchtend, dass sich bei dieser Konstellation nur schwer ein Überblick über die Finanzen behalten lässt. Dieser ist aber notwendig, werden doch bei großen Ordinationen jährlich Millionenbeträge umgesetzt – und ebenso wieder verbraucht. Daher tut es Not, in Ordinationen (grundsätzlich jeder Größe) ein einfaches Controllinginstrument zu etablieren, mit dem sich ohne großen Aufwand regelmäßig überblicken lässt, ob die Entwicklung auch mit der Planung übereinstimmt.

Ausgangsbasis für dieses Controlling sind die steuerlichen Unterlagen, also der letzte Jahresabschluss, und – wenn möglich – die Auswertungen der laufenden Buchhaltung. Aus dem Jahresabschluss lässt sich eine Planung des zukünftigen, also des laufenden Jahres erarbeiten. Neueinstellungen, Investitionen oder andere, das Ergebnis beeinflussende Maßnahmen können darin eingebunden werden. Aus dieser Planung ergibt sich eine Summe für Einnahmen, eine für Ausgaben und daraus ein steuerlicher Gewinn mit allen Konsequenzen wie Nettoeinkommen und Einkommensteuerlast.

Ausgestattet mit diesen Planwerten, ist es ein leichtes Unterfangen, monatliche Geldflüsse zwischen den verschiedenen Konten herzustellen und über den Kontostand zu überwachen, ob sich die Planung tatsächlich einstellt. Wer so arbeitet, braucht die laufende Buchhaltung nicht zur Kontrolle.

Ein Beispiel: Mit einem Jahresumsatz von 200.000 Euro und jährlichen Kosten von 100.000 Euro kommt ein Arzt bei 15.000 Euro Abschreibung/

Kredittilgung auf eine Steuerlast von 35.000 Euro und ein Nettoeinkommen von 50.000 Euro pro Jahr. So müssen lediglich noch die Geldflüsse eingestellt werden. Mit etwa 4.200 Euro monatlich ist dieser Arzt privat limitiert. Wenn er sich nicht – wie ein Gehaltsempfänger – an diese Vorgabe halten kann, produziert er irgendwo ein Finanzloch.

Speziell bei größeren Investitionen wie privatem Hausbau ist eine Planung samt Kontrolle wichtig, aber auch abseits des betrieblichen Bereichs, beispielsweise bei der Rückführung von Betriebskrediten. Die steuerliche Situation hat dafür gesorgt, dass betriebliche Kredite zumeist endfällig und mit längerer Laufzeit abgeschlossen werden, als die angeschafften Wirtschaftsgüter an Nutzungsdauer hergeben.
Das muss nicht unbedingt schlecht sein, gehört aber zumindest einmal jährlich überwacht: Stimmen die seinerzeit prognostizierten Ablaufleistungen mit der aktuellen Entwicklung am Tilgungsträger überein? Falls nicht, wie kann man gegensteuern?
Viele Ärzte sind jedenfalls damit überfordert, horrende Schulden zu haben, die im Laufe der Jahre nicht weniger werden. Andererseits ist der „typische Versicherungsordner" eines Arztes auch für Fachleute schwer zu erkunden, da sich im Laufe der Jahre viele Polizzen und Vertragsanpassungen angesammelt haben, die in aller Regel aus verschiedenen Quellen stammen. Unbedingt anzuraten ist daher eine jährliche Analyse aller Polizzen, damit die Situation in ihrer Gesamtheit betrachtet werden kann (siehe dazu Kapitel „Übersicht im Versicherungsdschungel" S. 33). Nicht zuletzt sollte auch der gesamte Bereich der privaten Ansparung in die Analyse miteinbezogen werden, da für jeden einmal unbarmherzig die Zeit der Versorgungslücke im Ruhestand kommen wird.

Leitfaden für steuerliche Nutzbarkeit

Grundlagen

Jeder von uns versucht, so wenig wie möglich bzw. soviel wie unbedingt notwendig an Steuern zu zahlen. Wer ist denn überhaupt verpflichtet, eine Einkommensteuererklärung abzugeben? Hier bestimmt das Einkommensteuerrecht, dass jede natürliche Person, die ihren Wohnsitz oder ihren gewöhnlichen Aufenthalt in Österreich hat und Einkünfte erzielt, in Österreich unbeschränkt steuerpflichtig ist. Unbeschränkt bedeutet grundsätzlich, dass alle Personen, die hier wohnen, mit ihrem Welteinkommen in Österreich steuerpflichtig sind. Bei beschränkter Steuerpflicht – was eher eine Ausnahme ist – kommen nur die inländischen Einkünfte zum Tragen.
Basis für die Berechnung der Einkommensteuer stellen die so genannten Einkünfte dar. Das österreichische Einkommensteuerrecht unterscheidet sieben Einkunftsarten (siehe Tabelle 2). Die Summe dieser Einkünfte ergibt das zu versteuernde Einkommen.
Die ersten drei Einkunftsarten werden als betriebliche Einkunftsarten bezeichnet. Die Einkünfte daraus ergeben sich aus der Differenz zwi-

TABELLE 2

DIE SIEBEN EINKUNFTSARTEN IN ÖSTERREICH
– Einkünfte aus Land- und Forstwirtschaft
– Einkünfte aus selbständiger Arbeit
– Einkünfte aus Gewerbebetrieb
– Einkünfte aus nichtselbständiger Arbeit
– Einkünfte aus Kapitalvermögen
– Einkünfte aus Vermietung und Verpachtung
– Sonstige Einkünfte

schen Betriebseinnahmen und -ausgaben, also dem Gewinn. Die übrigen sind außerbetriebliche Einkünfte. Hier spricht man vom Überschuss der Einnahmen über die Werbungskosten.

Einige dieser Einkunftsarten sind auch für Ärzte relevant. Besteht ein Anstellungsverhältnis, dann trifft die vierte Einkunftsart („Einkünfte aus nichtselbständiger Arbeit") zu. Für Ordinationsinhaber gilt die zweite Einkunftsart („Einkünfte aus selbständiger Arbeit").

Wer ausschließlich ein Anstellungsverhältnis und andere Einkünfte von unter 730 Euro hat, ist nicht verpflichtet, eine Steuerklärung abzugeben. Man kann in diesem Falle aber, wenn genügend Ausgaben während des Jahres getätigt wurden, eine so genannte Arbeitnehmerveranlagung (Formular L1) abgeben. War jemand im abgelaufenen Jahr in mehreren Anstellungsverhältnissen tätig, dann ist er verpflichtet, eine Arbeitnehmerveranlagung abzugeben. Wer ein Anstellungsverhältnis hat und nebenbei Geld aus einer Ordination, Klassegelder, Vortragshonorare oder ähnliches bezieht, wird in der Regel ebenfalls verpflichtet sein, eine Einkommensteuererklärung (Formular E1) abzugeben.

Für eine freiwillige Arbeitnehmerveranlagung bleibt fünf Jahre Zeit. Eine Arbeitnehmerpflichtveranlagung muss bis 30. 9. des Folgejahres eingereicht werden, eine Einkommensteuererklärung bis 31. 3. des Folgejahres beim Finanzamt eingehen. Hat man in diesem Fall auch ein Anstellungsverhältnis, so erstreckt sich die Frist bis 15. 5. des Folgejahres. Wer von einem Steuerberater vertreten wird, hat ein Jahr länger Zeit, die Einkommensteuerklärung abzugeben.

Die Arbeitnehmerveranlagung ist immer am Wohnsitzfinanzamt einzureichen. Die Finanzamtszuständigkeit bei Betrieben richtet sich in der Regel nach der Lage des Betriebes. Bei mehreren Betrieben sind die Steuererklärungen wiederum am Wohnsitzfinanzamt abzugeben.

Abgrenzung von betrieblichen zu privaten Aufwendungen

Unternehmer stehen oft vor der Frage, welche Ausgaben als Betriebsausgaben von der Einkommensteuer abgesetzt werden können und welche laut Steuerrecht ausschließlich privater Natur sind. Es liegt somit auf der Hand, dass Unternehmer tendenziell möglichst viele Ausgaben als Betriebsausgaben deklarieren wollen, um Steuern zu sparen. Ebenso sicher ist das Bestreben der Finanzverwaltung, betrieblich absetzbare Aufwendungen klar abzugrenzen und jene Aufwandspositionen umfassend festzulegen, die der privaten Lebensführung eines Unternehmers zuzurechnen sind.

Die Trennung ist an sich klar geregelt: Alle Ausgaben, die ihren Ursprung in der Privatsphäre haben und deren Zweck auf die Privatsphäre gerichtet ist, können keinesfalls als Betriebsausgaben angesetzt werden. Auch wenn die Ausgaben für Nahrung und Unterkunft letztlich eine unabdingbare Voraussetzung für eine betriebliche Tätigkeit darstellen, unterliegen diese dem betrieblichen Abzugsverbot. Konkret fallen darunter Haushalts- und Unterhaltsaufwand im engeren Sinn, wie Miete, Beleuchtung, Beheizung, Bekleidung und Ernährung.

Gestaltungsspielräume ergeben sich in diesem Zusammenhang bei Arbeitszimmern, Berufsbekleidung und Bewirtungsspesen. Weiters unterliegen dem betrieblichen Abzugsverbot auch Ausgaben für Freizeitgestaltung und Erholung, Möglichkeiten bieten sich hier im Rahmen beruflich bedingter Seminarreisen.

Ist ein Arbeitszimmer in einem Wohnungsverband gelegen, so sind die dafür anfallenden Kosten steuerlich nur dann abzugsfähig, wenn das Arbeitszimmer nach der Art der Tätigkeit unbedingt notwendig ist, den Mittelpunkt der gesamten betrieblichen und beruflichen Tätigkeit eines Unternehmers bildet und getrennt begehbar ist. In diesem Fall können die Kosten wie Miete oder Gebäudeabschreibung, Betriebskos-

ten, Energie und Hausverwaltung anteilig geltend gemacht werden. Unternehmer mit auswärtigen Betriebsstätten (Ordination) können die Kosten für ein Arbeitszimmer zu Hause normalerweise nicht geltend machen; selbst dann nicht, wenn dieses regelmäßig genutzt wird.
Normale Kleidung gehört in der Regel auch zu jenen Aufwendungen der Lebensführung, die dem Abzugsverbot unterliegen. Ein als Betriebsausgabe abzugsfähiges Arbeitsmittel liegt nur dann vor, wenn es sich um typische Berufs- oder Arbeitskleidung handelt. So können etwa die weißen Mäntel eines Arztes bedenkenlos als Betriebsausgabe deklariert werden. Auch die Kosten für die Reinigung dieser Bekleidung sind von der Steuer absetzbar.
Bewirtungsspesen betreffen grundsätzlich die private Lebensführung. Nur wenn gegenüber einem Geschäftspartner eine „Produkt- oder Leistungsinformation" gegeben wird, können die entsprechenden Ausgaben als Betriebsausgaben angesetzt werden. Demgegenüber können die Kosten für eine bloße Kontaktpflege nicht als Repräsentationsaufwendungen für den Betrieb verwertet werden. Sollte es gelingen, einen werbeähnlichen Aufwand anzusetzen, darf ohnehin nur die Hälfte des Aufwandes als Betriebsausgabe abgesetzt werden. Dokumentation ist jedenfalls unverzichtbar. Auf der entsprechenden Restaurantrechnung sollte der Name des Geschäftspartners vermerkt werden.

Steuerschlupfwinkel sind fast ausgestorben

Niedergelassene Ärzte kommen mitunter in Versuchung, der Steuerpflicht speziell im Bereich der Einkommensteuer zumindest ein wenig zu entgehen. Manchmal tragen einfallsreiche Steuerberater dazu bei, manches probiert der Arzt selbst. Aber nicht alles, was versucht wird, hat Aussicht auf Erfolg.
Österreich zeichnet sich, wie sämtliche vergleichbare Staaten, durch ein progressives Steuersystem aus. Dies bedeutet, dass bei Überschrei-

ten einer gewissen Einkommensgrößenordnung der überschreitende Anteil des Einkommens mit einem immer höheren Steuersatz besteuert wird. Obergrenze dieser Regelung ist ein Einkommen über 51.000 Euro jährlich. Ab dieser Grenze wird Einkommen mit 50 Prozent besteuert. Durch die geringere Besteuerung der Einkommensteile unter 51.000 Euro ist der durchschnittliche Steuersatz etwas niedriger, nähert sich aber bei größeren Einkommen immer mehr der 50-Prozent-Marke an.
Die Einkommensteuerlast ist demnach eine direkte Ableitung des Betriebsergebnisses, also eine Maßzahl für die Rentabilität eines Betriebes. Die einfachste Art, Steuer zu sparen, geht daher über Misswirtschaft. Wenn beispielsweise unnötige Investitionen oder Betriebsausgaben getätigt werden, sinkt das Betriebsergebnis und damit auch die Steuerlast. Viele werten dies als Erfolg, in logischer Konsequenz sinkt damit aber das Nettoeinkommen – eine Zahl, die sich nicht so einfach messen lässt. Durch diese Art von Steuersenkung lässt sich kein Vorteil erzielen, obwohl das „Gefühl" einer geringeren Steuerlast durchaus erfreut.
Eine andere Art, das Ausmaß der Steuern zu beeinflussen, wird von vielen fälschlicherweise als „Steuersparen" bezeichnet. Damit sind Steuerverschiebungen gemeint, also das Verschieben von fälligen Steuern in Folgeperioden. Damit soll ein imaginärer Zinsgewinn erzielt werden. Das für die Steuer fällige Geld wird während dieser Zeit am Sparbuch deponiert, und die Zinsen dafür fließen in die eigene Tasche. Leider wird mit dieser Methode zumeist ein Steuerloch nur kurzfristig gestopft, das aber irgendwann in noch größerer Ausprägung wieder ans Tageslicht kommt.
Eine weitere Variante wird von vielen Ärzten und auch Steuerberatern gern vernachlässigt, nämlich das Ausschöpfen aller legalen Steuersparmöglichkeiten sowie das maximale Unterbringen von „Privatvergnügen" in der Ordinationsbuchhaltung. Hier ist der Gestaltungsspielraum mannigfaltig. Allein mit Ausführungen zum Thema Kraftfahrzeug

und Einkommensteuer könnte man Bücher füllen. Ebenso mit der Frage, ob man nahe Angehörige in der Ordination beschäftigen soll und falls ja, zu welchem Lohn.

Rund um die großen Themen Personal und Finanzierungen lässt sich einiges machen, was bei den meisten Ärzten allerdings nicht strategisch erfolgt, sondern oft nur auf Zufall beruht. Die Liste der Möglichkeiten, entstandene Kosten in den Betriebsausgaben unterzubringen, ist endlos lang. Damit befassen sich zahlreiche Bücher, die für Ärzte meist schwer verständlich sind. So werden viele Entscheidungen aus dem Bauch heraus getroffen, obwohl sich gute Argumente finden lassen und die meisten Möglichkeiten auch exakt nachzurechnen sind.

Abschreibungen als wirtschaftliche Gestaltungsmöglichkeit

Abschreibungen sind ein Dauerbrenner. Unter Ärzten gilt es geradezu als chic, sich am Stammtisch über neue Möglichkeiten auszulassen, die der eigene Steuerberater als Schlupfloch entdeckt hat. Worum genau handelt es sich bei diesem künstlichen steuerlichen Gebilde? Beginnen wir bei den grundlegenden Merkmalen. In Ordinationen wird viel investiert, das Geld dafür kommt meistens als Kredit von einer Bank. So gesehen gibt der Investor das Geld zwar aus, aber es berührt ihn nicht wirklich, da er die Investition auf seinen laufenden Konten nicht spürt.

Was sich der Investor jedoch erhofft, ist eine steuerliche Wirkung. Diese tritt ein, weil das Betriebsergebnis durch das künstliche Gebilde Abschreibung vermeintlich gesenkt wird. Ein geringeres Betriebsergebnis senkt die Steuer, also ist der Schluss nahe liegend, dass man versucht, die Abschreibung möglichst hoch anzusetzen. Doch eine Erkenntnis zieht sich wie ein roter Faden durch die Steuergesetzgebung: Jedes Wirtschaftsgut wird exakt mit seinem Anschaffungswert abgeschrieben. Diese immer gleich bleibende Gesamtsumme wird spätestens dann erreicht, wenn es der Investor aus dem Betrieb ausscheidet. In der Zeit zwischen Anschaffung und Ausscheiden wird der Anschaffungswert nach einem halbwegs fixen steuerlichen Regelwerk gleichmäßig aufgeteilt (abgeschrieben).

Ein Beispiel: Wird ein Gerät um 50.000 Euro gekauft, dann ist eine Nutzungsdauer von 5 Jahren anzusetzen. Ab dem Anschaffungsjahr wird also der Betrag von 10.000 Euro pro Jahr Gewinn-mindernd angesetzt. Wenn alles normal verläuft, sind nach 5 Jahren 50.000 Euro zum Ansatz gekommen, das Wirtschaftsgut ist also abgeschrieben und bringt rein steuerlich nichts mehr, auch wenn es noch weitere Jahre verwendet wird.
Wird das Wirtschaftsgut aber beispielsweise im dritten Jahr verkauft, sind bereits 20.000 Euro in den Vorjahren abgeschrieben worden und 30.000 Euro im dritten Jahr als so genannter Restbuchwert offen. In diesem Fall wird diese Summe auf einen Schlag abgeschrieben, wobei anzumerken ist, dass ein eventueller Verkaufserlös steuerlich gegen zu rechnen ist.

Worin liegt also die Gestaltungsmöglichkeit, wenn alle Wirtschaftsgüter in jedem Fall zur Gänze abgeschrieben werden? Viele Berater versuchen ihr Heil über den Gestaltungsspielraum bei der Nutzungsdauer. Es klingt attraktiv, beispielsweise Einrichtungsgegenstände statt über 10 Jahre nur über 5 Jahre abschreiben zu müssen. In der Tat ist bei solchen Gedanken der Gewinn an kalkulatorischen Zinsen vorhanden, allerdings wesentlich geringer als viele annehmen. Außerdem bergen verkürzte Abschreibungen auch erhöhte Gefahren: Nämlich dass man durch eine Finanzierungsdauer, die ohnehin schon wesentlich länger ist als die normale Abschreibedauer, ins Straucheln kommt. Dies geschieht durch eine Verstrickung mehrerer Effekte. Das Wirtschaftsgut wird fremdfinanziert, durch eine steuerlich clevere Konstellation –

möglicherweise mit einem endfälligen Kredit – sind die Raten sehr gering. Die Abschreibungen sind zunächst wesentlich höher, man spart eigentlich überdimensional viel Steuer für ein Wirtschaftsgut, das man wesentlich länger nutzt und noch wesentlich länger zurückzahlt.
Neuinvestitionen werden von zahlreichen Steuerberatern leider immer noch pauschal als Mittel gegen wirtschaftliche Probleme empfohlen. Doch der Schuss kann nach hinten losgehen. Nämlich wenn das Wirtschaftsgut steuerlich schon abgeschrieben ist, aber noch immer mit Kreditraten bedient werden muss.

Sinn und Unsinn von Vorauszahlungen

Bei einer Einnahmen-Ausgaben-Rechnung werden entsprechend des Zufluss- und Abflussprinzips nur die tatsächlich geflossenen Gelder erfasst. Gewinn ist der Überschuss der zugeflossenen Betriebseinnahmen über die abgeflossenen Ausgaben. Werden regelmäßig wiederkehrende Einnahmen und Ausgaben kurze Zeit nach Beendigung des Kalenderjahres bezahlt, so müssen sie jenem Jahr zugerechnet werden, zu dem sie wirtschaftlich gehören.
Vorauszahlungen, die ausschließlich das laufende und folgende Jahr betreffen, dürfen jedoch sofort abgesetzt werden. Hier hinein fallen beispielsweise Mietvorauszahlungen, Einkauf von Zahngold oder auch Hausapothekenvorauszahlungen. So erfolgt eine Verschiebung des steuerlichen Gewinns und in Folge eine Verschiebung der Einkommensteuerzahlung. Wenn beispielsweise eine Jahresmiete von 10.000 Euro vorausgezahlt wird, spart sich der Steuerpflichtige im betreffenden Jahr 5.000 Euro an Einkommensteuer, die er im folgenden Jahr nachzahlen muss. Das ergibt einen Zinsgewinn von 100 Euro bei 2 Prozent Nettoveranlagungszinssatz.
Es entstehen aber auch Kosten. Im Schnitt finanziert man diesen Betrag ein halbes Jahr im Voraus, allerdings Steuer mindernd, wodurch

bei 6 Prozent Zinsen am Überziehungsrahmen Kosten von 150 Euro anfallen. In diesem Fall entsteht rechnerisch sogar ein Verlust.
Lukrativ ist die Angelegenheit hingegen bei größeren Vorauszahlungen, die kürzere Zeiträume umfassen. Wer den Hausapothekeneinkauf von vier Monaten mit beispielsweise 100.000 Euro vorauszahlt, landet bei 1.500 Euro Zinsgewinn. Die entstehenden Kosten sind gering. Da im Schnitt nur zwei Monate vorfinanziert werden, entstehen Kosten von 500 Euro und somit ein Totalgewinn von 1.000 Euro. Hausapotheker sollten sich deshalb die Vorauszahlung seitens des Lieferanten honorieren lassen: mit einer Zinsgutschrift von 1 Prozent bei unserem Beispiel. Der gesparte Steuerbetrag sollte auf ein gut verzinstes Sparbuch gelegt werden; dann bringt jedes neue Jahr, in dem diese Vorgangsweise wiederholt wird, weitere gute Erträge. Bei netto 2 Prozent auf 15 Jahre landen fast 18.000 Euro ohne weitere Steuerpflicht auf dem Konto des Hausapothekers.

Alles rund um´s Auto

Des Arztes liebstes Steckenpferd in Sachen Steuer

Niedergelassene Ärzte haben je nach Konstellation ihrer Praxis recht interessante Möglichkeiten, ihr Auto steuerlich zu nutzen. Hierbei bildet das Ausmaß der betrieblichen Nutzung auch die Grundlage für die steuerliche Anerkennung. Wird das Kfz weniger als zur Hälfte betrieblich genutzt, gibt es zwei Möglichkeiten: Entweder das Kilometergeld in Höhe von 38 Cent pro Kilometer geltend zu machen – im Regelfall ist das für den angestellten Arzt mit Wahlarztordination die optimale Lösung. Oder es werden sämtliche Kosten plus Abschreibung summiert, darauf wird der Prozentsatz der betrieblichen Nutzung angewendet und der daraus entstehende Betrag als Betriebsausgabe geltend ge-

macht. In diesem Fall gelangt das „betrieblich" genutzte Kfz nicht in die Betriebssphäre, somit wirkt sich der Gewinn eines allfälligen Verkaufes in der Zukunft steuerlich nicht aus. Wird das Fahrzeug zu mehr als 50 Prozent betrieblich genutzt, muss es ins Anlagenverzeichnis aufgenommen werden.
Als steuerlich anerkannter Wert eines Fahrzeuges gelten maximal 40.000 Euro. Ist der Kaufpreis höher, so gilt der darüber hinaus gehende Betrag als „Luxustangente". Da das Finanzamt davon ausgeht, dass damit zum Teil auch höhere Kosten verbunden sind, müssen vor allem die Kaskoversicherung und Zinsen für einen allfälligen Anschaffungskredit aliquot gekürzt werden.
Die steuerliche Nutzungsdauer eines Kfz in Österreich beträgt acht Jahre, demnach dürfen pro Jahr nur 12,5 Prozent Abschreibung geltend gemacht werden. Diese Bestimmung gilt auch für ein geleastes Fahrzeug. Läuft der Leasingvertrag über vier Jahre, muss der Aufwand so berechnet werden, als ob man acht Jahre lang Leasingraten zahlen würde. Dies gilt nicht für den so genannten Kleinbus oder Klein-Lkw.
Das Auto als des Österreichers liebstes Kind wird mitunter zum Zankapfel bei Betriebsprüfungen. Die Finanzprüfer beäugen die Fahrzeuge und damit zusammenhängende Kosten ihrer „Schäfchen" äußerst genau. Gerade bei Autos ist durch Medienberichte und Werbung ein hoher Wissensstand gegeben, daher kann man auf diesem Sektor der Finanz nur schwer ein X für ein U vormachen.
Aus zahlreichen Betriebsprüfungen kennen wir die häufigsten Fragen der Prüfer rund ums Auto. Welche Fehler sollte man tunlichst vermeiden?

Beispiel 1: Ein Arzt mit hoher betrieblicher Kilometerleistung rechnet die Autokosten mit Kilometergeld statt mit den tatsächlichen Kosten ab. Der Betriebsprüfer ist nicht verpflichtet, die Kilometergeld-Verrechnung als „amtliche Kostenschätzung" zu akzeptieren, wenn sich aufgrund der geschätzten tatsächlichen Kosten etwa deutlich niedrigere Betriebsausgaben ergeben würden.

Beispiel 2: Insbesondere bei Ärzten, die auch in einem Dienstverhältnis stehen (etwa vormittags Tätigkeit im Krankenhaus, nachmittags Ordination), sind alle Fahrten, die zwischen Wohnung und Dienststelle zurückgelegt werden, nicht den Betriebsfahrten, sondern den Privatfahrten zuzurechnen und erhöhen somit den Privatanteil (Abgeltung durch Verkehrsabsetzbetrag). Mehrfache Fahrten in das Krankenhaus im Zusammenhang mit der Behandlung von Sonderklassepatienten sind laut Verwaltungsgerichtshof ebenfalls nicht als betriebliche Fahrten anzusehen, auch wenn die Klassegelder zu den Einkünften aus selbständiger Tätigkeit zählen.

Beispiel 3: Speziell bei weniger gut gehenden Ordinationen wird auch gerne hinterfragt, wie denn der Kaufpreis eines zum Beispiel 70.000 Euro „schweren" Gefährtes bar auf den Tisch gelegt werden konnte, wenn dieser Betrag möglicherweise über dem versteuerten Jahresgewinn liegt. Wurde der Wagen mittels Kredit oder Leasing finanziert, ist man nicht um die Antwort verlegen. Andernfalls wird man plausible Finanzierungsquellen, etwa aufgelöste Sparbücher, hervorkramen müssen, damit nicht der Verdacht von ungeklärtem Vermögenszuwachs aufkommt.

Beispiel 4: Immer wieder ist der angesetzte Privatanteil des betrieblichen Autos Diskussionspunkt im Rahmen einer Betriebsprüfung. Eine ganz korrekte Erfassung der privaten Kilometerleistung liefert nur ein vollständig geführtes Fahrtenbuch. Ein korrekt berechneter Privatanteil eines ordnungsgemäßen Fahrtenbuches muss von der Finanzverwaltung anerkannt werden.

Laut Erlass des Finanzministeriums hat ein Fahrtenbuch folgende Angaben zu enthalten: Datum, Kilometerstand, Anzahl der gefahrenen Kilometer, Ausgangs- und Zielpunkt sowie Zweck jeder betrieblichen Fahrt. Nur für diese betrieblichen Fahrten sind vollständige Aufzeichnungen notwendig. Da Ärzte zur gesetzlichen Verschwiegenheit verpflichtet sind, dürfen keine weiteren Angaben, die diese Pflicht verletzen könnten, verlangt werden. Es genügt daher, den Zielort und den Zweck anzugeben. Keinesfalls ist der Name des Patienten erforderlich. Oft macht aber das Führen eines Fahrtenbuches große Mühe. Daher besteht auch die Möglichkeit, das Fahrtenbuch nur über einige Monate zu führen und den so ermittelten Anteil für Privatfahrten bei gleich bleibenden Gegebenheiten auf die Zukunft anzuwenden. Diese Glaubhaftmachung unter Vorlage einiger Monate Fahrtenbuch sollte der Finanz normalerweise genügen.
Die in der Praxis gängigste Vorgangsweise ist die Ermittlung durch Schätzung. Man benötigt dafür die Jahreskilometerleistung und die betrieblich gefahrenen Kilometer. Als betriebliche Fahrten gelten die Fahrten von der Wohnung zur Ordination, die Hausbesuche, Einkäufe für die Ordination, Fortbildung, Fahrten zum Steuerberater, zur Ärztekammer oder in die Gebietskrankenkasse.
Wird der Privatanteil allerdings nur auf diesem Schätzweg ermittelt, gibt es bei Betriebsprüfungen immer wieder Meinungsverschiedenheiten. Dann kommt es meistens zu einer Art Kuhhandel, bei dem der Privatanteil durchwegs etwas höher angesetzt wird. Möchte man sich dieser Vorgangsweise komplett entziehen, wird ein Fahrtenbuch unumgänglich sein.

Auto kaufen oder leasen?

Ist die Entscheidung gefallen, ein Auto mit Fremdmitteln anzuschaffen, dann steht üblicherweise die Auseinandersetzung mit den mög-

lichen Finanzierungsvarianten an. Handelt es sich um ein betrieblich genutztes Kfz, müssen auch steuerliche Überlegungen in die Planung einfließen.
Eines gleich vorweg: Zwischen Kauf auf Kredit und herkömmlichem „Finanzierungsleasing" besteht aus steuerlicher Sicht kein Unterschied. Die Anschaffungskosten eines Autos müssen nämlich steuerlich in jedem Fall auf acht Jahre verteilt werden, auch wenn die Finanzierungsdauer kürzer ist. Deshalb fällt die Entscheidung anhand der Gesamtkosten. Dabei genügt es, die finanzielle Belastung zwischen einem Leasing- und einem Kreditangebot zu vergleichen. Dies fällt allerdings oft schwer, da Leasingverträge häufig mit Anzahlungen und/oder Restwerten ausgestattet sind.
Eines gilt jedoch für alle Leasingverträge: Der Kunde hat nach der Leasingphase ein „Andienungsrecht", kann also entscheiden, ob er das Auto zum vorher errechneten Restwert selbst weiter verwertet oder an die Leasinggesellschaft zurückgibt. Da die Restwerte anhand von Dauer und Kilometerleistung für die Leasinggesellschaft eher risikolos kalkuliert werden, besteht am Ende des Leasingvertrags meist eine Differenz zwischen errechnetem Restwert und Verkehrswert zugunsten des Leasingnehmers. Diese Aspekte sind somit bei der Entscheidung „Kauf oder Leasing" unerheblich. Leasing ist vielen Kunden aufgrund der einfacheren Handhabung sympathischer, ein Kostenvergleich schadet aber keinesfalls.
Ganz anders ist die Situation beim so genannten Operating-Leasing. Dabei verzichtet der Leasingnehmer auf ein Andienungsrecht. Dieses sorgt dafür, dass die Leasingraten nicht auf acht Jahre zu verteilen sind, sondern „steuerschonend" unmittelbar als Betriebsausgabe abgesetzt werden können. Allerdings bewegt sich der tatsächlich errechenbare steuerliche Vorteil in geringer Größenordnung, weil man nicht den tatsächlichen Abschreibungsunterschied berechnen darf, sondern

nur die kalkulatorischen Zinsen, die sich aus der um einige Jahre vorgezogenen Abschreibung ergeben. Bei Verzicht auf das Andienungsrecht ergibt sich unter Umständen ein Nachteil für den Leasingnehmer, der das Auto zwar rasch finanziert hat, den üblicherweise vorhandenen Unterschied zwischen kalkuliertem Restwert und Verkehrswert jedoch nicht vertraglich zugesichert für sich nutzen kann.

Die Betriebsprüfung

Eine Betriebsprüfung wird in vielen Fällen als ernste Bedrohung gesehen und bereitet so manchem Steuerpflichtigen schlaflose Nächte. Bei distanzierter Betrachtung zeigt sich jedoch, dass eine Prüfung nicht immer mit hohen Abgabennachzahlungen und Finanzstrafverfahren gleichzusetzen ist. Es gibt sogar Prüfungen, bei denen keine Feststellungen seitens des Finanzamtes erfolgen oder sogar Sachverhalte zugunsten des Arztes abgeändert werden.

Das Wichtigste ist, mit Ruhe an die Sache heran zu gehen und ein möglichst emotionsloses Arbeits- und Gesprächsklima mit dem Prüfer zu schaffen. Das spart Nerven und Zeit beider Parteien. Ein Prüfer erscheint auch nicht überraschend in der Ordination des Arztes und beginnt mit der Durchführung seiner Aufgabe, sondern meldet sich in der Regel mindestens eine Woche vor Beginn der Prüfung telefonisch oder in Ausnahmefällen schriftlich beim Steuerpflichtigen oder dessen steuerlichem Vertreter an. In der Regel werden in einem Gespräch zwischen Arzt und Steuerberater vorab die potenziellen Risiken und die Vorgehensweise bei der Prüfung besprochen.

Ein Betriebsprüfer prüft zunächst die vorgelegten Bücher und Aufzeichnungen auf formelle Ordnungsmäßigkeit und materielle Richtigkeit. Im Zuge jeder Betriebsprüfung hat auch eine Besichtigung der Ordination stattzufinden. Ob dies zu Beginn der Prüfung oder erst später erfolgt, liegt im Ermessen des Prüfers. Bei dieser Besichtigung sollte immer der Steuerberater anwesend sein. Alles in allem kann man sagen, dass die meisten Prüfer auch „nur Menschen sind" und Verständnis für ihren sicher nicht leichten Job verdienen. Gegenseitiger Respekt hilft in der Regel beiden Seiten.

Nichts desto trotz gibt es im Ärztebereich Themen, die bei Betriebsprüfungen gerne besonders genau unter die Lupe genommen werden. Ein bestehendes Ehegattendienstverhältnis wird nahezu bei jeder Betriebsprüfung auf Herz und Nieren durchleuchtet, um festzustellen, ob es wirklich „echt" ist. Kriterien dafür sind das Vorliegen eines (möglichst schriftlichen) Dienstvertrages, Einhaltung des Angestelltengesetzes und des Kollektivvertrages, insbesondere fixe und regelmäßige Arbeitszeiten, angemessenes Gehalt einschließlich Sonderzahlungen, Urlaubsanspruch sowie Weisungsgebundenheit des Dienstnehmers und Abführungen der gehaltsabhänigigen Steuern und Abgaben.

Bei der Prüfung der Zinsen will der Prüfer sicher gehen, dass diese nicht für privates Vergnügen, sondern ausschließlich für betriebliche Anschaffungen steuerwirksam in Ansatz gebracht worden sind. So kommt es nicht selten vor, dass für jeden Kredit gesondert geprüft wird, ob der Finanzierungsaufwand der Betriebsphäre zuzurechnen ist. Mehrkontenmodelle, bei denen die betrieblichen Einnahmen und Ausgaben über separate Bankkonten laufen, das Einnahmenkonto laufend komplett in die „Privatkassa" entleert wird und so private Investitionen auf Kosten der Ordination finanziert werden, kommen seit Jahren nicht mehr ungeschoren durch die Betriebsprüfung.

„Rauf mit dem Privatanteil" scheint das erklärte Ziel der Finanz bei jeder Betriebsprüfung im Zusammenhang mit dem Auto zu sein. Je besser man seine betrieblichen Fahrten dokumentiert und damit glaubhaft machen kann, desto leichter entwaffnet man Prüfer beim Beutezug nach Privatanteilen. Aus den gefahrenen Kilometern kann mit einer einfachen

Schlussrechnung auf den Treibstoffverbrauch hochgerechnet werden. Wird mit privaten Fahrzeugen auf Firmenkosten getankt, so liegt der in der Buchhaltung erfasste Treibstoffaufwand deutlich über dem Ergebnis dieser Hochrechnung. Wenn man sicher ist, dass ausschließlich betriebliche Tankrechnungen in der Buchhaltung sind, dann ist der Fehler im Rechenwerk des Prüfers zu suchen.

Ein weiterer Angelpunkt sind Anzahlungen von Patienten. Dazu muss es irgendwann auch eine entsprechende Schlussrechnung geben. Ist dies nicht der Fall, dann schließt der Prüfer gerne auf „Schwarzzahlungen". Man sollte also dafür sorgen, dass in der Praxis ordentlich abgerechnet wird. Wurden Unterlagen und Aufzeichnung formal nicht ordnungsgemäß geführt, kommt es zur Beweislastumkehr. Besonderes Augenmerk wird dabei meist auf die Erfassung der Bareinnahmen gerichtet. Diese sind täglich in geordneter Weise einzeln zu erfassen. Vor kurzem gab es in diesem Bereich eine Verschärfung der Gesetzeslage für bisher zugelassene Vereinfachungsmöglichkeiten. Insbesondere gelten Excel-Aufzeichnungen nunmehr definitiv nicht mehr als ordnungsgemäß.

Aufgrund der Nichteinhaltung von Formalerfordernissen kann die Ordnungsmäßigkeit der Buchführung von der Finanz in Frage gestellt werden und Beweislastumkehr eintreten. Dies bedeutet, dass nicht mehr der Prüfer beweisen muss, dass etwas falsch ist, sondern der Steuerzahler nachzuweisen hat, dass sein Ansatz richtig ist. Das Finanzamt will auch wissen, ob man von dem, was man steuerlich als sein Einkommen erklärt, überhaupt leben kann. Geht sich diese Rechnung nicht aus, muss es andere Geldquellen (Erbschaft, Schenkung, Kredit, Ersparnisse, Verkauf von privaten Wirtschaftsgütern etc.) geben, aus denen der Lebensunterhalt bestritten wird. Diese Rechenübung nennt man Mittelnachweis. Da die Prüfung durch das Finanzamt meist erst Jahre später erfolgt, kann es leicht vorkommen, dass

sich der Steuerpflichtige an gewisse Vorkommnisse nicht mehr erinnern kann bzw. keine Unterlagen dazu hat.
Vorbeugen ist jedenfalls besser als heilen. Man sollte sich rechtzeitig durch penible Dokumentation schützen. Genaue schriftliche Aufzeichnungen ermöglichen es, die tatsächlichen Sachverhalte noch Jahre später nachvollziehbar zu argumentieren. Laut Gesetz reicht in der Regel eine Glaubhaftmachung von Sachverhalten aus. Leider ignorieren das manche Prüfer. Ebenso verhält es sich mit bestimmten Dienstanweisungen. Danach ist ein Prüfer z.B. angewiesen, in Fällen, die im Großen und Ganzen in Ordnung sind, bei kleineren Zweifelsfragen großzügig zu entscheiden.
Zur Sicherstellung eines fairen Verfahrens ist jedenfalls dringend anzuraten, die Betriebsprüfung ausschließlich über den Steuerberater abwickeln zu lassen. Sollte man dennoch persönlich ohne Beisein des Steuerberaters befragt werden, kann man sich vom Prüfer ohne weiteres Anstand und Fairness erbitten. Wenn es angebracht erscheint, kann man ihn auch ruhig und höflich auf das Auslangen der Glaubhaftmachung und obige Dienstanweisung hinweisen. Man sollte aber sofort den Steuerberater informieren und keine „Ad-hoc-Antworten" geben. Besser ist in diesem Fall, die Fragen des Prüfers geduldig für eine spätere Beantwortung aufzuschreiben und alles mit dem Steuerberater zu besprechen.

Arzt im Recht

Strafrechtliche Risikosituationen

Ärzte sind einem enormen Arbeitsdruck ausgesetzt. Allein dadurch steigt die Gefahr, einen ärztlichen Kunstfehler zu begehen. Andererseits wächst auf Seiten der Patienten die Bereitschaft, gegen Ärzte vorzugehen, wenn der Behandlungsverlauf nicht den Erwartungen oder Wünschen entsprochen hat. Die Erfahrung der letzten Jahre zeigt, dass die juristische Situation der gesamten Ärzteschaft immer schwieriger wird. Patienten neigen häufiger denn je dazu, beim kleinsten angeblichen Fehler eines Arztes sofort einen Rechtsanwalt beizuziehen. Zugleich steigt die Begehrlichkeit: höhere Ansprüche werden gestellt, das Wissen der Patienten nimmt zu. Mittlerweile ist es leicht möglich, sich vor allem aus dem Internet zahlreiche Informationen über Krankheitsbilder und Behandlungsmethoden zu verschaffen und das „ärztliche Wissen" sowie den Informationsgehalt eines Beratungsgesprächs in einer Ordination zu überprüfen.

Wird gegen einen Arzt ein Schadenersatzanspruch geltend gemacht, folgt immer öfter auch eine Strafanzeige. Diese Vorgangsweise ist durchaus schlüssig: Über ein Strafverfahren die Schuld des Arztes festzustellen erhöht die Chance, Schadenersatzansprüche geltend zu machen. Hier hilft dem Arzt jedoch keine Haftpflichtversicherung, weil es nicht um zivilrechtliche Ansprüche geht, sondern um die Verteidigung gegen Strafvorwürfe.

Ein Strafverfahren ist für den Arzt mindestens genauso gefährlich wie ein Haftungsprozess – seine gesamte berufliche Zukunft steht auf dem Spiel. Das strafrechtliche Risiko bedarf daher einer mindestens ebenso effektiven Absicherung wie das Haftungsrisiko. Die Berufs-Rechtsschutzversicherung kann nämlich unter bestimmten Umständen die Deckung im Strafprozess verweigern, beispielsweise bei vorsätzlichem Verhalten. Dieses liegt bereits dann vor, wenn der Arzt einen Misserfolg oder einen bestimmten Schadenseintritt für möglich hält und gegen dessen Verwirklichung nichts unternimmt.

Die ärztliche Dokumentation

Zu den Haupttätigkeiten eines der Autoren zählt die Erstellung von Gutachten. Häufig sind behandelnde Ärzte davon betroffen, da Patienten wegen vermeintlicher Behandlungsfehler die Patientenanwaltschaft oder direkt die Gerichte befassen. In der Realität bilden Behandlungsfehler die Ausnahme. Gründe für Schadenersatzzahlungen an Patienten sind sehr häufig mangelnde Aufklärung bzw. mangelnde Dokumentation des Krankheitsbildes oder auch der Aufklärung, sodass die Indikation zur nachfolgenden Behandlung nicht eindeutig nachvollziehbar ist oder die mündliche Aufklärung nicht bewiesen werden kann. Während sich in Krankenhäusern die Verwendung von standardisierten Aufklärungsbögen zunehmend durchgesetzt hat, wird davon in Ordinationen (nicht zuletzt aus Zeitmangel) kaum Gebrauch gemacht.
Die Dokumentationspflicht ist im Ärztegesetz geregelt. Aus dem in der Info auf S. 118 zitierten kurzen Absatz ergibt sich eine Verpflichtung für Ärzte, die selbst Wahlärzte, die meist mehr Zeit als Kassenärzte für ihre Patienten aufwenden, in der Praxis kaum erfüllen können. Andererseits lässt sich daraus ableiten, dass eine ausführliche Dokumentation aller Handlungen und Gespräche mit dem Patienten die einzige Chance darstellt, im Falle eines Verfahrens zu beweisen, dass etwa ein Aufklärungsgespräch stattgefunden hat. **Im Verfahrensfall trifft die Beweislast den Arzt und nicht den Patienten!**
Während sich die Verwendung von EDV-Systemen bei Ärzten mit Kassenverträgen bereits durchgesetzt hat und mittlerweile für die Abrechnung sogar verpflichtend ist, arbeiten Wahlärzte häufig noch mit

INFO

DOKUMENTATIONSPFLICHT UND AUSKUNFTSERTEILUNG

§ 51 Ärztegesetz 1998 i.d.F. BGBL. I Nr. 91/2002 (1)

Der Arzt ist verpflichtet, Aufzeichnungen über jede zur Beratung oder Behandlung übernommene Person, insbesondere über den Zustand der Person bei Übernahme der Beratung oder Behandlung, die Vorgeschichte einer Erkrankung, die Diagnose, den Krankheitsverlauf sowie über Art und Umfang der beratenden, diagnostischen oder therapeutischen Leistungen einschließlich der Anwendung von Arzneispezialitäten und der zur Identifizierung dieser Arzneispezialitäten und der jeweiligen Chargen im Sinne des § 26 Abs. 8 des Arzneimittelgesetzes, BGBl. Nr. 158/1983, erforderlichen Daten zu führen und hierüber der beratenen oder behandelten oder zu ihrer gesetzlichen Vertretung befugten Person alle Auskünfte zu erteilen.

einem handschriftlichen Dokumentationssystem. Sämtliche modernen EDV-Systeme bieten allerdings die Möglichkeit, die Dokumentation zu systematisieren und somit die Umsetzung in der Praxis mit erheblich weniger bürokratischem Aufwand zu betreiben als mit herkömmlichen Karteikarten – man muss es nur tun.

Die ärztliche Aufklärung

Grundlagen

Die Frage der Verletzung von Aufklärungspflichten gewinnt in der Arzthaftungsdiskussion der letzten Jahre zunehmend an Bedeutung. Sie spielt vor allem in jenen Fallkonstellationen eine entscheidende Rolle, in denen einem Patienten infolge einer medizinischen Behandlung, insbesondere eines operativen Eingriffes, Körper- bzw. Gesundheitsschäden entstanden sind, dem behandelnden Arzt aber kein Kunstfehler angelastet werden kann. Die Patienten sehen dann oft ihre einzige Chance darin, ihre Schmerzengeldansprüche mit Aufklärungspflichtverletzungen zu begründen. Dabei handelt es sich um Schäden, die trotz Anwendung der einschlägigen Fachkunde und Einhaltung der gebotenen Sorgfalt nicht zu vermeiden waren. Ein Ersatzanspruch kommt hier dann in Betracht, wenn der Patient nicht oder nicht ausreichend aufgeklärt worden ist.

Es gibt kaum eine ärztliche Aufgabe, die unter Medizinern und Juristen so umstritten sowie mit Unsicherheiten und Vorurteilen verbunden ist, wie die Pflicht, Patienten aufzuklären. Der Dauerstreit lässt sich teilweise auch auf die bestehenden Unsicherheiten angesichts einer sich laufend erneuernden Medizin zurückführen. Orientierung bieten mitunter ärztliche Leitlinien oder Empfehlungen.

Im Brennpunkt stehen hier die Urteile der Gerichte mit ihrer weit über den Einzelfall hinausgehenden Bedeutung. Jedoch ist diese Rechtsprechung in ihrer Gesamtheit für den einzelnen Arzt nicht immer überschaubar; für ihn besteht daher das Risiko „Aufklärung".

Das Unbehagen vieler Ärzte mit der Aufklärungspflicht beruht auch darauf, dass die Rechtsprechung vielfach missverstanden wird. Es wird nicht genügend zwischen den einzelnen Aufklärungsarten unterschieden, der Leitsatz zu einem Urteil oft nicht ausreichend in seinem Bezug zum Sachverhalt des Einzelfalles erkannt, sondern in einer meist stark verallgemeinernden, unzulässigen Form.

Diese Entwicklung mit einer Zunahme von Arzthaftungsfällen wird deutlich geprägt vom herrschenden Trend zum emanzipierten Patienten. Dem Patienten wird bewusst, dass er gegenüber dem Arzt gewisse Rechtsansprüche hat und seine Bereitschaft, diese zu einfordern, steigt rapide an. So sind sich die österreichischen Patientenanwälte einig, dass in mehr als 70 Prozent der Fälle qualitative und quantitative Kommunikationsdefizite auf Seiten der Leistungserbringer Auslöser für Beschwerden und Behandlungsfehlervorwürfe sind. Klagen über Aufklärungsmängel sowie verwehrte Einsichtsrechte in Krankengeschichten und Befunde stehen an der Tagesordnung der Patientenanwaltschaften. Ein Viertel der Beschwerden bei diesen Einrichtungen betrifft die Information der Patienten, dass die Erklärungen des Arztes nicht verstanden werden.

Die Aufklärungsverpflichtung gilt jedenfalls für ärztliche Behandlungen im weitesten Sinn. Zum Behandlungsbegriff zählen neben den „blutigen Operationen", die durch den Einsatz stechender oder schneidender Instrumente zu einem direkten Eindringen in die körperliche Substanz des Patienten führen, auch „unblutige Operationen", wie etwa das Einrenken oder Einrichten von Gliedmaßen, die Anwendung von Röntgen- und Laserstrahlen, Schallwellen oder Endoskopiegeräten und die Verordnung von Arzneimitteln. Unerheblich bleibt der Behandlungszweck. Daher ist irrelevant, ob die ärztliche Behandlung aus prophylaktischen, diagnostischen oder therapeutischen Gründen bzw. überhaupt ohne medizinische Indikation erfolgt.

Der Umfang der Aufklärung ist allgemein schwer feststellbar und immer vom Einzelfall abhängig. Die Aufklärung ist im Gesetz nicht nach Art und Umfang definiert, sondern gestaltet sich als bewegliches System, das von verschiedenen einzelnen Komponenten abhängt: Krankheit, Verständigkeit, Bildungsgrad, seelische Verfassung, Aufklärungswunsch, Auffassungsvermögen, Art des geplanten Eingriffs, Risiken, Dringlichkeit, Komplikationen, alternative Behandlungsmethoden.

Daher kommt den Interpretationen von Urteilen des Obersten Gerichtshofes (OGH) besondere Bedeutung zu. Der aufklärende Arzt muss nicht aus eigenem Wissen alles Wesentliche aufzählen, er hat vielmehr aus der Zahl der angebotenen Positionen auszuwählen. Das heißt, die **Aufklärung ist nie zu generalisieren, sondern hängt immer von individuellen Umständen ab.**

Art und Weise der Aufklärung

Die Aufklärung soll dazu führen, dass der Patient Chancen und Risiken eines Eingriffs in den Grundzügen versteht. Er soll nach der Aufklärung zu einer sachgerechten Risikoabwägung in eigener Sache fähig sein.

Der Arzt muss im Rahmen seiner Aufklärung die Situation des Patienten sowie Ausmaß und Schwere seiner Erkrankung beachten und darauf Rücksicht nehmen, was ihm unter den gegebenen Umständen zumutbar ist und was er ertragen kann. Ärztliche Aufklärung sollte wahrheitsgemäß erfolgen mit dem Ziel, dass der Kranke sich selbst die Wahrheit sagen und sich selbst annehmen kann.

Die Behutsamkeit der Aufklärung wird der Ernsthaftigkeit der Erkrankung sowie der eventuell bestehenden Unsicherheit der Prognose entsprechen. Je eindeutiger die Fakten zu interpretieren und je sicherer die Aussichten auf eine erfolgreiche Therapie sind, desto ausführlicher wird der Arzt sprechen können. Auch das Wissenwollen und Verstehenkönnen des Patienten sind zu berücksichtigen. Der Patient muss in einer für ihn verständlichen Form und Sprache aufgeklärt werden, wobei seine möglicherweise geringe Intelligenz keinen Grund für die Unterlassung der Aufklärung bildet. Über die Verständlichkeit entscheidet demnach der Empfängerhorizont.

Zeitpunkt der Aufklärung

Die ärztliche Aufklärung hat grundsätzlich so rechtzeitig zu erfolgen, dass dem Patienten eine angemessene Überlegungsfrist offen bleibt. Durch den Zeitpunkt der Aufklärung darf der Patient nicht in eine psychische Zwangslage versetzt werden, er muss noch Gelegenheit haben, das Für und Wider des Eingriffs in Ruhe abzuwägen (adäquate Überlegungsfrist) und im vollen Besitz seiner Erkenntnis- und Ent-

schlussfähigkeit seine Entscheidung treffen können (Wahrung des Selbstbestimmungsrechtes).
Bei ambulanten Eingriffen (wie etwa einer Routineimpfung) reicht eine Aufklärung am Tag des Eingriffs aus. Die Aufklärung darf nur nicht so unmittelbar vor dem Eingriff erfolgen, dass der Patient unter dem Eindruck steht, sich nicht mehr aus dem Geschehensablauf lösen zu können. Bei einer Routineimpfung reicht generell ein Merkblatt mit einer Frage bzw. einem Hinweis, ob man sich nun impfen lassen will.

Untergliederung der Aufklärung

Unter Diagnoseaufklärung versteht man die Information des Patienten über den ärztlichen Befund. Grundsätzlich hat der Arzt den Patienten darüber aufzuklären, dass er überhaupt krank ist und an welcher Krankheit er leidet. Die Diagnoseaufklärung bildet die Grundlage für die Wahrnehmung jedes Selbstbestimmungsrechts („voluntas aegroti"). Soll der Patient eigenverantwortlich über seine Behandlung entscheiden können, muss er prinzipiell die Diagnose kennen.
Die Therapieaufklärung soll dem Patienten ein Bild von Wesen, Umfang und Durchführung der geplanten Behandlungsschritte vermitteln und ihm vor Augen führen, wie sich sein Zustand ohne entsprechende Maßnahmen wahrscheinlich entwickeln wird. Der Patient soll von der beabsichtigten Therapie erfahren, und der Arzt soll wenigstens das Wesen des Eingriffs im Großen und Ganzen erläutern.
Die Risikoaufklärung soll dem Patienten eine Vorstellung darüber vermitteln, welche Gefahren und unberechenbare Komplikationen im Zuge des geplanten Eingriffs auftreten können, obwohl die Behandlung lege artis und mit größter ärztlicher Sorgfalt durchgeführt wird.
Bei der Sicherungsaufklärung stehen Gesundheit und körperliche Integrität des Patienten im Vordergrund. Dieser Aspekt der Aufklärung

(auch therapeutische Aufklärung genannt) erfolgt dann, wenn sich der Patient schon in einer Heilbehandlung befindet. Sie soll ihn vor den Folgen seines eigenen Verhaltens warnen.

Ärzte fragen – Juristen antworten

Die Podiumsdiskussion „Arzt im Recht", veranstaltet von der IGMed (= Interessen-Gemeinschaft Medizin) in Kooperation mit der ÄRZTE WOCHE im Jänner 2007, bot eine eher seltene Gelegenheit des direkten Meinungsaustausches zwischen Ärzten und Juristen. Nachfolgend wurden die von Ärzten aus ihrer Praxiserfahrung eingebrachten Fragen und die Antworten der insgesamt vier kompetenten Juristen am Podium zusammengefasst.

FRAGE 1:
Erläutern Sie bitte die Begriffe Vorsatz, Fahrlässigkeit und Einlassungsfahrlässigkeit!

Im Bereich der Arzthaftung muss einem Arzt ein Verhalten persönlich vorwerfbar sein, damit ein Schadenersatzanspruch zuerkannt wird. Er handelt dann schuldhaft, wenn er ein rechtswidriges Verhalten setzt, das er hätte vermeiden können und sollen.
Der Arzt unterliegt dem erhöhten Sorgfaltsmaßstab eines Sachverständigen. Das bedeutet, dass die Fähigkeiten und Kenntnisse objektiv zu beurteilen sind. Er kann sich nicht darauf berufen, dass diese nicht dafür ausgereicht hätten, den Schadenseintritt zu vermeiden. Er muss sich daran messen lassen, was von einem Sachverständigen in der Position eines Arztes erwartet werden darf. Mangelnde subjektive Eignung entlastet nicht.
Der Grad der gebotenen Sorgfalt orientiert sich im Allgemeinen am so genannten Durchschnittsmenschen. Maßgeblich ist hier aber die übliche Sorgfalt jener Personen, die derartige, beispielsweise fachärzt-

liche Tätigkeiten ausüben. Als Sachverständiger ist nicht nur jener anzusehen, der eine entsprechende Ausbildung und berufliche Erfahrung hat, sondern auch jeder, der als Sachverständiger auftritt. Der Grund dafür liegt in einer Art Übernahme- oder Einlassungsfahrlässigkeit. Darunter versteht man den Vorwurf, der einem Arzt zu machen ist, wenn er Aufgaben übernimmt, denen er nicht gewachsen oder zu denen er nicht befähigt oder nicht berechtigt ist. Es kommt hier allerdings nicht darauf an, ob man erkennen konnte oder einem bewusst war, dass die Fähigkeiten nicht ausreichen. Haftung besteht in jedem Fall.

Ein Beispiel: Eine Ärztin, die sich in der Facharztausbildung befand, hätte erkennen müssen, dass sie nach kaum zweimonatiger Ausbildung noch nicht in der Lage war, bei Auftreten von Komplikationen gleich wie ein jahrelang ausgebildeter Anästhesist sachgemäß zu reagieren.

Fahrlässigkeit liegt vor, wenn man einen Schaden aus einem Versehen, aus schuldbarer Unwissenheit oder aus einem Mangel der gehörigen Aufmerksamkeit bzw. des gehörigen Fleißes verursacht. Unter leichter Fahrlässigkeit versteht man ein Verschulden, das auch einem sorgfältigen Menschen in der Bezugsgruppe unterlaufen kann. Als grobe Fahrlässigkeit gilt ein Verhalten, das von einer an sich sorgfältigen Vergleichsperson nie gesetzt würde.
Bei Vorsatz liegt Wissentlichkeit und Absicht vor, wobei bereits der Eventualvorsatz genügt. Das bedeutet, dass man sich der Rechtswidrigkeit bewusst ist, den Schaden vorhersehen kann und sich mit dem Eintritt des Schadens abfindet. Diese vorsätzliche Verschuldensform spielt im Bereich der Arzthaftung eine sehr untergeordnete Rolle, weil eine solche wohl in den seltensten Fällen vorliegt. Ich hatte in der Praxis noch keinen einzigen Fall. Entscheidend im Zivilrecht ist die Unterscheidung zwischen leichter und grober Fahrlässigkeit, weil ab grobem

Verschulden auch der entgangene Gewinn als Schadenersatzposition ersetzt werden muss.

FRAGE 2:
Welche Funktion hat außergerichtliches Beschwerdemanagement, etwa ein Verfahren bei Patientenanwaltschaften oder Schiedsstellen?

Ich denke, dass in der Ärzteschaft sehr viele Missverständnisse über außergerichtliches Beschwerdemanagement bestehen. Dabei handelt es sich um das Überprüfen und Lösen von Konflikten im Gesundheitswesen ohne Einschaltung der Gerichte. Das bedeutet für alle Beteiligten in der Regel einen Vorteil, da es weder für den Patienten noch für den Arzt ein Kostenrisiko darstellt. Andererseits wird außergerichtlich in aller Regel eine raschere Lösung erreicht. Ganz abgesehen davon, dass es weder für den Arzt noch für den Patienten angenehm ist, vor einem Gericht zu stehen.

Bei außergerichtlichen Entscheidungen müssen beide Betroffenen einem Lösungsvorschlag freiwillig zustimmen. Im Gegensatz zu Gerichtsentscheiden besteht daher beim außergerichtlichen Beschwerdemanagement auch immer die Möglichkeit zu Kompromissen. Die professionelle Prüfung im Vorfeld soll auch darüber Auskunft geben, ob es überhaupt Sinn macht, zu Gericht zu gehen, was beim Großteil der geprüften Sachverhalte nicht der Fall ist. Wir als Patientenanwälte versuchen daher, effektiv Zivil- und Strafprozesse zu vermeiden.

Der juristisch anspruchvollste Teil ist jedenfalls die Konfliktlösung bei behaupteten ärztlichen Kunstfehlern. Für solche Angelegenheiten sind die Patientenanwaltschaften und die Schiedsstellen zuständig. Mit den Patientenentschädigungsfonds ist noch eine dritte Möglichkeit vorhanden, die unbedingt ausgebaut werden sollte.

Die Patientenanwaltschaft ist jedenfalls eine unabhängige Instanz, nicht nur politisch, sondern auch unabhängig von den Wünschen der

Patienten. Wir verfolgen also nicht jedes Hirngespinst von Patienten weiter, sondern nur jene Beschwerden, die uns nach bestem Wissen und Gewissen als gerechtfertigt erscheinen.
Im Schnitt können wir zwei Drittel der Beschwerden rasch aufklären, weil kein Verdacht auf einen medizinischen Behandlungsfehler besteht. Beim letzten Drittel der Fälle erarbeiten wir Lösungsvorschläge, wobei wir sehr viel Wert darauf legen, dass niemand sein Gesicht verliert.
Die Schiedsstellen sind unabhängige Einrichtungen der Ärztekammern, die sehr gut mit den Patientenanwaltschaften zusammenarbeiten. Durch diese beiden Institutionen kann der Großteil der Beschwerden erfolgreich gelöst werden. Dieses System ist im internationalen Vergleich sehr gut ausgebaut und funktionsfähig.

FRAGE 3:
Wie sind die Begriffe Strafrecht und Zivilrecht zu unterscheiden?

Recht bedeutet, Texte zur Konfliktlösung zu nutzen. Der Text, den uns der Gesetzgeber gibt, soll uns helfen, die Konflikte unter uns auszutragen, und uns eine gewisse Richtung vorgeben. Es ist daher ein Gebot der Klugheit, sich die Regeln und die Richtung des Gesetzgebers anzuschauen und zu akzeptieren.
Die Unterscheidung zwischen Straf- und Zivilrecht ist etwas Künstliches, das in vielen anderen Rechtsordnungen unbekannt ist. In weiten Teilen der USA etwa werden Probleme im Zivilrecht gelöst, die wir im Strafrecht lösen. Deswegen sind auch die Schadenersatzforderungen dort so hoch. Wir haben daher auch nicht so absurde Schadenersatzforderungen wie in den USA zu befürchten und sollten das auch nicht heraufbeschwören.
An sich ist die Unterscheidung zwischen Straf- und Zivilrecht einfach. Zivilrecht beschäftigt sich mit Streitigkeiten unter den Bürgern, Strafrecht mit den Ansprüchen des Staates gegenüber dem Bürger. Beim

Strafrecht ist natürlich das Eskalationsniveau höher als beim Zivilrecht. Die Themen liegen auf der Hand: Beim Zivilrecht geht es um Vertragsbrüche, Schadenersatz oder Schmerzengelder. Auch die Inhalte von Dienstverträgen sind zivilrechtliche Themen.
Das Strafrecht befasst sich etwa mit Körperverletzung oder eigenmächtiger Heilbehandlung. In diesem Fall kommt der Staat und möchte dem Bürger eine Last als Konsequenz seines Verhaltens auferlegen, damit das nicht wieder vorkommt. Für einen Juristen sind beide Formen nicht negativ behaftet, sondern als Aufforderung zu verstehen, sich so zu verhalten, dass es keinen Konflikt geben kann. Ärzte sollten daher diese Normen nicht beiseite schieben oder ignorieren. Dies würde nur die Konfliktneigung der Patienten in unserer Gesellschaft steigern.
Das Ziel sollte sein, diese Normen zu prüfen und zu versuchen, Konflikte zu vermeiden. Die Fragestellung sollte sein: Was können wir aus den Normen lernen, damit wir gemeinsam mit den Patienten die Medizin konfliktfrei über die Bühne bringen?

FRAGE 4:

Wie weit kann ein Arzt von einem Patienten erwarten, dass er allgemein bekannte Dinge, wie etwa die richtige Verhaltensweise bei einem grippalen Infekt (warm anziehen, Schonung usw.) weiß, oder muss er bei einer Grippeepidemie, wenn zusätzlich 100 Patienten pro Tag in die Praxis kommen, jeden in extenso darüber aufklären?

Dem Patienten muss jener Wissensstand vermittelt werden, der ihm ein therapiegerechtes Verhalten (Compliance) ermöglicht. Diese Pflicht zur Sicherungsaufklärung reicht inhaltlich eher weit, weil hier therapeutisch motivierte Rücksichtnahmepflichten gegenüber dem Patienten oder ein Aufklärungsverzicht nicht in Frage kommen. Die Informationen dienen dem Schutz des Patienten. Inhaltlich muss die therapeutische Sicherungsaufklärung so gestaltet sein, dass der Patient durch Schutz- und Warnhinweise zur Mitwirkung an der Heilung und der

Vermeidung möglicher Selbstgefährdung veranlasst wird. Der Arzt muss den Patienten über die Notwendigkeit einer Behandlung, die bei der Nachsorge zu beachtenden Gegebenheiten sowie über die verordneten Medikamente und die gebotene Lebensweise unterrichten. Der Patient muss also über die Informationen zu einer gebotenen Verhaltensweise Bescheid wissen. Der Arzt darf sich einerseits nicht auf medizinische Kenntnisse des Patienten verlassen. Andererseits kann er sich durch Nachfragen vergewissern, ob dem Patienten allgemein bekannte Verhaltensweisen auch tatsächlich bekannt sind. Der Arzt haftet auf jeden Fall dafür, dass der Patient die notwendigen Informationen hat. Dabei ist nicht relevant, woher diese Informationen stammen.

FRAGE 5:

Welche rechtlichen und vor allem praktischen Möglichkeiten bestehen, sich gegen angeordnete Diensteinsätze zu wehren, die über dem Zumutbaren liegen (Beispiel durchgehender Arbeitseinsatz von 22 Stunden, 2 Stunden Pause, am nächsten Tag Pflicht zum Weiterarbeiten, was laut Arbeitszeitgesetz erlaubt ist)? Sind von Dienstgebern einseitig angeordnete Änderungen der Arbeitszeiten, z.B. die Einführung von Nachmittagsdiensten, arbeitsrechtlich anfechtbar?

Für die Beantwortung dieser Fragen helfen zwei einfache Sätze, die schon seit der römischen Zeit existieren: „An Unzumutbarem muss niemand festhalten" und „Das Gesetzeskonforme gilt grundsätzlich als zumutbar." Nun gilt es zu beurteilen, ob so ein Dienst gesetzeskonform ist. Konkret geht es dabei um die Frage, ob eine Betriebsvereinbarung über verlängerte Dienste und deren Zulässigkeit geschlossen wurde. Daher lässt sich diese Frage nicht generell beantworten. Es hängt von den vorliegenden Umständen ab, die von Krankenhaus zu Krankenhaus unterschiedlich sind.

Die einseitig angeordnete Änderung der Arbeitszeiten hängt wiederum davon ab, ob man sich in einem privaten oder öffentlich-rechtlichen

Dienstverhältnis befindet und was im jeweiligen Vertrag steht bzw. was es für gesetzliche Regelungen gibt. Für Beamtenverträge oder etwa die beispielsweise in Niederösterreich vorliegenden Spitalsärzteverträge gibt es eine sehr große Möglichkeit des Dienstgebers, die Dienstpflichten einseitig zu gestalten.

FRAGE 6:

Kommen in Österreich amerikanische Verhältnisse? Auf welchen Wegen kann ein Patient seine Schadenersatzforderungen oder -ansprüche geltend machen?

Ich bin der Meinung, dass wir von amerikanischen Verhältnissen noch sehr weit entfernt sind und auch nicht auf diese Verhältnisse hinsteuern. Ein Merkmal wären ausufernde Schadenersatzprozesse. Diese Gefahr ist bei uns nicht gegeben, da wir auch ein sehr gut ausgebautes System der sozialen Krankenversicherung haben. In den Vereinigten Staaten versuchen Patienten oft, die aufgelaufenen Kosten der Krankenbehandlung über Haftungsprozesse wieder zurück zu bekommen; dort besteht meist ja keine Krankenversicherung.

Ich sehe bei uns auch noch keine aggressive Keilerei von Rechtsanwälten um Patienten. In Amerika werden aus Angst vor Haftungskonsequenzen manche Eingriffe nicht mehr gemacht, was für mich als Patientenanwalt eine unzumutbare Situation darstellt.

Grundsätzlich hat aber jeder verantwortungsvolle Beruf auch eine rechtliche Verantwortung. Ich plädiere daher dafür, dass man im Falle einer Patientenbeschwerde gerade im außergerichtlichen Bereich nicht immer einen persönlichen Angriff sieht. Oft handelt es sich um subjektive Erlebnisse eines Patienten, der es vielleicht nicht besser wissen kann. Die Tatsache, dass man sich an die Patientenanwaltschaft wendet, ist dann ein Ausdruck von Unsicherheit. Der Patient kann von vornherein den gerichtlichen Weg einschlagen, wobei wir alle dafür kämpfen sollten, dass vorher der außergerichtliche Weg beschritten wird.

FRAGE 7:

Muss ein Arzt auch ohne Aufforderung des Patienten über alle möglichen Untersuchungs- oder Behandlungsmöglichkeiten aufklären oder reicht es, wenn er beispielsweise dem Patienten erklärt, die sinnvollste Untersuchung in diesem Fall wäre eine Gastroskopie? Oder muss er von sich aus ungefragt 10 oder 20 Alternativmethoden aufzählen inklusive aller Vor- und Nachteile?

Die Anforderungen an den Umfang der Aufklärung des Patienten reichen umso weiter, je weniger der Eingriff aus der Sicht eines vernünftigen Patienten vordringlich oder geboten ist. Bei rein diagnostischen Eingriffen ohne therapeutischen Eigenwert sind strenge Anforderungen an die Aufklärung des Patienten zu stellen. Auch hier ist vom allgemeinen Grundsatz der Aufklärungsrechtssprechung auszugehen, dass sich der Umfang der Diagnoseaufklärung nach den Gesamtmständen des Einzelfalls richtet. Dabei ist auf die Dringlichkeit, die Erfolgsaussichten des Eingriffs sowie auf das Patientenverhalten Bedacht zu nehmen. Jedenfalls muss der Patient über alternativ in Betracht kommende adäquate Diagnose- wie auch Behandlungsmethoden aufgeklärt werden. Dies gilt vor allem dann, wenn jeweils unterschiedliche Risiken, eine verschieden starke Intensität des Eingriffs, differenzierte Folgen (insbesondere auch in der Schmerzbelastung) oder verschieden hohe Erfolgssicherheiten damit verbunden sind. Der Patient muss darüber unterrichtet werden, dass auch noch andere, Erfolg versprechende Diagnosemaßnahmen bestehen.

Diese Pflicht besteht jedoch nur bei einer „echten Wahlmöglichkeit" des Patienten. Davon ist jedenfalls auszugehen, wenn konkret eine gleichwertige Behandlungsmöglichkeit mit gleichwertigen Diagnose- oder Heilungschancen, aber andersartigen Behandlungsrisiken zur Verfügung steht.

Bei annähernd gleicher Diagnosequalität besteht auch eine Verpflichtung zur Aufklärung darüber, welche davon die schonendste Diagnosemethode darstellt. Lediglich das Wissen darüber, dass es eine Alternative gibt, reicht nicht aus. Dem Patienten müssen Pro und Contra dargelegt werden, damit dieser abwägen kann. Eine Aufklärung über Behandlungsalternativen ist auch dann geboten, wenn das entsprechende Verfahren nicht im eigenen Hause angeboten wird.

FRAGE 8:

Im Buch „Der Arzt im Recht" (Tanczos A., Tanczos D.: Der Arzt im Recht, Verlagshaus der Ärzte, 2004) steht auf Seite 37: „Bei einer Bänderriss-Operation ist beispielsweise eine zehnstündige Überlegungsfrist ausreichend." Bekannt ist, dass bei einem Bänderriss die Heilungschancen besser sind, je früher die Operation durchgeführt wird. Kommt der Patient also eine halbe Stunde nach dem Bänderriss ins Krankenhaus, ich erkläre ihm alles und nach einer weiteren halben Stunde wird er bereits operiert, dann habe ich mich nicht an diese zehnstündige Wartefrist gehalten, obwohl es für den Patienten besser war, rasch operiert zu werden.

Grundsätzlich gilt, dass die Aufklärung umso umfassender zu gestalten ist, je weniger dringlich oder geboten die Behandlungsmaßnahme ist. Umgekehrt hat die Aufklärung umso „weniger" umfassend zu sein, je notwendiger der Eingriff für die Gesundheit des Patienten ist. Man spricht in diesem Zusammenhang von sachlicher und zeitlicher Dringlichkeit. Jedenfalls steht der Aufklärungszeitpunkt in einer Relation zur Dringlichkeit und Schwere des geplanten Eingriffes.
In Grenzsituationen kompensiert verstärkt die mutmaßliche Einwilligung des Patienten das faktische Aufklärungsdefizit. Bei vital indizierten Eingriffen, bei denen die Behandlung eine Verschlimmerung der Krankheit verhindern soll, kann ein kürzerer Zeitrahmen zwischen Aufklärungsgespräch und Operation gerechtfertigt sein. Eine Aufklärung auf dem Weg in den Operationssaal oder wenn der Patient schon zur Operationsvorbereitung sediert ist, wird jedenfalls als „zu spät" betrachtet.

Man muss dem Patienten immer die Möglichkeit lassen, über den Eingriff selbst zu entscheiden und ihn gegebenenfalls abzulehnen. Sollte sich der Fall ergeben, dass eine rasche Operation den Heilungsverlauf verbessert und der Patient nach erfolgter Aufklärung in den Eingriff einwilligt, dann sollte besonders gut dokumentiert werden, warum auch der Patient nach erfolgter Aufklärung die rasche Durchführung der Operation wünscht. Es geht hier nicht so sehr um eine starre Regel von zehn Stunden, sondern vielmehr darum, wie dringlich der Eingriff ist und ob sich eine psychische Zwangslage für den Patienten dargestellt hat.

FRAGE 9:

Ist das Ausstellen von Einsatzscheinen durch Angestellte öffentlicher Apotheken eine legale Methode?
Falls nein: Wie soll ich mich verhalten, wenn ich das mitbekomme? Wie sieht eine zweckmäßige Beweisführung aus und welche Behörden sind zu informieren?
Falls ja: 1. Welche rechtlichen Konsequenzen drohen mir, wenn ich das gewünschte Rezept nicht hergebe (beispielsweise aus medizinischen oder ökonomischen Geschichtspunkten)? 2. Welche rechtlichen Konsequenzen drohen mir, wenn ich das gewünschte Rezept trotz Bedenken hergebe (beispielsweise aus medizinischen oder ökonomischen Geschichtspunkten)? 3. Wer haftet, wenn sich in diesem Fall gesundheitliche Probleme des Patienten ergeben? 4. Wie sollte eine zweckmäßige Dokumentation zu meinem Selbstschutz aussehen?

Die Regelungen, unter welchen Voraussetzungen rezeptpflichtige Medikamente von öffentlichen Apotheken abgegeben werden dürfen, finden sich im Rezeptpflichtgesetz. Danach ist die Abgabe von rezeptpflichtigen Medikamenten ohne Rezept verboten, nur in Notfällen ist der Apotheker berechtigt, das Medikament auch ohne Rezept auszugeben.
In der Praxis zeigt sich jedoch, dass es einige Gelegenheiten zum Ausstellen von Einsatzscheinen gibt. So etwa, wenn Patienten aus Kran-

kenanstalten entlassen werden und im Entlassungsbericht die Empfehlung des behandelnden Spitalsarztes erhalten, welche Medikamente eingenommen werden sollen. Die Österreichische Apothekerkammer vertritt den Standpunkt, dass solche Entlassungsberichte sämtliche Formerfordernisse des Rezeptpflichtgesetzes für ein gültiges Rezept (ausstellender Arzt, Patientendaten, Medikament, Dosierung, Ausstellungsdatum, Unterschrift des Ausstellers) enthalten. Damit erübrigt sich die Ausstellung eines Einsatzscheines und auch die nachfolgende Rezeptierung etwa durch den Hausarzt.

Der Apotheker ist wohl berechtigt, das im Entlassungsbericht verordnete Medikament auszugeben. Freilich könnten nur Krankenanstaltenrezepte auch mit den Trägern der Sozialversicherung verrechnet werden, die von Krankenanstalten aber selten ausgestellt werden. Damit kann aber für den niedergelassenen Arzt, der nun das Rezept ausstellen soll, das Dilemma beginnen. Der niedergelassene Arzt ist aufgrund seiner kurativen Einzelverträge mit den Trägern der Sozialversicherung zur ökonomischen Verschreibweise verpflichtet. Verstößt er gegen das Gebot der Verschreibeökonomie, drohen ihm sogar Regressansprüche durch die Träger der Sozialversicherung. Empfiehlt die Krankenanstalt beispielsweise ein Originalpräparat trotz Koexistenz eines gleichwertigen Generikums, ist der niedergelassene Arzt mit Kassenverträgen gegenüber den Trägern der Sozialversicherung zur Verschreibung des Generikums verpflichtet. In solchen Fällen ist niedergelassenen Ärzten jedenfalls zu empfehlen, nicht das von der Krankenanstalt empfohlene, sondern das Generikum zu rezeptieren. Ob der Patient das vom Apotheker abgegebene Originalpräparat mangels Verrechenbarkeit mit den Trägern der Sozialversicherung allenfalls selbst zu bezahlen hat, betrifft lediglich das Verhältnis Apotheker zu Patient.

Es gibt aber auch weitere typische Anlässe für das Ausstellen von Einsatzscheinen. Patienten mit Dauermedikation vergessen nämlich öfter, sich fristgerecht das bisher verordnete Medikament wiederum rezeptieren zu lassen. Apotheker geben das Medikament unter Umständen dennoch gegen Einsatzschein aus. In diesem Fall liegt meines Erachtens ein Verstoß gegen das Rezeptpflichtgesetz vor. Es liegt kein gültiges Rezept vor, die Ausgabe eines rezeptpflichtigen Medikamentes ist daher nach dem Rezeptpflichtgesetz prinzipiell verboten, mit Ausnahme von Notfällen.

Es kann auch nicht angehen, dass dem behandelnden Arzt die Medikation vom Apotheker „aufgezwungen" wird. Auch wird der behandelnde Arzt zu entscheiden haben, ob die Dauermedikation beibehalten wird, ob Veränderungen in der Dosierung oder etwa der Wechsel des verordneten Medikamentes angezeigt ist. Der niedergelassene Arzt ist angehalten, über derartige Vorkommnisse zumindest genaue Dokumentationen zu führen, um später allenfalls in die Lage versetzt zu sein, sein korrektes Handeln nachzuweisen.

Insbesondere der Umstand, dass niedergelassene Ärzte vielfach faktisch gezwungen sind, die von Krankenanstalten nicht immer auch nach ökonomischen Gesichtspunkten erfolgte Medikamentenempfehlung zu übernehmen, sollte Grund für standespolitisch zu fordernde Regelungen mit Krankenanstalten und dem Hauptverband der Sozialversicherungsträger sein, um mögliche Regressforderungen gegen den niedergelassenen Arzt zu vermeiden.

Gibt die öffentliche Apotheke ein rezeptpflichtiges Medikament ohne Rezept aus, haftet die Apotheke für allfällige Nachteile, die ein Patient erleidet. Nur für den Inhalt eines ausgestellten Rezeptes ist der Arzt selbst verantwortlich. Verstöße gegen das Rezeptpflichtgesetz bilden eine Verwaltungsübertretung und sind mit Geldstrafe bis zu 3.600 Euro zu ahnden. Zuständige Behörde ist die örtliche Bezirkshauptmannschaft bzw. Bezirksverwaltungsbehörde.

FRAGE 10:

Deckt sich die Rechtsprechung in der Arzthaftungspraxis mit den Anforderungspflichten an die Ärzte? Erbitte eine leicht verständliche Kurzübersicht über Aufklärung, Haftung und Organisationsverschulden.
Begeht nicht jeder niedergelassene Arzt, der 60 bis 100 Patienten pro Tag behandelt, praktisch permanent eine Einlassungsfahrlässigkeit? Was sollte ein Arzt tun, wenn er das Gefühl hat, an seiner Leistungsgrenze angekommen zu sein, ein Patient trotzdem eine bestimmte Behandlung braucht, der Arzt aber aufgrund der Situation im öffentlichen Gesundheitswesen der einzig verfügbare Behandler ist?

Die Antwort der ersten Frage muss ich verweigern, da es vollkommen unseriös wäre, hier eine Antwort zu geben. Bei den Themen Aufklärung und Haftung sollte das Verständnis dafür aufgebracht werden, dass diese Sinn machen. Der Sinn besteht schlichtweg darin, dass wir in unserem System die körperliche Integrität der Menschen schützen. Es darf bei uns niemand einen anderen anfassen, wenn dieser das nicht will.
Umso mehr ist dies in Berufen zu berücksichtigen, deren Zweck es ist, Menschen anzugreifen oder sogar noch mehr. Umso mehr ist darauf Rücksicht zu nehmen, dass der Patient erklärt haben will, was der Arzt mit ihm vorhat. Wer die Menschen so behandelt und aufklärt, wie er selbst behandelt und aufgeklärt werden will, weiß auch, wie er an diese Dinge heran gehen sollte. Der Patient hat nicht in fünf Minuten den nächsten Patienten, sondern bereitet sich unter Umständen tagelang auf seinen Arztbesuch vor. Wer diese einfachen Dinge berücksichtigt, wird sich kaum vor Haftung aufgrund mangelhafter Aufklärung zu fürchten haben.
Organisationsverschulden ist ein einfacher Begriff. Damit ist nämlich nicht das Verschulden einer Organisation gemeint, sondern das Individualverschulden eines Organisationsverantwortlichen. Für den Patienten ist der Unterschied irrelevant.

Bei der Frage nach der Einlassungsfahrlässigkeit bei 60 bis 100 Patienten pro Tag kommt es auf die Art der Behandlungen an. Von größeren Behandlungen kenne ich Situationen, bei denen ich mir meinen Teil denke und persönlich sicher nicht den Mut dazu hätte. Eine Einlassungsfahrlässigkeit halte ich bei einer sehr hohen Frequenz, wenn es nicht um simpelste Behandlungsschritte geht, zweifelsohne für argumentierbar.
Die letzte Frage trenne ich in menschlich und rechtlich. Ein Arzt hat die menschliche Pflicht, dem Patienten entgegen zu kommen. Das würde ihm vor Gericht aber nicht helfen, wenn er in offensichtlicher Überschreitung der persönlichen Kapazität einen Fehler macht.

FRAGE 11:

Es gibt sehr viele standardisierte Untersuchungen. Reicht es aus, wenn eine entsprechende medizinische Fachgesellschaft beispielsweise ein ausführliches Informationsblatt zur Gastroskopie herausgibt, der Patient dieses durchliest und mit einer Unterschrift bestätigt, dass er alles verstanden hat und mit dem weiteren Vorgehen einverstanden ist? Wie lange vor der Untersuchung muss der Patient aufgeklärt werden? Genügt unmittelbar davor, wie es in der täglichen Praxis der Fall ist, wenn beispielsweise zur Gastroskopie zugewiesen wird? Oder muss der Patient aufgeklärt werden und einige Tage später einen neuen Termin bekommen? Wer muss aufklären: der Zuweiser, der Untersucher oder beide und in welchem Maße?

Die Aufklärung hat in einem Gespräch zwischen Arzt und Patient zu erfolgen. Das persönliche Gespräch ist unverzichtbar. Schriftliche Aufklärungsbehelfe sind unterstützend und vor allem (auch) aus beweisrechtlicher Sicht sinnvoll und wichtig. Unabdingbar ist jedoch ein persönliches Aufklärungsgespräch.
Ein unterzeichnetes Einwilligungsformular oder Informationsblatt ist ein wesentliches Indiz dafür, dass eine Aufklärung stattgefunden hat. Es ist aber kein Beweis dafür, dass der Patient den Inhalt gelesen und verstanden hat. Solche standardisierten Aufklärungsbögen sind daher

als Ersatz für das Aufklärungsgespräch ungeeignet. Wichtig ist, dass die verwendeten Aufklärungsformulare ausreichend individualisiert sind, etwa durch handschriftliche Vermerke des aufklärenden Arztes. So haben diese Formulare auch eine erhebliche Beweiskraft, dass ein mündliches Aufklärungsgespräch stattgefunden hat.

Die ärztliche Aufklärung hat grundsätzlich so rechtzeitig zu erfolgen, dass dem Patienten eine angemessene Überlegungsfrist offen bleibt. Durch den Zeitpunkt der Aufklärung darf der Patient nicht in eine psychische Zwangslage versetzt werden. Er muss noch Gelegenheit haben, das Für und Wider des Eingriffs in Ruhe abzuwägen und im vollen Besitz seiner Erkenntnis- und Entschlussfähigkeit seine Entscheidung treffen können.

Die Dauer der Überlegungsfrist hängt von den Umständen des Einzelfalls ab, insbesondere auch davon, wie dringlich der Eingriff ist. Je dringlicher der Eingriff, desto näher wird der Zeitpunkt der Aufklärung beim Eingriffstermin liegen können. Bei geringfügigen, ambulanten Eingriffen reicht gegebenenfalls eine Aufklärung am Tag des Eingriffs aus.

Die Aufklärung darf nur nicht so unmittelbar vor dem Eingriff erfolgen, dass der Patient unter dem Eindruck steht, sich nicht mehr aus dem Geschehensablauf lösen zu können. Bei schwerwiegenden Eingriffen ohne sachliche und zeitliche Indikation kann unter Umständen eine Vorabendaufklärung bereits zu spät sein, wenn der Patient dadurch in eine psychische Zwangslage versetzt wird. Das heißt, es ist immer nach der Schwere des Eingriffs, den damit verbundenen Risiken und der Indikation abzuwägen.

Auch bei medizinischen Eingriffen in Tageskliniken hat die Aufklärung vor der Terminfestlegung stattzufinden. Andernfalls weiß der Patient nicht, worauf er sich einlässt. Eine Aufklärung am Tag des geplanten Eingriffs wird daher im Regelfall zu spät sein.

Bei einer Gastroskopie oder Coloskopie als ausschließlich diagnostischem Eingriff wird im Regelfall die Aufklärung am Tag des Eingriffs ausreichen, sofern sie nicht so unmittelbar vor dem Eingriff erfolgt, dass sich der Patient in einer psychischen Zwangslage befindet. Daher ist auch hier keine generelle Aussage möglich.
Verantwortlich für die erfolgte Aufklärung ist immer derjenige Arzt, der die Behandlung durchführt. Wer tatsächlich aufklärt, ist rechtlich gesehen nicht von Bedeutung; es muss jedenfalls ein Arzt sein. Der behandelnde Arzt bzw. der den Eingriff durchführende Arzt ist dafür verantwortlich, dass der Patient ordnungsgemäß aufgeklärt wurde und sollte sich jedenfalls durch Nachfragen überzeugen, ob die Aufklärung auch tatsächlich stattgefunden hat.

FRAGE 12:

Welche rechtlichen Probleme kommen auf einen Arzt zu, wenn er weiß, dass es in einem bestimmten medizinischen Bereich Probleme mit Generika gibt (etwa Galenik) und dadurch beispielsweise epileptische Anfälle ausgelöst werden können, er das Generikum auf Druck der Kasse aber trotzdem verschreibt? Es gibt sehr viele Medikamente, die nach neuesten Erkenntnissen weit besser als andere Medikamente sind. Die Krankenkassen in Österreich bezahlen diese aber nur bei Erfüllung bestimmter Kriterien. Wie weit muss ich als Arzt den Patienten über Medikamente aufklären, die er sich privat sowieso nicht leisten kann?

Die Patientenanwälte bekommen durchschnittlich zweimal pro Tag solche Konstellationen auf den Tisch und suchen dann meistens gemeinsam mit dem behandelnden Arzt eine Argumentationslinie, wie wir den Chefarzt letztlich doch überzeugen können. Bei dieser Problematik stehen wir als Patientenanwälte auch Seite an Seite mit den Ärzten.
Wie Experten immer wieder betonen, entsprechen Generika nicht immer dem Originalpräparat. Hier geht es vor allem um die Problematik, dass Bioäquivalenz nicht automatisch Therapieäquivalenz ist. Für die

Beurteilung der juristischen Konsequenzen müssen wir uns die Verträge im Einzelnen ansehen. Einerseits muss der Arzt entsprechend dem Behandlungsvertrag den Patienten nach bestem Wissen und Gewissen „state of the art" behandeln. Wenn er das – aus welchen Gründen auch immer – nicht tut, kann er in die Problematik von Behandlungsfehlern hineinkommen.

Seine andere vertragliche Beziehung ist die mit den Krankenkassen, mit denen er die zusätzliche Verpflichtung zur ausreichenden, zweckmäßigen und das Maß des Notwendigen nicht überschreitenden Behandlung eingegangen ist. Er muss also immer kostengünstig denken, was grundsätzlich eine vernünftige Sache ist.

Der Teufel liegt allerdings im Detail. Das führt zur Diskussion rund um den Erstattungskodex. Was ist für das Individuum die beste und gleichzeitig auch kostengünstigste Behandlung? Wenn es Auffassungsunterschiede zwischen verordnendem Arzt und Chefarzt gibt, gilt das Motto der „vollen Transparenz". Das heißt, der Arzt muss den Patienten darüber aufklären, dass es nach seiner fachlichen Meinung ein besser geeignetes Medikament gibt, dieses aber von der Kasse nicht bezahlt wird. Der Patient hat dann die Wahl, entweder selbst zu bezahlen oder mit rechtlichen Mitteln, wie etwa dem Recht auf Bescheiderlassung, gegen die Kasse vorzugehen.

FRAGE 13:

Es kommt immer wieder vor, dass Krankenkassen – vor allem die SVA der gewerblichen Wirtschaft – erbrachte medizinische Leistungen mit der fadenscheinigen Begründung einer überzweckmäßigen Diagnose oder Therapie dem Arzt nicht bezahlen. Kann dieser dann, da er überzeugt ist, lege artis gehandelt zu haben, dem Patienten eine Honorarnote über die nicht bezahlte Leistung stellen oder muss jeder einzelne Patient von vornherein über diese Möglichkeit aufgeklärt werden? Gibt es eine Rechtsprechung zum Thema rechtliche Situation eines Arztes, der bestimmte Medikamente (Beispiel Präparate aus der Gelben Box) nicht verordnet, weil ihm die Bürokratie zu viel ist, und er dem

Patienten deshalb ein nicht so wirksames Medikament aus der Grünen Box verschreibt oder ihn gleich zur OP schickt? Welche rechtlichen Probleme entstehen aus diesen Verhaltensweisen?

Arzt und Patient sitzen im gleichen Boot. Wenn es medizinisch begründbar ist, hat der Patient gegenüber der Sozialversicherung einen Anspruch auf eine bestimmte Behandlung und der Arzt einen Anspruch auf Bezahlung dieser Behandlung durch die Sozialversicherung. Wie das im Einzelnen abgehandelt wird, ist eine Frage der Zweckmäßigkeit der Vorgangsweise. Wenn es Streitigkeiten gibt, sollte der Weg über den Patientenanwalt oder der Rechtsweg eingeschlagen werden.
Eine Judikatur im Bereich der Gelbboxpräparate gibt es nicht, da diese Praxis noch zu jung ist. Allgemein kann man jedoch sagen, dass sich hier wiederum die Frage nach der medizinischen Notwendigkeit stellt. Wenn es medizinisch notwendig ist, darf sich der Arzt nicht aus Honorierungsgründen in seiner medizinischen Beurteilung leiten lassen. Er muss sich also aus rechtlicher Sicht auf die bürokratischen Hürden einlassen.

FRAGE 14:

Im Buch „Arzt im Recht" (Verlagshaus der Ärzte[1]) steht auf Seite 119 einiges über „fahrlässige Tötung unter besonders gefährlichen Verhältnissen". Als Beispiele sind unter anderen Alkoholisierung und Übermüdung angeführt. Ich glaube, dies sollte man den Spitalsärzten mit über viele Stunden durchgehenden Diensten einmal detailliert sagen. Wie weit stellt sich die Frage von Übermüdung und Alkoholisierung bei medizinischen Notfällen? Beispiel: Arzt geht in seiner Freizeit um 12 Uhr nachts bereits übermüdet und nach einem halben Liter Bier und vier Achterl Wein nach Hause. Vor ihm wird eine Person von einem Auto niedergestoßen und lebensgefährlich verletzt.

---

1 Tanczos A., Tanczos D.: Der Arzt im Recht, Verlagshaus der Ärzte, 2004

Der Arzt muss, ebenso wie Vertreter anderer Berufsgruppen, mit großer Verantwortung vorerst einmal für sich selbst beurteilen, ob er psychisch und physisch einsatzfähig ist. Die Frage ist daher nicht generell mit ja oder nein zu beantworten, es hängt – wie so oft – von den Umständen des Einzelfalles ab.
Die Abwägung, ob der Arzt im Rahmen seiner Verpflichtung zur Leistung erster ärztlicher Hilfe tätig wird, wird davon abhängen, ob es sich etwa um eine einfache medizinische Maßnahme oder um eine Maßnahme der „Ersten Hilfe", wie etwa fachgerechte Lagerung eines Unfallopfers, oder um eine qualifizierte medizinische Maßnahme, wie etwa das Setzen eines Tubus, handelt. Es kommt also darauf an, zwischen der „Beeinträchtigung" und der Schwere der notwendigen medizinischen Intervention abzuwägen. In die Abwägung muss auch einfließen, ob etwa andere professionelle Helfer bereits verständigt wurden und in Kürze eintreffen. Weiters ist die Gefährdung des Unfallopfers durch die „beeinträchtigte" Handlung des Arztes abzuwägen gegenüber der Gefährdung des Lebens oder der Gesundheit des Unfallopfers durch die Unterlassung der ärztlichen Handlung.

FRAGE 15:

Wie verhalte ich mich, wenn ein Patient nach nur 50 Prozent Aufklärung plötzlich und ohne Unterschreiben eines Reverses oder Ähnlichem die Ordination oder das Spital verlässt?

Eines der bedeutsamsten Menschen- und auch Patientenrechte ist das Selbstbestimmungsrecht. Der Patient darf selbst entscheiden – Einsichts- und Urteilsfähigkeit vorausgesetzt –, ob und wann er den Ort der Behandlung oder Aufklärung verlässt. Dem Arzt ist dringend zu empfehlen, in solchen Fallkonstellationen eine besonders genaue Dokumentation anzulegen, vor allem, wenn es sich aus ärztlicher Sicht offenbar um eine „unvernünftige" Entscheidung des Patienten handelt.

Im Spitalsbereich muss sogar eine Niederschrift ausgefertigt werden, obwohl eine Unterschriftsleistung des betroffenen Patienten nicht erzwungen werden kann. Will der Patient nicht unterschreiben, ist dies ebenfalls zu dokumentieren. Ein Vermerk über anwesende Zeugen ist in solchen Ausnahmefällen hilfreich und dient zu Beweiszwecken.

FRAGE 16:

Wer haftet im folgenden Fall? Ein Primar ordnet beim Patienten die OP-Technik A an. Der Oberarzt, der die Operation ausführen soll, meint hingegen, die OP-Technik B sei besser, außerdem beherrsche er die OP-Technik A nicht so gut. Der Primar beharrt aber auf OP-Technik A und befiehlt diese dem Oberarzt. Es kommt zu Komplikationen.

Der Arzt ist verpflichtet, den Patienten nach dem Stand der Wissenschaft zu behandeln. Ein Verstoß gegen die Regeln der medizinischen Kunst liegt vor, wenn die gewählte Maßnahme hinter dem in Fachkreisen anerkannten Standard zurückbleibt. Ein Arzt handelt solange nicht fahrlässig, solange die gewählte Behandlungsmethode einer von angesehenen, mit dieser Methode vertrauten Medizinern anerkannten Praxis entspricht, selbst wenn ebenfalls kompetente Kollegen eine andere Methode präferiert hätten. Eine Behandlungsmethode ist demnach so lange fachgerecht, wie sie von einer anerkannten medizinischen Schule vertreten wird. Der Patient ist jedenfalls über die verschiedenen Operationsmethoden aufzuklären.

Im konkreten Fall wäre dem behandelnden Oberarzt ein Vorwurf zu machen, wenn er unter dem üblichen Standard behandelt, sozusagen ein Behandlungsfehler vorliegt. Andererseits haben Krankenanstaltenträger dafür Sorge zu tragen, dass Patienten nach den Grundsätzen und anerkannten Methoden der medizinischen Wissenschaft behandelt werden. Den Krankenanstaltenträger trifft damit eine Organisationsverpflichtung, sowohl auf personeller wie auf apparativer Ebene für eine Behandlung entsprechend dem Stand der medizinischen Wissenschaft zu sorgen. Der Patient hat auf Grund des Behandlungsvertrages Anspruch auf Anwendung der nach dem Stand der Wissenschaft zu fordernden sichersten Maßnahme zur möglichen Ausschaltung oder Einschränkung bekannter Risiken oder Gefahren. Deswegen trifft den Arzt eine Pflicht zur ständigen Fort- und Weiterbildung, er haftet für den zumutbaren Kenntnisgrad.

FRAGE 17:

Wie kann sich ein Arzt vor der Geltendmachung von Schadenersatzansprüchen schützen?

Eine Aufklärung lege artis und ordnungsgemäß umfasst Diagnose, Behandlungsmaßnahme, Risiken/Komplikationen, Behandlungsalternativen, Erfolgsaussichten und Verhaltensmaßnahmen. Es sollten daher alle Behandlungsschritte und auch die erfolgte Aufklärung dokumentiert werden. Bei Verwendung von Aufklärungsformularen sollten diese hinreichend individualisiert sein.

FRAGE 18:

Bitte um kurze Erläuterung zur Aufklärung von „Spezialfällen": Bei einer Routine-OP wird ein bösartiger Tumor entdeckt. Soll der Arzt weiter operieren oder den Patienten aufwecken, aufklären und neu beginnen?

Bei der unvorhersehbaren Operationserweiterung ist die Rechtslage ähnlich wie bei der Behandlung von Bewusstlosen. Es stellt sich die Frage, ob die Operationserweiterung unter Notfallaspekten auch in vermuteter Zustimmung des Patienten ohne seine Aufklärung vorgenommen werden darf.
Soweit sich die Möglichkeit einer Operationserweiterung voraussehen lässt, muss der Patient auf diese Möglichkeit aufmerksam gemacht und seine Zustimmung eingeholt werden. Für die Annahme einer mutmaßlichen Einwilligung wie bei Bewusstlosen bleibt dann kein Raum. Der

Arzt haftet wegen Verletzung der Aufklärungspflicht, wenn die Erweiterungsmöglichkeit schuldhaft nicht erkannt wurde.
Wurde die Änderung nicht vorhergesehen und steht nunmehr die Operationserweiterung in Frage, so hängt es im Wesentlichen von der Dringlichkeit des Eingriffs und der Zumutbarkeit einer Unterbrechung der Anästhesie ab, ob der Patient doch informiert und seine Zustimmung eingeholt werden muss. Hierbei ist zwischen der Dringlichkeit einer nicht genehmigten Operationserweiterung zur Abwehr schwerwiegender Gesundheitsschäden und den Risiken und Belastungen eines Operationsabbruchs zur Wahrung der Patientenautonomie abzuwägen. Kann der weitergehende Eingriff auch später ohne erhöhtes Risiko vorgenommen werden, ist die Operation abzubrechen. Je dringlicher der Erweiterungseingriff und je klarer der Operationsabbruch medizinisch kontraindiziert erscheint, desto unbedenklicher ist die Einwilligungsvermutung.

FRAGE 19:

Muss ich die Möglichkeit einer Sachwalterschaft bei Patienten überprüfen, die möglicherweise einen geringeren Intelligenzquotienten haben?

Die Rechtswirksamkeit der Einwilligung setzt voraus, dass der Patient voll willensfähig, also rechtlich zur Einwilligung fähig ist. Es wird auf die so genannte Einsichtsfähigkeit- und Urteilsfähigkeit abgestellt. Unter Einsichtsfähigkeit wird die Fähigkeit verstanden, Grund und Bedeutung der Behandlung einzusehen und der Wille, nach dieser Einsicht zu bestimmen. Hat der Patient diese Fähigkeit nicht, ist jedenfalls ein Sachwalter zu bestellen, wobei es nicht auf die Geschäftsfähigkeit, sondern nur auf die mit der Behandlung verbundene Urteils- und Einsichtsfähigkeit ankommt.

FRAGE 20:

Im Arztalltag gibt es immer wieder juristische Probleme. Üblicherweise wendet man sich dann an die juristische Abteilung seiner Ärztekammer. Wenn sich ein Arzt an den schriftlichen Rat des Ärztekammerjuristen hält, dieser letztlich aber falsch war, ist man dann außer Obligo?

Jeder Handelnde ist immer für sich selbst verantwortlich, auch wenn er sich bei anderen einen Rat holt. Wer etwa ein Haus baut und damit den Nachbarn schädigt, kann von diesem Nachbarn geklagt werden, auch wenn das Haus von einem Baumeister erstellt wurde. Eventuell gibt es aber die Möglichkeit, Regressansprüche zu stellen. Hier kommt es allerdings auf Details an, z.B. ob der Sachverhalt richtig und vollständig vermittelt wurde.

FRAGE 21:

Welche rechtlichen Möglichkeiten bestehen, Verletzungen des Krankenanstalten-Arbeitszeitgesetzes einzuklagen?

Auch hier gilt zunächst einmal die Priorität der Eigenverantwortung in Bezug auf gesetzeskonformes Verhalten. Der Spitalsarzt ist auch in so fern rechtlich geschützt, als Weisungen gegen das Krankenanstaltengesetz gesetzwidrig und daher nicht zu befolgen sind. Die Frage dabei ist, in wie weit man sich in eigener Entscheidung anmaßt, dies zu beurteilen. Außerdem geht es um Zivilcourage, sich zu wehren. Betriebsräte und Personalvertretungen sind gefordert, die Sachlage hinsichtlich Gesetzeskonformität zu prüfen und zu klären und geeignete Maßnahmen zu ergreifen.

FRAGE 22:

Auf unserer Abteilung werden immer wieder knapp vor der Geburt bei lebensfähigen Kindern schwere kindliche Fehlbildungen erkannt. Wir machen in diesen Fällen keinen Schwangerschaftsabbruch (nur möglich über intrakardiale Applikation etwa von Fibrin

oder KCl). Sind wir im Rahmen unserer Aufklärung verpflichtet, die Patientin darauf hinzuweisen, dass der Schwangerschaftsabbruch bei dieser Konstellation (§ 97 Strafgesetzbuch) prinzipiell noch straffrei ist und sie damit die Möglichkeit bekommt, sich eine geeignete Institution zu suchen?

Diese Frage kann klar mit Ja beantwortet werden. Die Patientin muss über die Möglichkeit aufgeklärt werden, auch wenn der Eingriff nicht vor Ort durchgeführt werden kann.

FRAGE 23:

Wie schaut es mit der Haftung für Ferndiagnosen aus? Kann sich der Arzt bei Fernüberwachung und Fernversorgung auf Daten verlassen, die der Patient selbst eingibt?

Das Ärztegesetz verpflichtet zur persönlichen und unmittelbaren Berufsausübung, daher hat eine Fernbehandlung grundsätzlich zu unterbleiben. Nicht davon erfasst sind Ratschläge und Anleitungen, vor allem bei Patienten, die dem Arzt gut bekannt sind. Deshalb besteht auf jeden Fall ein erhöhtes Ausmaß an Sorgfaltspflicht. Der Arzt muss dafür Sorge tragen, dass die Beratungstätigkeit nicht zu einem Nachteil des Patienten führt.

FRAGE 24:

Wann endet eine medizinische Behandlung? Mit Abgabe des Rezeptes (was ist, wenn der Patient das Medikament nicht einnimmt?) oder mit Ausstellung einer Spitalseinweisung (wenn der Patient möglicherweise nicht ins Spital will und möglicherweise auch nicht geht?).

Aufgrund des Selbstbestimmungsrechtes des Patienten sind auch unvernünftige Entscheidungen zu akzeptieren. Hat der Arzt aber die Befürchtung, dass der Patient trotz des ärztlichen Rates das Medikament nicht einnimmt oder nicht ins Spital geht, sollte er das notieren und damit dokumentieren, dass die Aufklärung durchgeführt wurde.

FRAGE 25:

Der ÖFB (= Österreichischer Fußballbund) hält es nicht für notwendig, echte sportmedizinische Untersuchungen bei Fußball spielenden Kindern durchführen zu lassen. Ein Hausarzt soll aber die Untersuchung samt einer einfachen Bestätigung durchführen. So kann es passieren, dass im Nachhinein Erkrankungen diagnostiziert werden, die bei ordentlicher sportmedizinischer Untersuchung im Vorhinein hätten erkannt werden können. Haftet der Hausarzt und falls ja, wie kann er etwa durch geschickte Begleitschreiben einem Haftungsrisiko ausweichen?

Der Arzt muss seiner Sorgfaltspflicht nachkommen. Deshalb ist in diesem Fall anzuraten, sich des Restrisikos bewusst zu sein, dies auch schriftlich zu vermerken und dem Untersuchten mitzuteilen.

FRAGE 26:

Steht das Wirtschaftlichkeitsgebot der Krankenkassen in einer Diskrepanz zum Ärztegesetz? Steht die Aufklärungspflicht in Widerspruch zu betriebswirtschaftlich kalkulierten Honoraren?

Auf rechtlicher Ebene gibt es keinen Widerspruch zwischen Ärztegesetz und Wirtschaftlichkeitsgebot der Krankenkassen. Im ASVG und in den nachgeordneten Regelungen steht die bestmögliche Behandlung im Sinne der anerkannten Wissenschaft im Vordergrund. Nur wenn es gleichwertige Methoden gibt, muss die kostengünstigere Variante unter Berücksichtigung des „Ökonomiegebotes“ gewählt werden.
Was die Arzthonorare betrifft, kann ich nicht abschätzen, ob diese nach betriebswirtschaftlichen Grundsätzen kalkuliert wurden. Es gibt jedes Jahr Verhandlungen, bei denen die eine Seite 20 Prozent Erhöhung fordert und die andere Seite knapp mehr als Null anbietet. Man trifft sich schließlich irgendwo dazwischen und schließt einen Vertrag ab. Ein Vertrag gilt als zweiseitiges Rechtsgeschäft, mit dem beide Parteien einverstanden sein müssen; er wird also keinem der Vertragspartner aufgezwungen.

Grundsätzlich muss bei einem betriebswirtschaftlich korrekt kalkulierten Honorar auch der Zeitaufwand für Aufklärung und Dokumentation berücksichtigt werden.

Rechtliche Vorgaben im Licht der Ökonomie

Die im voran gehenden Abschnitt erwähnte Veranstaltung „Arzt im Recht" hat einen niedergelassenen Internisten mit Kassenvertrag motiviert, die Abläufe in seiner Ordination einmal kritisch zu hinterfragen. In allen Ordinationen der zahlreichen Fachgruppen gibt es verschiedene Arten von Untersuchungen und Behandlungen, die je nach Tragweite und Risiko ein unterschiedliches Maß an Aufklärung und Dokumentation verlangen. Der erwähnte Internist hat deshalb die Kassenabrechnung eines Monats analysiert und auf verschiedene Leistungsgruppen aufgeteilt. Weiters hat er sich die Arbeit angetan, den zusätzlichen Zeitaufwand entsprechend den juristischen Vorstellungen für Aufklärung und Dokumentation zu ermitteln (Tabelle 3).

In dieser Analyse wurde der tatsächliche zusätzliche Aufwand ermittelt. Der in einer Kassenpraxis für die einzelnen medizinischen Tätigkeiten samt Aufklärung und Dokumentation ohnehin getätigte Zeitbedarf kommt aus juristischer Sicht aufgrund des enormen Arbeitsdruckes oft zu kurz. Um eine aussagekräftige Zahl zu erhalten, musste dann der für jede Leistungsgruppe errechnete Wert mit der Anzahl der Leistungen aufgrund der Kassenabrechnung in Relation gesetzt werden.

Das Ergebnis ist ernüchternd. In der Ordination des Internisten müsste ein zusätzlicher Zeitaufwand bewältigt werden, der rein theoretisch gar nicht möglich ist. Der Facharzt sollte gemäß seiner Berechnung 48 Stunden pro Arbeitstag zusätzlich für Aufklärung und Dokumentation aufwenden, um sich aus juristischer Sicht unangreifbar zu ma-

TABELLE 3

ZUSÄTZLICHE BENÖTIGTE ZEIT FÜR AUFKLÄRUNG UND DOKUMENTATION

Beispielordination Facharzt für Innere Medizin, ein Kalendermonat

Anzahl	Leistung	Minuten (Minimum)	Minuten (Schnitt)	Summe Stunden (Minimum)
159	Endoskopien	8,0	12,4	21,2
7	i.m.-Injektionen	2,0	3,6	0,2
149	i.v.-Injektionen	2,0	3,6	5,0
114	Blutabnahmen	2,0	2,7	3,8
2.424	Laborwerte	0,3	0,5	12,1
ca. 1.000	empfohlene Medikamente	2,5	4,7	41,7
1.132	verordnete Medikamente	2,5	4,7	47,2
32	24h-EKG	1,0	4,9	0,5
4	24h-RR-Messungen	1,0	5,1	0,1
219	Ergometrien	8,0	12,4	29,2
133	EKG	1,0	2,7	2,2
3	EKG-Rhythmus-störungen	1,0	6,7	0,1
542	Sonographien	1,0	2,9	9,0
26	Spirometrien	1,0	2,9	0,4
16	Vorsorgeunter-suchungen	7,0	10,5	1,9
			Summe Stunden pro Monat	174,6
			ergibt zusätzliche Stunden pro Arbeitstag	7,9

chen. Er ist sich durchaus bewusst, die errechneten Zeiten großzügig angelegt zu haben. Ausgehend von dieser Annahme, würde bei entsprechender Berücksichtigung dennoch ein realistischer zusätzlicher Zeitaufwand von 24 Stunden pro Arbeitstag bestehen. Selbst eine weitere Halbierung der Einschätzung ergäbe noch immer zwölf zusätzliche Stunden Arbeitsaufwand pro Tag. Auch sechs zusätzliche Stunden pro Ordinationstag wären jenseits der persönlichen Grenze, da bei der derzeitigen Arbeitsweise ohnehin zehn Stunden anfallen.

Der Internist hat seine Berechnungen den Autoren für eine kritische Überprüfung zur Verfügung gestellt. Zu diesem Zweck wurden zehn Ärzte um ihre Meinung zu den angegebenen Zeiten gebeten. Die Ergebnisse des Internisten und der von uns ermittelte Durchschnittswert ließen zunächst an einen Rechenfehler glauben. Eine nochmalige Prüfung hat jedoch zweifelsfrei ergeben, dass der Zusatzaufwand unter den angenommenen Voraussetzungen immer noch fast 15 Stunden pro Ordinationstag betragen würde.

Deshalb wurde nochmals der Versuch unternommen, an der Zeit-Schraube zu drehen. Dabei kamen von den jeweils angegebenen Zeiten nur die Minimalwerte in die Auswertung, was noch immer einen Zusatzaufwand von fast acht Stunden pro Ordinationstag ergab (Details dazu siehe Tabelle 3).

Auffallend ist, dass die Hälfte dieses Wertes auf „Aufklärung rund um Medikation“ entfällt, obwohl die Annahme von etwa 50 Prozent Dauermedikation mit deutlich geringerem Aufklärungsbedarf berücksichtigt wurde. Die Summe deckt sich übrigens auffallend mit den Ergebnissen der Umfrage „Hausarzt in Not“ (Seite 9ff), die im Frühjahr 2007 in Kooperation von ÄRZTE WOCHE und Hausärzteverband durchgeführt wurde. Um dem Patienten das ideale Maß an Zeit zugute kommen zu lassen, wäre nach Einschätzung der etwa 400 teilnehmenden Ärzte ein zusätzliches tägliches Volumen von fast acht Stunden in den Ordina-

tionen notwendig (plus sieben Minuten pro Patient bei 60 bis 70 Patientenkontakten pro Tag).
Wie kann ein Praxisbetreiber diesem Dilemma entkommen? Für den erwähnten Internisten wären beispielsweise geeignete Kooperationsmodelle ein brauchbarer Ansätze. Er wurde diesbezüglich schon bei der Gebietskrankenkasse vorstellig, doch diese winkt ab. Auch eine weitere Planstelle in seiner Umgebung käme für ihn in Frage, doch dafür sind wiederum die Honorare zu gering. Einen Scheinrückgang um die Hälfte könnte sich wohl kaum ein Kassenarzt leisten.

Ärztliche Kooperationen

Kooperationsformen im Überblick

Der in den vergangenen Jahren verstärkte Trend zu ärztlichen Kooperationen wird sich aller Wahrscheinlichkeit nach auch in den kommenden Jahren fortsetzen. Die ökonomische Entwicklung ist sicher eine der Triebfedern für diese Tatsache.

Das Zauberwort für Kooperationen lautet „Fixkosten". Mittlerweile ist vielen Ärzten klar, dass diese Fixkosten mit geeigneten Kooperationen durch bessere Auslastung gut zu minimieren sind. Kosten sind jedoch nur eine Motivation für ärztliche Kooperationen. Durch mehrere Ärzte unter einem Dach lassen sich Optimierungen der Medizin- und Arbeitsqualität erreichen. Dies gilt beispielsweise für die Abschwächung des Zeitdrucks auf den Einzelnen oder die Möglichkeit zur schnelleren Einholung von Zweitmeinungen.

Auch die Umsatzseite lässt sich über Kooperationen stimulieren. Gemeinsames Marketing oder gut abgestimmte Zuweisungen sind mögliche Synergien, die aus Kooperationen entstehen können.

Doch wie sollten ärztliche Kooperationen angelegt werden? Das Einzelkämpferdasein hat schließlich den Vorteil, Entscheidungen alleine treffen zu können und allein für sein Tun und Lassen verantwortlich zu sein. Synergien kooperationstechnischer Art müssen daher mit mehr oder weniger großem Verlust dieser Alleinherrschaft erkauft werden, Rücksichtnahme ist angesagt.

Beginnen wir mit der einfachsten Art ärztlicher Kooperationsformen. Sehr beliebt und verbreitet sind einfache Untervermietungen, bei denen es einen Praxisbesitzer gibt. Dieser kann an einen oder mehrere Ärzte untervermieten. Hat der Mietpreis eine Größenordnung, die für alle Parteien attraktiv ist, können solche Untermietverhältnisse lange anhalten. Werden sie getrennt, ist das schmerzlos möglich. Nicht umsonst gehört diese Art der Kooperation mit Abstand zu den beliebtesten

Formen. Untervermietungen kommen zwischen allen möglichen Fachgruppen vor, auch ein Mix von Kassen- und Wahlärzten ist nicht unüblich.

Die nächste Entwicklungsstufe ärztlicher Kooperation ist die Kostengemeinschaft. Mehrere Ärzte betreiben gemeinsam eine Ordination, wobei wirtschaftlich jeder selbst für seine Einnahmen und persönlichen Kosten verantwortlich ist. Die gemeinsamen und damit teilbaren Kosten werden beispielsweise von einem Extrakonto bezahlt, das von jedem Partner entsprechend seiner persönlichen Nutzung nach einem definierten Schlüssel dotiert wird. Jeder erstellt eine eigene Einnahmen-/Ausgaben-Rechnung, der individuelle Kostenanteil wird in diese Gewinnermittlung übertragen.

Die Kostengemeinschaft eignet sich für alle Ärztegruppierungen, die einerseits gleichberechtigt eine gemeinsame Ordination führen, andererseits überwiegend wirtschaftlich eigenständig bleiben wollen. In der Praxis begegnet man Kostengemeinschaften überwiegend am Wahlärztesektor, wobei solche Modelle natürlich auch Kassenärzten offen stehen. Schon bei einer Kostengemeinschaft sollten die Beteiligten auch über die Erstellung eines Kooperationsvertrages nachdenken.

Die nächste Ausbaustufe wird als Ertragsgemeinschaft bezeichnet. Mehrere Ärzte werfen alle Einnahmen- und Ausgaben in einen Topf und teilen den Gewinn nach einem Schlüssel, beispielsweise der Größenordnung der einzelnen Umsätze. Man erkennt hier bereits, was sich in der Praxis bestätigt, nämlich das damit verbundene Konfliktpotenzial. Urlaube oder betrieblich geführte Autos stehen stellvertretend für die Unzahl an Themen, über die sich streiten lässt.

Dieses System bewährt sich daher üblicherweise im Rahmen eines Familienverbundes (Eltern/Kinder, Ehepartner oder Geschwister), ist jedoch bei „Fremden“ eher problematisch und weist bis auf theoretisch mögliche Einsparungen bei der Buchhaltung keinerlei Vorteile auf.

Kosten- und Ertragsgemeinschaft sind prinzipiell bei allen Ärztegruppen möglich, sogar bei mehreren Kassenärzten mit Einzelverträgen. Ohne vertragliche Einigung geht mit „Fremden" allerdings nichts. Eine Gruppenpraxis beispielsweise ist eine Ertragsgemeinschaft, die aufgrund der gesetzlichen Vorgaben sogar ein noch engeres Korsett als die „normale" Ertragsgemeinschaft aufweist.

Kommen wir nun zum so genannten Ärztehaus. Unkoordinierte Ansammlungen von Ärzten unter einem Dach sind bereits seit mehreren Jahrzehnten weit verbreitet, allerdings ohne Nutzung der möglichen Synergien. Selbst heute entstehen noch phantasielose Gebilde dieser Art, wo es zwischen den beteiligten Ärzten oft noch nicht einmal persönliche Bekanntschaften gibt.

Allerdings gibt es auch zahlreiche Beispiele für eine bessere Ausnutzung der Möglichkeiten: Ärztehäuser, in denen gut abgestimmte medizinische Konzepte verwirklicht werden, wo gemeinsam Marketing betrieben wird und wo wirtschaftliche Synergien auch nicht auf der Strecke bleiben. Die wirtschaftlichen Synergieeffekte wurden auch schon von zahlreichen professionellen Anbietern entdeckt, die Ordinationen in Ärztehäusern anbieten. Jedem Arzt ist anzuraten, Angebote dieser Art genau zu prüfen. Einsparmöglichkeiten sind da, können jedoch von den Kosten einer übergeordneten Organisation leicht aufgefressen werden.

Neben den bereits angesprochenen Möglichkeiten des Raum-Sharings können beim so genannten Geräte-Sharing unglaubliche Ergebnisse erzielt werden, da viele Geräte (beispielsweise Ultraschall) in Einzelordinationen nur für einen Bruchteil der möglichen Zeit betrieben werden. So lassen sich Kosten bei geschickten Konstellationen um bis zu zwei Drittel reduzieren. Geräte-Sharing ist natürlich nicht nur in Ärztehäusern denkbar. Auch bei Untervermietung kann es zu wirtschaftlichen Vorteilen kommen.

Eine Kooperationsform, die von räumlicher Nähe gänzlich unabhängig ist und allgemein unterschätzt wird, ist die Einkaufsgemeinschaft. Wenn zwei Ärzte gemeinsam Autoreifen kaufen, kommt es schon zu einer Preisreduktion für den Einzelnen. Werden Ordinationsbedarf oder sogar Einrichtung/Geräte gemeinsam gekauft, sind Einsparungen in respektabler Größenordnung denkbar. Und das alles, ohne einen Kooperationsvertrag eingehen zu müssen.

Totgeburt Gruppenpraxis

Was ist eigentlich aus dem so genannten Gruppenpraxengesetz geworden, das vor mehreren Jahren beschlossen wurde? Schon vor Inkrafttreten dieses Gesetzes war die Gründung von Ordinations- und Apparategemeinschaften als Gesellschaft möglich. Mit dem Gruppenpraxengesetz sollte die Berufsbefugnis aus den an der Gruppenpraxis beteiligten Ärzten begründet werden, wobei alle Ärzte persönlich haftende Gesellschafter sind.

Als Gesellschaftsform wurde die OEG (= Offene Erwerbs-Gesellschaft) ausgewählt. Diese muss in das Firmenbuch eingetragen werden und erhält einen eigenen Firmennamen. Der Behandlungsvertrag wird nicht mehr mit dem jeweiligen Arzt abgeschlossen, sondern mit der OEG. Somit können Verträge im Namen der OEG abgeschlossen werden.

Knackpunkt war und ist der Einbau von Gruppenpraxen in das Vertragssystem und somit den Stellenplan für die einzelnen Bundesländer. Gruppenpraxenverträge sollten also genauso wie zuvor die Einzelordinationsverträge ausgeschrieben und nach festgelegten Richtlinien vergeben werden.

Derzeit sieht die Situation in den Bundesländern teilweise noch immer ernüchternd aus. Für einige Ärztekammern besteht offenbar nach wie vor keine Notwendigkeit, das Gesetz umzusetzen, weil es kein Signal der Kasse für eine Ausweitung des Stellenplanes gibt. In anderen Bundesländern wird seit Ewigkeiten verhandelt. Als Kooperationsmodell für mehrere Kassenärzte macht die Gruppenpraxis für einige Funktionäre ohnehin keinen Sinn, weil die Kooperationsziele, wie Kostenteilung, Erweiterung des Leistungsspektrums oder des zeitlichen Angebotes an die Patienten, in den ärztegesetzlich vorgesehenen Kooperationsformen Apparate- und Ordinationsgemeinschaft sowie Gemeinschaftspraxis ohne die haftungsrechtlichen Problematiken einfacher erreichbar wären. Dasselbe gilt für die Kooperation von Kassen- mit Wahlärzten, wobei das in dieser Konstellation häufig angestrebte Ziel, nämlich die Übernahme von Kassenleistungen durch den Wahlarzt, auch in einer Gruppenpraxis nicht erreichbar ist. Vom Vertretungsfall abgesehen, muss der Kassenarzt mit Einzelvertrag seine Kassenleistungen nämlich persönlich erbringen.

Details zur Situation in Wien und Oberösterreich sind im Buch „Wahlarzt in Österreich“ (Springer Verlag 2006) umfassend dargestellt. Dort gibt es bereits seit Jahren praktikable Modelle. Richtig durchgesetzt hat sich die Gruppenpraxis im klassischen Sinn (Erweiterung einer Einzelstelle auf mehrere Stellen) aufgrund des „eingefrorenen“ Bedarfsplans aber auch in diesen Bundesländern nicht. Was im Bereich abseits der Kassenverträge an Beliebtheit gewinnt, wird im Feld der Kassenverträge also noch weitestgehend blockiert.

Ansätze für moderne Kooperationsformen im Gesundheitswesen

Was vor einigen Jahren noch Zukunftsmusik war, hat mittlerweile auf breiter Front die Ärzteschaft erreicht: Ärztliche Kooperationen sind zur Regel geworden. Die möglichen Synergieeffekte geeigneter Modelle erweisen sich offenbar als attraktiv genug, immer mehr als Einzelkämpfer ausgebildete Mediziner zu gemeinsamem Handeln zu motivieren.

Das Gruppenpraxengesetz darf im Rahmen dieser Entwicklung durchaus als missglückt bezeichnet werden. Von den vereinzelt in Wien gegründeten Gruppenpraxen besteht nicht einmal mehr eine Hand voll. Stattdessen gibt es unzählige Modelle, mit deren Hilfe versucht wird, abseits der Gruppenpraxis ärztliche Kooperationen aufzubauen.

Doch es ist nicht alles Gold, was glänzt. Mit so manchem Modell haben sich in der gelebten Praxis die Möglichkeiten der Umsatzausweitung, der Kostenreduktion sowie organisatorsicher Verbesserungen doch nicht wie geplant eingestellt; zu groß ist offenbar auch die Gefahr potenzieller Meinungsverschiedenheiten zwischen den ärztlichen Partnern.

Dennoch haben sich einzelne Spielarten von Kooperationen auf breiter Front durchgesetzt. Einige erfolgreiche Ansätze sind im Bereich der Dauervertretung anzutreffen. Hierbei greift der Arzt aufgrund unerträglicher Arbeitsbelastung auf einen oder mehrere Vertreter zurück, wobei diese umsatzabhängig entlohnt werden können. So entsteht fast automatisch eine schlanke Kostenstruktur durch die optimale Ausnutzung von Ressourcen. Die Patienten haben schon allein durch die mögliche Ausweitung der Ordinationszeiten eine bessere Möglichkeit, das vorhandene Angebot wahrzunehmen. Außerdem muss die Praxis in Urlaubszeiten nicht mehr geschlossen werden. Viele Vorteile einer Gruppenpraxis in Optimalform sind bei diesem Modell zu erkennen.

Ein gängiges Modell, das sich auch in ländlichen Regionen immer stärker etabliert, ist die Untervermietung von Ordinationen. Diese Art macht selbst vor entlegenen Hausapothekengebieten nicht halt. Ein Arzt nutzt dabei die Infrastruktur seiner Ordination allein dadurch

besser aus, indem er diese einem Kollegen während der unbenutzten Zeit untervermietet. Dabei spielt es keine Rolle, ob mit diesem Kollegen auch in weiterer Folge zusammengearbeitet wird.
In diesen Konstellationen sind fachgleiche wie fachübergreifende Kooperationen möglich. Die Entlohnung erfolgt über eine Stunden- oder Tagesmiete, auch umsatzabhängige Modelle kommen in Frage. In zahlreichen Fällen entstanden so medizinische Kompetenzzentren, die den Patienten neben der Versorgung mit Kassenmedizin und Medikamenten auch Komplementärmedizin anbieten.

Kostensparpotenzial von Kooperationen

Um das wirtschaftliche Sparpotenzial von Kooperationen zu ermitteln, muss zunächst ein Szenario entwickelt werden. Als Beispiel dafür dient ein typischer Allgemeinmediziner, der eine Ordination mit entsprechender räumlicher Größe betreibt. Nachdem ein durchschnittlicher Arzt seine Ordination zu nur etwa zehn Prozent der theoretisch möglichen Zeit tatsächlich nutzt, bietet sich ein Praxissharing als Denkansatz an. So können zwei Ärzte mit teilweise unterschiedlichen Ordinationszeiten unter einem Dach ordinieren und dabei durchaus auch eigene Kassenverträge haben.
Nehmen wir also einmal an, ein Vollerwerbsarzt bietet einem weiteren Vollerwerbsarzt an, seine Ordination samt Infrastruktur mitzubenutzen. Als Verrechnungsgrundlage wird Kostensharing vereinbart. Jetzt stellt sich die Frage, in welcher Größenordnung die Ausweitung der Gesamtkosten erwartet wird und welche Auswirkungen dies auf den einzelnen Arzt hat.
Zunächst ein wenig Theorie: In der Betriebswirtschaftslehre werden zwei mögliche Kostenarten unterschieden. „Variable" Kosten fallen nur dann an, wenn in einem Betrieb auch tatsächlich „produziert" wird.

Was beim typischen Industriebetrieb für den Materialeinsatz gilt, trifft in der Arztpraxis im Personalbereich für die Assistentinnen zu.
Im Gegensatz dazu stehen die „Fixkosten“: Hier können als generelles Beispiel die Kosten für die Räumlichkeiten herangezogen werden. Miete und Heizung sind auf alle Fälle zu bezahlen, egal wie und in welchem Ausmaß die Ordination tatsächlich genutzt wird. In der Praxis sind die Kosten natürlich nicht so ohne weiteres genau zu trennen. Manche Positionen haben sowohl einen fixen als auch einen variablen Anteil, beispielsweise die Investitionskosten. Einige Anschaffungen nutzen sich schon durch zeitliche Alterung ab, andere nur bei Gebrauch.
Bei Investitionen ist der Fixkostenanteil ungleich größer, Personalkosten haben einen deutlich größeren variablen Anteil. Wir gehen bei unserer Beispielrechnung davon aus, dass sich diese Abweichungen gegenseitig ausgleichen. Der Vergleich von Betriebsanalysen bestätigt die Vernachlässigbarkeit dieser Komponenten. Es ist nicht erkennbar, dass umsatzstärkere Ordinationen geringere relative Personalkosten haben als kleine Ordinationen. Dies wäre der Fall, wenn der Fixkostenanteil in erwähnenswerter Höhe liegen würde. Genauso ist nicht nachweisbar, dass umsatzstärkere Ordinationen einen größeren Verschleiß an Investitionsgütern haben.
Nicht vergessen werden darf eine Kostenart, die bei allen Freiberuflern in großer Höhe vorkommt. Sie kann als „persönliche Kostenkomponente“ definiert werden und umfasst alle „privaten“ Kosten, die aus steuerlichen Gründen in der Einnahmen-/Ausgaberechnung aufscheinen. Angefangen vom Fahrzeug über Kammerbeiträge und Sozialversicherungsabgaben summiert sich ein enormer Kostenblock.
Um die Auswirkungen auf die Ordination beurteilen zu können, müssen diese Blöcke summiert werden. Bei durchschnittlichen Ordinationen von Allgemeinmedizinern lässt sich feststellen, dass sich die Kostenkomponenten ungefähr die Waage halten. Das bedeutet, dass

sich jeweils etwa 35 Prozent der Kosten in fix und variabel aufteilen, etwa 30 Prozent entfallen auf die persönliche Kostenkomponente.
Bei einer Umsatzrentabilität (Gewinn durch Umsatz) von 45 Prozent bleiben also etwa 20 Prozent der Fixkosten in Relation zum Umsatz als Rechengröße übrig. Wird dieser Wert durch zwei geteilt, ergibt sich das theoretische Einsparspotenzial einer Praxisgemeinschaft. Noch nicht berücksichtigt sind dabei eventuelle Mehrkosten durch Überstunden, die überproportional teuer sind.
Im Zusammenhang mit Gruppenpraxen wird gerne über deren Einsparpotenzial diskutiert. Hier ist zusätzlich zu bedenken, dass durch die Gesellschaftsform OEG zusätzliche Verwaltungskosten auf die Partner zukommen. Mit knapp zehn Prozent Einsparpotenzial in Relation zum Umsatz sind Kooperationen abseits der Gruppenpraxis durchaus mit Attraktivität ausgestattet.

Tipps für Kooperationswillige

Der Wille, mit anderen Ärzten zu kooperieren, verbreitet sich zunehmend. Ein Grund dafür ist die Marktsituation. Immer mehr Ordinationen öffnen die Pforten, vor allem von Wahlärzten. Die Umsatz- und Kostensituation sieht für viele aber nicht besonders rosig aus.
Die einfachste Form der Kooperation ist die Untervermietung. Ein Arzt verfügt über Räumlichkeiten, die entweder im Eigentum stehen oder gemietet sind. Die Fixkosten wie Miete, Strom, Gas oder Reinigung sind hoch. Nach Ermittlung der Fixkosten können Stundensätze berechnet werden, zu denen eine Untervermietung vorgenommen wird. Als Alternative dazu kann auch eine Umsatzbeteiligung an den Honoraren des Untermieters angedacht werden.
Arbeiten Ärzte in ähnlichen Konstellationen, dann kann auch eine Zusammenlegung der Ordinationen Sinn machen. Hier gibt es die Kosten-

und die Ertragsgemeinschaft. Bei einer Kostengemeinschaft hat jeder Arzt seine eigenen, getrennten Einnahmen. Die Ausgaben werden über ein gemeinsames Konto bezahlt. Nur die individuellen Kosten wie Sozialversicherung, Ärztekammer und Auto(s) werden von jedem getrennt erfasst. Die Aufteilung der gemeinsamen Ausgaben erfolgt entweder über den Umsatzschlüssel oder überhaupt je zur Hälfte.

Bei einer Ertragsgemeinschaft werden Einnahmen und Ausgaben gemeinsam erfasst und ein Aufteilungsschlüssel über den gemeinsamen Gewinn vereinbart. Das kann nach Arbeitszeit, Einnahmen oder einer sonst plausiblen Größe erfolgen. Auch eine Aufteilung je zur Hälfte ist denkbar. Die individuellen Kosten werden ebenfalls getrennt erfasst.

Das Finanzministerium hat sich mehrfach zur steuerlichen Behandlung von Ärztegemeinschaften geäußert. Daraus ergibt sich der Vorteil, dass bei der steuerlichen Behandlung von ärztlichen Kooperationsformen weitestgehend Rechtssicherheit besteht. Die Ertragsbesteuerung von Praxisgemeinschaften erfolgt, wie bei Einzelpraxen auch, bei den einzelnen Ärzten. Darüber, wer die im Rahmen einer Gemeinschaft erzielten Einkünfte in welcher Höhe erhält und auch versteuert, entscheiden die Beteiligten selbst.

Dafür bietet sich zum einen das Verursacherprinzip an, wobei die Einnahmen einzeln zugerechnet werden. Derjenige, der die Leistung erbringt, erhält auch das dafür in Rechnung gestellte Honorar. Ebenso werden die Ausgaben so weit wie möglich direkt zugeordnet. Genauso ist es möglich, dass Einnahmen und Ausgaben in einen und aus einem Topf fließen und nach einem festgelegten Schlüssel geteilt werden. Dies ist eher nur bei Gemeinschaften von sich nahe stehenden Personen üblich.

Kommt es im Zuge der Bildung einer Praxisgemeinschaft zu einer Vergesellschaftung, darf nicht übersehen werden, dass ein Eintritt von Ärzten in eine Gemeinschaft oder ein Zusammenschluss von Ärzten zu einer Gemeinschaft steuerlich gravierende Folgen haben kann. Der steuerliche Supergau tritt ein, wenn der Fiskus bei diesen Vorgängen eine Teilbetriebsveräußerung bei einem bisherigen Praxisalleininhaber ortet. In einem Worst-Case-Szenario kann es in solchen Fällen dazu kommen, dass stille Reserven aufgedeckt und unnötig versteuert werden müssen.

Dieser Supergau kann mit dem so genannten Umgründungssteuergesetz vermieden werden. Der Umgang damit erfordert allerdings größte Sorgfalt und Bedachtsamkeit. Eine steuerneutrale Umgründung in diesem Sinne bedarf einer professionellen Planung und Umsetzung.

Ärztliche Leistungen sind übrigens von der Umsatzsteuer befreit. Diese Steuerbefreiung gilt auch für die Kostenverrechnung zwischen den beteiligten Ärzten innerhalb einer Ärztegemeinschaft. Voraussetzung dafür ist, dass nur die Erstattung der anteiligen Kosten erfolgt. Wird hingegen auch eine Gewinnkomponente verrechnet, dann sind die weiter verrechneten Beträge nicht mehr umsatzsteuerfrei, sondern müssen zur Gänze der Umsatzsteuer unterworfen werden.

So attraktiv Kooperationsmöglichkeiten in der Theorie erscheinen mögen, so gefährlich sind auch die möglichen Fallstricke. Grundsätzlich sollte vorweg gemeinsam erforscht werden, was die Motive und Ziele für die Partnerschaft sind, um das am besten passende rechtliche Kleid zu schneidern. Voraussetzung, um bei Praxisgemeinschaften in keine Steuerfalle zu tappen, ist jedoch, dass nur die errechneten anteiligen Kosten und nicht auch ein Gewinnaufschlag verrechnet werden.

Auch die Nutzungszeiten sollten gut überlegt und mit Blick in die Zukunft festgehalten werden. Überlässt ein Arzt seine Ordination zeitweise einem Kollegen, dann trifft nicht selten zu, dass ein Arzt neben seiner Anstellung im Krankenhaus auch als Wahlarzt tätig sein möchte und aus Kostengründen keine eigenen Räumlichkeiten und keine Ausstattung anschaffen möchte. Die Praxis zeigt ganz deutlich, dass das zeitliche Ausmaß der Tätigkeit als Wahlarzt manchmal falsch eingeschätzt und eine zu geringe Time-Sharing-Nutzung ins Auge gefasst wird. Dies kann bei Ausweitung der Tätigkeit zu Problemen mit dem Nutzungsüberlasser führen, insbesondere dann, wenn auch dieser nicht schon seit Jahren niedergelassen, sondern selbst erst seit kurzer Zeit als Wahlarzt tätig und daher in der Aufbauphase ist. Bei der Festlegung der Nutzungszeiten sollte auf alle Fälle mitbedacht werden, dass nicht die reinen Ordinationszeiten, sondern auch die Vor- und Nachbereitungszeiten als Basis Berücksichtigung finden.

Pro und Contra Ärzte-GmbH

Die Steuerreform 2005 führte maßgeblich dazu, die Ärzte-GmbH wieder zu diskutieren. Der Grund lag darin, dass Ärzte als Freiberufler nicht in die Gruppe der Begünstigten dieser Reform aufgenommen wurden. Der Berechnungsmodus für die Steuer wurde zwar geändert, allerdings blieb es wie bisher bei einer progressiven Steuer der identischen Größenordnung, also bei zunehmendem Durchschnittssteuersatz, je höher das Einkommen ausfällt.

Was bedeutet das? Bei einem Einkommen von 60.000 Euro fallen 36 Prozent Einkommensteuer an, 100.000 Euro werden schon mit etwa 42 Prozent besteuert, bei 220.000 Euro Jahreseinkommen müssen mehr als 46 Prozent Einkommensteuer an das Finanzamt abgeliefert werden. Steuerlich bedacht wurden hingegen andere Unternehmensformen. Wer eine GmbH besitzt, wurde mit 34 Prozent Körperschaftsteuer (KÖSt) zur Kasse gebeten, der verbleibende Rest (Gewinn minus KÖSt) wurde bei Ausschüttung mit 25 Prozent Kapitalertragsteuer (KESt) versteuert. Dies ergab einen linearen Steuersatz von 50,5 Prozent, also bei jeder Einkommensklasse ungünstiger als das Freiberuflerdasein. Das hat sich 2005 geändert: Die KÖSt wurde auf 25 Prozent gesenkt, wodurch eine lineare Gesamtbelastung von 43,75 Prozent entsteht. Daher wurde der Ruf nach der Möglichkeit für Ärzte, eine GmbH zu gründen, immer lauter. Dies entspricht einer Steuerbelastung beim Freiberufler, der ein Gewinn von etwa 135.000 Euro zugrunde liegt. Macht der Freiberufler weniger Gewinn, hat er eine geringere Steuerbelastung, als er bei einer GmbH hätte. Macht er hingegen mehr Gewinn, könnte er von einer GmbH profitieren.

Doch wo Licht ist, ist auch Schatten (siehe Tabelle 4): Der Betrieb einer GmbH statt eines freiberuflichen Einzelunternehmens würde auch zu organisatorischen Änderungen zwingen. So müsste statt Einnahmen-/Ausgaben-Rechnung eine Bilanz mit Gewinn- und Verlustrechnung geführt werden, mit allen Ausprägungen wie Kassenführung und Inventur. Das würde neben großem internen Mehraufwand auch zu einem Anschwellen der Beratungskosten führen; ganz abgesehen von den Errichtungskosten bei Umstellung.

Eine GmbH bräuchte weiters einen Geschäftsführer. Der Arzt würde in der GmbH angestellt und bezöge ein Gehalt. Für ihn würden wie bei anderen Dienstnehmern alle Lohnnebenkosten anfallen, diese wären höher als bei freiberuflicher Tätigkeit. Das muss natürlich in der Kalkulation berücksichtigt werden. Doch wie sollte das Gehalt dimensioniert werden? Zu beachten wäre die Angemessenheit, außerdem sollte eine Ausnutzung der niedrigen Progressionsstufen erfolgen. Was jedenfalls positiv zu Buche schlagen würde, sind die Marginalbesteuerungen des 13. und 14. Monatsgehalts.

Wie hat sich die Vergleichsberechnung nun verändert? In Summe brächte eine Umstellung von Einzelunternehmen auf GmbH eine Kostenerhöhung, daher hätte sich der Break-even der Steuerbelastung auf rund 167.000 Euro Gewinn erhöht. In diesem Falle wäre bei beiden Rechtsformen ein Nettoeinkommen des Inhabers von knapp 92.000 Euro gegeben. Als Vergleich: Bei 200.000 Euro Jahresgewinn liegt der

Unterschied bei etwa 2.000 Euro zugunsten einer GmbH, bei 250.000 würde man sich etwa 5.000 Euro sparen.
Welcher Arzt will sich für diese Beträge den ganzen organisatorischen Mehraufwand antun, zumal das nur für einen Bruchteil aller Ordinationen aufgrund der Gewinnsituation überhaupt in Frage kommt? Ohne ein zusätzliches Steuerzuckerl sicher nicht – aber da war doch noch

TABELLE 4

ARGUMENTE PRO UND CONTRA ÄRZTE-GMBH
Pro
– Zivilrechtliche Haftungsbeschränkung
– Keine wechselweise Haftung für Behandlungsfehler bei mehreren Partnern
– Erleichterte Innenfinanzierung durch Gewinneinbehaltung
– Schaffung eines Markennamens
– Einmalige Ertragsteuerminderung bei Umgründung
– Vorteil laufende Besteuerung bei Gewinnen über 150.000 Euro
– Vermögensanlage innerhalb der betrieblichen Sphäre aus dem Gewinn vor KESt
– Nachfolgeproblematik besser zu lösen
– Möglichkeit, einmal erteilte Bewilligungen personenunabhängig zu übertragen
Contra
– GmbH-Buchhaltung wesentlich aufwändiger und teurer
– Bei Umgründung Wechsel der Gewinnermittlung, daher im Regelfall zusätzliche Steuerlast
– Durch aufwändigere Buchhaltung mehr Info für den Fiskus bei Betriebsprüfung
– Größere Abhängigkeit von externen Beratern
– Nachteil laufende Besteuerung bei Gewinnen unter 150.000 Euro
– Erhöhte Gründungskosten
– Bilanzierungspflicht
– Offenlegungspflicht des Jahresabschlusses im Firmenbuch
– Lückenloses Kassabuch (nicht nur mit den betrieblichen Bareinnahmen und Barausgaben, sondern mit absolut allen Bargeldbewegungen eines Jahres wird benötigt)
– Ohne formale Beschlüsse keine Privatentnahme

was? Ja richtig! Eine weitere Steuervergünstigung, wenn die Gewinne nicht ausgeschüttet werden, sondern im Betrieb verbleiben.
Die Erfahrung lehrt: Wer viel Geld verdient, gibt es auch aus. Fast alle Menschen – auch Ärzte – orientieren sich bei der privaten Lebensplanung am Einkommen. Das bedeutet, dass nur die wenigsten in der Lage sein werden, überhaupt Geld im Betrieb zu lassen – zu groß sind die Häuser, die Autos und die dahinter stehende Kreditrückführung. Auch auf lieb gewonnene Gewohnheiten wie Urlaube will kaum jemand verzichten.
So sind 20.000 Euro als nicht entnommener Gewinn mit Sicherheit auch für gut situierte Ärzte ein Richtwert. Was passiert in diesem Fall? Der gesamte Unternehmensgewinn unterliegt der Körperschaftssteuer, KESt-besteuert wird aber nur die Entnahme. Der nicht entnommene Teil wird also quasi bis zum Zeitpunkt der Entnahme KESt-befreit, was zu einer Steuerentlastung von 5.000 Euro (pro Jahr) führt. Aber Vorsicht: Die Versteuerung erfolgt zum Zeitpunkt der Entnahme, die sicher irgendwann einmal erfolgen wird, spätestens bei der Praxisniederlegung. Dadurch entsteht also nur ein „Stundungseffekt". Rechnet man die „gesparten" 5.000 Euro auf zehn Jahre mit drei Prozent verzinst hoch, ergibt sich ein Zinseffekt von knapp 1.700 Euro – vorausgesetzt, das Geld wird wirklich gespart, denn von irgendetwas muss man schließlich leben.
Summa summarum wäre die Umwandlung in eine GmbH also nur etwas für die wirklich „gut gesattelten" Ärzte, die einerseits sehr hohe Gewinne erzielen und diese andererseits nicht gänzlich für die Einkommensteuer und für Privatentnahmen verwenden müssen. Trotzdem steht die Frage im Raum, ob sich der ganze Zusatzaufwand lohnt. Außerdem wurden weitere wichtige Fragestellungen, beispielsweise nach Mitgesellschaftern oder berufsrechtlichen Themen, hier aus Platzgründen gar nicht aufgeworfen.

Tarifgestaltung bei Untervermietung der Ordination

In den vergangenen Jahren hat sich die Landschaft im niedergelassenen Bereich massiv geändert. Durch die strikte Vergabepolitik der Sozialversicherungen und steigende Ärztezahlen ist die Anzahl der so genannten Wahlärzte stark gestiegen; mittlerweile halten sich diese mit den Kassenärzten fast die Waage. Auch die angestellten Ärzte drängt es verstärkt in die Niederlassung. So ist es mittlerweile durchaus üblich, dass ein Klinikarzt in mehr oder weniger großem Ausmaß nebenher als niedergelassener Arzt arbeitet. Sei es, um etwas „dazu zu verdienen" oder – wie wahrscheinlich bei den meisten – um sich nebenher für den Fall der Fälle vorzubereiten, denn es gilt vielleicht einmal, aus dem Klinikalltag flüchten zu müssen.

Doch der Weg zur Niederlassung als Wahlarzt ist steinig: Er hat keinen gesicherten Umsatz wie ein Kassenarzt, muss sich seine Selbstzahlerpatienten erst erarbeiten. Diese sind jedoch anspruchsvoll, weshalb eine spartanische Einrichtung nur in den seltensten Fällen in Frage kommt. Investitionen sind gefragt, und trotzdem muss an allen möglichen Ecken und Enden gespart werden. Vollauslastung wird vor allem in der Anfangszeit kaum erreicht, für viele Ärzte mit einem Hauptjob ist das ohnehin kein Thema.

Auch Kassenärzte spüren den ökonomischen Druck immer stärker. Honoraranpassungen hinken den Teuerungsraten für betriebliche und private Kosten bei weitem hinterher, Kapazitätsausweitungen sind aufgrund der Belastbarkeit der eigenen Arbeitskraft kaum möglich. Die Ordination als solche ist jedoch im Normalfall bei einem Einzelkämpfer-Arzt nicht ständig ausgelastet. Ganze Tage oder Halbtage steht die typische Ordination leer, ganz zu schweigen von den bei Patienten immer beliebter werdenden Tagesrandzeiten.

Beide Situationen sind optimaler Nährboden für Kooperationsmodelle. Modelle, bei denen mehrere Ärzte gemeinsam eine vorhandene Infrastruktur nutzen und somit eine deutlich bessere Auslastung der Infrastruktur erreichen. Sehr beliebt sind Kooperationsmodelle in der „Light-Version", also ohne wirtschaftliche Bindung der Partner. Am häufigsten sind Untervermietungen anzutreffen, bei denen sich ein oder mehrere (üblicherweise) Wahlärzte in bereits vorhandenen Wahlarzt- oder Kassenordinationen einmieten.

Ist ein Partner erst einmal gefunden und Kooperationsbereitschaft hergestellt, geht es an die Formulierung des Entgelts. Wie kommt man am besten zu einem für beide Seiten akzeptablen Preis? Dazu ein Beispiel: Arzt 1 hat eine Ordination mit 100 Quadratmetern Größe und zwei Behandlungsräumen. Die Jahresmiete beträgt 8.400 Euro plus Betriebskosten von ungefähr 2.000 Euro. Die Einrichtung ohne Geräte hat 50.000 Euro gekostet, die jährliche Abschreibung beträgt daher 5.000 Euro.

Summa summarum fallen in dieser Ordination also Fixkosten von 15.400 Euro pro Jahr an. Diese Daten sind aus einer ordentlichen Buchhaltung leicht zu entnehmen und bilden nun die Grundlage für weitere Berechnungen. Realistisch gesehen lassen sich die Räumlichkeiten im normalen Alleinbetrieb in 42 Wochen pro Jahr für fünf Tage zu fünf Stunden benutzen. Das sind etwa 1.000 Stunden, somit beträgt der Stundensatz 15,40 Euro für beide Räume.

Will dieser Arzt beispielsweise an einen anderen Arzt einen Raum stundenweise vermieten, rechnet sich das ab einer Miete von 7,70 Euro pro Stunde. Eine runde Summe von zehn Euro inklusive „Verwaltungsaufschlag" ist in diesem Fall also gerechtfertigt.

Ähnliches ergibt sich bei Arzt 2, der eine größere, aufwändiger ausgestattete Ordination mit vier Behandlungsräumen betreibt. Allein Miete und Betriebskosten machen in diesem Falle 15.000 Euro pro Jahr aus, zuzüglich 15.000 Euro für Einrichtung (Investition 150.000 Euro auf zehn Jahre verteilt). Hier betragen die Kosten pro Stunde 30 Euro, also 7,50 Euro pro Behandlungsraum.

In der Praxis setzt sich allerdings durch, nicht nur stundenweise zu vermieten, sondern beispielsweise so genannte „Blocks". Ein „Block" ist hierbei das Recht, die Ordination oder einzelne Räume einen Halbtag pro Woche nutzen zu können. Als Miete für so einen Block kommen bei Beispiel 1 rein rechnerisch für die ganze Ordination 260 Euro heraus, also Stundensatz mal vier Stunden mal 4,2 Wochen im durchschnittlichen Monat. 300 Euro scheinen hier also durchaus angebracht (18 Euro pro Stunde).

Natürlich lässt sich auch ein Rabattsystem einbauen. Wer beispielsweise zwei Blocks mietet, könnte fünf Prozent Rabatt bekommen, also 570 Euro bezahlen. Wenn man bei fünf Blocks 20 Prozent Rabatt kalkuliert, kommt man auf eine Monatsmiete von 1.200 Euro für die ganze Ordination, was einem Stundensatz von knapp 14 Euro entspricht.

Diese Kalkulation belegt, dass bei entsprechender Vertragsgestaltung für alle Partner in Kooperationsmodellen ein wirtschaftlicher Vorteil herausschauen kann. Bei vorliegenden Beispielen wird eine Ordination besser ausgelastet, jede Stunde zusätzlicher Betrieb bringt Geld in die Kasse des Besitzers, ohne dass höhere Kosten entstehen. Umgekehrt kann sich der Mieter zu einem Preis in bestehende Strukturen einmieten, die er auf eigene Faust niemals hätte schaffen können. Eine optimale Basis für eine dauerhafte Partnerschaft also.

Die Berechnungen enthalten allerdings nicht die Nutzung von Geräten, dies müsste extra kalkuliert werden. Selbstverständlich sind dabei ähnliche Synergien möglich. Auch anteilige Personalnutzung, beispielsweise durch Telefontätigkeit, wurde in unseren Beispielen nicht mitkalkuliert.

Apparategemeinschaften leicht gemacht

Apparategemeinschaften stellen eine vergleichsweise einfache Kooperationsmöglichkeit dar. Mehrere Ärzte benutzen gemeinsam ein Gerät,

die anfallenden Kosten werden nach einem festzulegenden Schlüssel aufgeteilt. Daraus resultiert eine im Vergleich zum Einzelbetrieb wesentlich bessere Auslastung.
Kaum ein medizinisches Gerät hat einen „echten" Verschleiß, sondern altert vielmehr aufgrund der ständigen technischen Weiterentwicklung. Wird beispielsweise ein Gerät mit einem Anschaffungswert von 50.000 Euro von einem Arzt 100 Mal pro Jahr benutzt, betragen die Kosten je Nutzung 100 Euro. Wird von zwei Ärzten die gleiche individuelle Nutzungsfrequenz erzielt, betragen die Kosten nur mehr die Hälfte.
Die Verrechnung ist jedoch nicht ganz unproblematisch. Wenn sich eine Ärztegruppe gemeinsam etwas anschafft, kommt das fast schon einer Praxisgemeinschaft gleich. Deshalb sollten das Verhältnis untereinander sowie die Verträge sehr gut ausgestaltet sein. Von untergeordneter Bedeutung dabei ist, ob es sich um Untervermietung, einfache Miteigentumsgemeinschaft oder Personengesellschaft handelt.
Um ein derartiges Konzept erfolgreich umzusetzen, müssen alle Nutzer aktiv in die Gestaltung eingebunden werden. Weiters muss eine Win-Win-Situation entstehen, die allen Teilnehmern einen Vorteil beschert. Eine Voraussetzung dafür ist Transparenz. Deshalb sollte eine detaillierte Buchhaltung eigens für die Apparategemeinschaft erfolgen, die den Teilnehmern auch zugänglich sein kann. Wichtig ist, dass die Geräte an einem neutralen Standort stehen, also nicht in der Ordination eines der beteiligten Ärzte. Dies bewirkt oft unangenehme Diskussionen, wenn sich einer der Ärzte benachteiligt fühlt. Die Verträge müssen alle wesentlichen Punkte im Zusammenhang mit der Finanzierung, der Beteiligung und den Nutzungszeiten des Gerätes enthalten. Auch ein mögliches Ausstiegsszenario sollte im Vorhinein festgelegt werden.

Dilemma Kassenvertrag

Einkommensverhältnisse im Wandel der Zeit

Dr. Markus L. ist ratlos: Eigentlich führt er eine ganz normale Allgemeinmedizinerordination, aber in den letzten Jahren ist der finanzielle Druck auf ihn extrem angestiegen. Die Betriebskonten erholen sich zeitweise nur mehr sehr langsam, so tief wie nach den letzten Personalsonderzahlungen im November waren sie überhaupt noch nie. Hingegen war vor etwa einem Jahrzehnt noch alles in Ordnung, an der Betriebsführung und am Lebensstandard wurde seither aber nichts geändert.

Derart auffällige Veränderungen der Einkommenssituation sollten als Signal verstanden werden, einen „Profi" an die Sache heran zu lassen, um die finanziellen Angelegenheiten genauestens zu analysieren. Im Fall von Dr. L. sind zunächst einmal die Eckdaten interessant: Die Ordination besteht seit 1992, Dr. L. hat die frei werdende Kassenstelle seines Vorgängers in einer mittelgroßen Landgemeinde übernommen. So kam er schnell in Schuss und hat auch bald die 1.000 Scheine Schallmauer seines Vorgängers übertroffen. Steigerungsmöglichkeiten waren kaum mehr möglich, dafür gab die vorliegende Infrastruktur zuwenig her.

Fünf Jahre später: 1997 war für Dr. L. das erste Jahr im Normalbetrieb. Arbeitsmäßig war der Zenit erreicht, Steuern, Kammerbeiträge und Sozialversicherungsabgaben waren auf Normalniveau. Auch der Privatbereich hatte sich eingependelt. Familie L. hatte bereits Nachwuchs, Frau L. kümmerte sich neben den Kindern von damals 3 und 6 Jahren auch noch um die Geschicke der Ordination.

An Umsatz wurden 1997 bereits 178.000 Euro (Wert 2 in Tabelle 5) erwirtschaftet. Zu diesem Zeitpunkt waren die Anfangsinvestitionen von 350.000 Euro (200.000 für das Ordinationsgebäude und 150.000 für Einrichtung und Geräte) über die Abschreibungen auch noch voll steuerlich relevant. So ergab sich ein steuerlicher Gewinn von etwa 63.000 Euro (8) bei einem Cash-Flow von etwa 90.000 Euro (9). Die Kredite waren solide angelegt, die 200.000 Euro für den Ordinationsbau wurden mittels Rate rückgeführt. Für die 150.000 Euro Investition in Einrichtung und Geräte wurde ein endfälliger Praxisgründungskredit gewählt.

Nach Abzug der Steuer sowie der Kredittilgungen vom Cashflow ließ sich 1997 ein Wert von etwa 48.000 Euro (13) für die private Lebenshaltung errechnen. Unter Berücksichtigung des Gehalts von Frau L. war ein monatliches Familieneinkommen von knapp 5.000 Euro netto (16) verfügbar. Davon wurde die Mietwohnung mit 850 Euro inklusive Nebenkosten finanziert, für die private Lebensführung inklusive Urlaube wurden 3.700 Euro aus dem Budget verwendet. Somit blieben 450 Euro, die Dr. L. langfristig gebunden als Ansparung für Zukunftssicherung verwendet sehen wollte (17 bis 20).

Aus damaliger Sicht war das finanzielle Gebäude von Dr. L. solide, also eigentlich vorbildlich aufgebaut. Die Ordinationskredite hielten sich im üblichen Rahmen und waren gemischt refinanziert. Die Laufzeiten waren halbwegs fristenkonform angelegt. Schon damals hatte der Allgemeinmediziner erkannt, dass sich zusätzlich zum Ordinationsbau eine weitere Immobilieninvestition zunächst nicht ausgeht und er durchaus etwa zehn Prozent seines Einkommens in Zukunftssicherung anlegen sollte.

Knapp zehn Jahre später (2006) hat sich die Situation offenbar verändert. Obwohl in Bezug auf die Finanzen die gleichen Vorsätze regieren, „fühlt“ Dr. L. seit einigen Jahren einen immer stärker werdenden Finanzdruck, der hier exemplarisch analysiert werden soll. Zunächst zum Betrieb: Die Ordination hält sich noch immer knapp über 1.000 Scheinen. Der Scheinschnitt hat sich auf etwas über 40 Euro erhöht, allerdings auch die wöchentliche Arbeitszeit. Der Umsatz stieg 2006

TABELLE 5

EINKOMMENSENTWICKLUNG EINES ARZTES

		1997	2006	
Summe offene Kredite	1	350.000	310.000	–8,82%
Umsatz	2	178.000	197.000	10,67%
Personalkosten	3	38.000	56.000	47,37%
Sonstige	4	30.000	35.000	16,67%
Zinsen	5	20.400	15.500	–24,02%
Abschreibungen	6	27.000	11.000	–59,26%
Summe Kosten	7	115.400	117.500	1,82%
Gewinn	8	62.600	79.500	27,00%
Cashflow	9	89.600	90.500	1,00%
Steuer	10	23.300	31.750	36,27%
Tilgung Ratenkredite betrieblich	11	10.000	10.000	0,00%
Tilgung endfällige Kredite betrieblich	12	8.000	12.000	50,00%
Netto aus Betrieb	13	48.300	36.750	–23,91%
ergibt monatlich	14	4.025	3.063	–23,91%
plus Gehalt Partner inkl. 13./14. Gehalt	15	1.000	1.150	15,00%
Summe Nettoeinkommen Familie	16	5.000	5.400	–16,17%
davon Miete + NK Privat-wohnung	17	850	950	11,76%
Lebenshaltung	18	3.700	4.000	8,11%
Ansparung	19	450	450	0,00%
Summe Privatverbrauch	20	5.025	4.213	8,00%
Deckung	21	25	–1.187	
Zusätzliche Schulden pro Jahr	22		14.250	

auf 197.000 Euro (2), das entspricht einer Steigerung um fast elf Prozent in neun Jahren, die eigentlich zufrieden stellend sein sollte.
Die Betriebskosten (7) blieben mit 118.000 Euro (zu 115.000 Euro in 1997) fast konstant, was auf den ersten Blick eigentlich auf ein erfreuliches Gesamtergebnis schließen lassen müsste. Nimmt man diese Betriebskosten genauer unter die Lupe, stellt man hingegen eine deutliche Umschichtung fest. Allein die Personalkosten (3) sind um fast 50 Prozent gestiegen. Das ergibt sich einerseits aus den ständig steigenden Lohnkosten an sich, gekoppelt mit einer notwendigen Ausweitung der Dienstzeiten aufgrund größeren Arbeitsanfalls.
Während sich viele Positionen einfach im Rahmen der Normalität entwickelt haben, sind die Abschreibungen (6) um fast 60 Prozent gefallen – mit enormen Folgen für das Einkommen. Das lässt sich an Cashflow und Gewinn beobachten: Dr. L. hat 2006 elf Prozent mehr Umsatz, aber etwa gleiche Kosten wie 1997. Das bedeutet, dass er einen um 27 Prozent höheren steuerlichen Gewinn ausweist als 1997 (8), verbunden mit einer Erhöhung der Einkommensteuerzahlungen um fast 40 Prozent (10). Der Cash-Flow blieb hingegen mit knapp 90.000 Euro in der Größenordnung gleich (9). Woran liegt das? Die Anfangsinvestitionen sind abgeschrieben, in der Zwischenzeit wurde jedoch im Ausmaß von insgesamt 70.000 Euro nachinvestiert, wieder mittels endfälligem Kredit. Der aushaftende Kreditsaldo hat sich von 350.000 Euro in 1997 auf 310.000 Euro in 2006 nur minimal reduziert (1), der Tilgungsaufwand hat sich jedoch von 18.000 Euro in 1997 auf 22.000 Euro in 2006 etwas erhöht (11 und 12).
Alle diese Veränderungen führten dazu, dass sich für 2006 nur noch ein Familiennettoeinkommen von knapp 4.200 pro Monat ergibt, das sind immerhin 800 Euro monatlich weniger im Vergleich zu 1997 (16). Wird die Entwicklung der Kosten für private Lebensführung noch miteinbezogen, dann lässt sich das „Gefühl“ von Dr. L. auch auf dem Papier nach-

vollziehen: Durch die Erhöhung von Miete und Lebenshaltungskosten allein im Rahmen der Inflation stieg der Bedarf in den neun Beobachtungsjahren um 400 Euro (20). Die Kinder sind nun 12 und 15 Jahre alt, also auch anspruchsvoller und sicher kostenintensiver als 1997.
Somit lässt sich 2006 für Dr. L. eine Unterdeckung von fast 15.000 Euro (21 und 22) errechnen, die er natürlich auf seinen Konten spürt. Eine Unterdeckung, die sich trotz gesteigertem Umsatz und Gewinn sowie Beibehaltung aller betrieblichen und privaten Ausgabegewohnheiten ergeben hat.
Wie geht es weiter? Dr. L. ist sicher ein typisches Opfer einerseits der Sparpolitik der Kassen, die ihre Honorare kaum an die Inflation anpassen. Andererseits lässt sich 2007 deutlich die Auswirkung der enormen Bürokratieerfordernisse erkennen, die sich nicht nur unmittelbar aus einigen Kostenpositionen ablesen lässt, sondern allgemein in einem gesteigerten Aufwand in der Ordination verbunden mit viel Mehrarbeit und dadurch auch höheren Personalkosten.
Dr. L. hat zwar die Perspektive, dass der Praxisgründungskredit in Kürze ausläuft. Das wird ihm jedoch wenig nutzen, da die in den vergangenen Jahren durchgeführten Kontoüberziehungen wieder einmal kontrolliert rückgeführt werden müssen. Die Kinder werden größer, ob und wie sich ein Studium mit diesem Einkommen finanzieren lässt, ist auch noch nicht geklärt. Wenn Gesundheitspolitik und Krankenkassen nicht umschwenken, ist eine weitere Reduktion des Nettoeinkommens von Dr. L. in den kommenden Jahren nicht zu verhindern.
Was bleibt, ist der eigentlich hoffnungslose Versuch, die Lebenshaltungskosten auf das erforderliche Maß zu reduzieren. Für Dr. L. lässt sich bereits heute eine Reduktion um 30 Prozent als Minimum errechnen. Er dürfte jedoch kein Einzelfall sein. Speziell bei Ärzten im mittleren Alter zwischen 45 und 50 ist verstärkt mit derartigen Folgen dieser bedenklichen Entwicklung zu rechnen.

Die kalte Progression

Groß ist der Stolz der Regierung über die Entlastung durch die letzte Steuerreform, die angeblich alle Bevölkerungsschichten trifft. Mit durchschnittlichen 145 Euro Einkommensteuerersparnis pro Jahr über alle Einkommensschichten wird die größte Entlastung seit Jahrzehnten propagiert. Das Finanzministerium hat eigens einen Vergleichsrechner im Internet installiert, mit dem jeder anhand seiner Einkommensverhältnisse die Ersparnis berechnen kann. Wird beispielsweise ein Jahreseinkommen von 60.000 Euro eingegeben, spuckt der Rechner mit 21.585 Euro 165 Euro weniger für die Jahre ab 2005 im Vergleich zu den Vorjahren aus.

Vergessen wurde bei dieser Berechnung lediglich die allgemeine Teuerungsrate. Die jährliche Inflation der vergangenen Jahre betrug im Schnitt 1,7 Prozent. Die Sozialversicherungen bedienen sich aufgrund dieser Teuerung jedes Jahr kräftig und heben die Höchstbemessungsgrundlage jeweils ordentlich an.

Dass bei zunehmender Teuerung auch der Bedarf an Nettoeinkommen steigt, wird in der Vergleichsrechnung verschwiegen. Während 2003 der Nettobedarf eines Arztes von beispielsweise 38.250 Euro mit einem Bruttoeinkommen von 60.000 Euro erwirtschaftet werden konnte, war inflationsbedingt beispielsweise 2005 bereits ein Nettoeinkommen von 39.587 Euro für die gleiche Kaufkraft notwendig. Um das zu verdienen, ist eine Steigerung des Bruttoeinkommens von mehr als 2,2 Prozent pro Jahr notwendig.

2005 betrug das notwendige inflationsbedingte Einkommen dafür 62.675 Euro, was eine „reformierte“ Steuer von 23.087 nach sich zieht. Das sind 674 Euro mehr als im Vorjahr, die durchschnittliche Steuerlast dieses Beispielarztes hat sich durch diesen Effekt von 36,2 Prozent auf 36,8 Prozent erhöht. Das genau ist die viel zitierte und kritisierte kalte Progression.

Inflation und Verwaltung schlucken Ärzteeinkommen

Die Inflation hat sich bedauerlicherweise nicht so entwickelt, wie von EU-Befürwortern vor etwa zehn Jahren vorausgesagt. Für die Einen ist es ein deutliches Zeichen wirtschaftlichen Vorankommens, da es als Folge von Wachstum interpretiert wird. Für die Anderen ist es vor allem nur lästig, da das real verfügbare Einkommen von Jahr zu Jahr weniger wird. Trotz guter Lohnabschlüsse in den meisten Branchen trifft es im Angestelltenbereich vor allem die Besserverdiener.

Noch dramatischer sieht es bei Selbständigen aus, die auch ihre Arbeitsbehelfe selbst finanzieren müssen und dadurch quasi doppelt der Inflation unterliegen. Zusätzlich belastend sind die von Jahr zu Jahr größer werdenden Verwaltungsanforderungen an den Arzt. Niedergelassene Ärzte mit Kassenvertrag können daher wie üblich nur hoffen, dass allfällige Honoraranpassungen im notwendigen Rahmen durchgeführt werden. Doch welche Größenordnung ist realistisch?

Gehen wir einmal von einem Arzt aus, der 2006 mit einem Nettoeinkommen von 4.000 Euro pro Monat auskommen muss, also 48.000 Euro pro Jahr auf 12 Monate gerechnet (Tabelle 6). Das entspricht einem kleinen bis mittleren Allgemeinmediziner mit Kassenvertrag. Um in 2007 den gleichen Konsum tätigen zu können, ist bei einer nicht unrealistischen Inflationsrate von 2,5 Prozent ein Nettobetrag von 49.200 Euro notwendig. Dies entspricht einer Ausweitung des (Brutto-)Gewinns von 79.500 Euro (2006) auf 81.900 Euro (2007) und damit einer Ausweitung um knapp drei Prozent.

Schuld daran ist die im letzten Abschnitt erklärte „kalte Progression". Während die Höchstbemessungsgrundlage für die Sozialversicherung jedes Jahr gnadenlos nach oben gedreht wird, finden nur „Ministeuerreförmchen" mit angeblichen Wunderauswirkungen für Steuerzahler statt, die Grenzen der Progressionsstufen bleiben aber unangetastet. Es

VERGLEICHSBERECHNUNG INFLATIONSABGELTUNG

TABELLE 6

Inflationsrate 2,50%			
Notwendige Anpassung ohne Verwaltungsabgeltung			
	2006	**2007**	
Umsatz	159.500,–	163.900,–	2,76%
Kosten	80.000,–	82.000,–	2,50%
Gewinn	79.500,–	81.900,–	3,02%
Steuer rund	31.500,–	32.700,–	3,81%
Nettoeinkommen	48.000,–	49.200,–	2,50%
Notwendige Anpassung mit Verwaltungsabgeltung			
	2006	**2007**	
Umsatz	159.500,–	170.900,–	7,15%
Kosten inkl. E-card	80.000,–	89.000,–	11,25%
Gewinn	79.500,–	81.900,–	3,02%
Steuer rund	31.500,–	32.700,–	3,81%
Nettoeinkommen	48.000,–	49.200,–	2,50%

muss also ein höherer Gewinn her. Und das bei Betriebskosten, die ebenfalls nicht weniger der Inflation unterliegen als die Privatausgaben. Gerade im betrieblichen Bereich mit Personalkosten samt Nebenkosten, Energie sowie persönlicher Sozialversicherung ist möglicherweise sogar ein höherer Wert maßgebend. Mit den postulierten 2,5 Prozent gerechnet, ergibt sich bei einer Kostensituation von 80.000 Euro im Jahr 2006 ein Bedarf von 82.000 Euro im Jahr 2007. Der für die Gesamtsituation notwendige Gewinn müsste so um 2,76 Prozent von 159.500 Euro auf 163.900 gesteigert werden.

In dieser Berechnung sind die Zusatzkosten für Verwaltungsaufwand nicht berücksichtigt. Unter der Annahme, dass nur die Mehrkosten für die e-Card seit 2005 (pessimistisch geschätzt 7.000 Euro pro Jahr) abgegolten werden sollten, erhöht sich der notwendige Gewinn 2006 auf 170.900 Euro, was einer Erhöhung um 7,15 Prozent entspricht. Mit anderen Worten: Um beim niedergelassenen Kassenarzt einen Ausgleich von Inflation und Verwaltungsaufwand herbeizuführen, wäre eine Anpassung der Kassenhonorare um mehr als 7 Prozent notwendig. Sämtliche Abschlüsse darunter bedeuten einen Verlust an Nettoeinkommen in ungefährer Größenordnung der rechnerischen Differenz.

Umsatz ist nicht gleich Gewinn

Im Jahr 2006 hat eine Pressemeldung für ordentlichen Wirbel gesorgt: Kolportiert wurde ein überproportionaler Anstieg der Ärzteeinkommen zwischen 1990 und 2004 im Vergleich zur allgemeinen Teuerung. Basis der Behauptung war der Umsatz der § 2-Kassen.

Wie sich schließlich herausstellte, stammten die Informationen aus einem internen Papier des Hauptverbandes, in das einem der Autoren zur Prüfung des Sachverhaltes Einblick gewährt wurde. Abgerundet wurde diese Information durch eine Übersicht zu Fallzahlen, Ärztezahlen und Scheinwerten der betreffenden Jahre.

In der Tat weist die offizielle Statistik des Hauptverbandes eine Zunahme der §2-Honorare von knapp 65 Prozent im Zeitraum 1990 und 2002 aus. Bei genauerem Hinsehen lässt sich der Schluss ziehen, dass etwa 5 Prozentpunkte des Honorarvolumens durch Zunahme der Kassenstellen, weitere 10 Prozentpunkte durch Zunahme der Fallzahl sowie die verbleibenden 50 Prozent durch Zunahme des durchschnittlichen Scheinwertes entstanden sind. Basis für diese Zahlen sind Allgemeinmediziner ohne Hausapotheke in Österreich.

Kurz zusammen gefasst lässt sich feststellen: Der durchschnittliche Arzt hat seinen Umsatz im ausgewiesenen Zeitraum um knapp 60 Prozent erhöht, wobei diese Erhöhung zu unbestimmten Teilen durch Honoraranpassung und Mehrarbeit (Zunahme der Fallzahl sowie frequenzbedingte Zunahme des Scheinwerts) entstanden ist. Doch offenbar kennen nicht alle Journalisten den Unterschied zwischen Umsatz und Nettoeinkommen, deshalb wird hier versucht, eine realistische Gegenüberstellung der Situationen 1990 und 2002 vorzunehmen.
Es ist uns gelungen, von einem Allgemeinmediziner Datenmaterial der Jahre 1990 und 2002 in Form von Einnahmen-/Ausgabenrechnungen zu bekommen. Diese bilden die Basis für weitere Berechnungen. Dieser Arzt hat tatsächlich seinen §2-Kassenumsatz im Beobachtungszeitraum um etwas mehr als 60 Prozent gesteigert, nämlich von 130.000 auf 210.000 Euro.
Dazu macht ein Blick auf die Praxiskosten Sinn: Bei fast allen Ordinationskosten schlagen Teuerungen von 25 bis 30 Prozent zu Buche, die Teuerungsrate der allgemeinen Lebenshaltungskosten laut Statistik Austria liegt in diesem Zeitraum bei etwa 32 Prozent. Zu berücksichtigen ist hier die 1990 noch vorhandene Vorsteuerabzugsmöglichkeit bei allgemeinen Betriebskosten, daher sind einige Positionen in diesem Zeitraum für den Arzt um mehr als 50 Prozent angestiegen.
Ausnahmen gibt es bei Telekommunikation und auch bei Kreditzinsen, hier ist 2002 ein geringerer Aufwand nötig. Sozialversicherung und Kammerbeiträge sind gestiegen, natürlich aufgrund des Anstiegs von Einkommen, Umsatz und Höchstbemessungsgrundlage.
Die Abschreibungen lassen sich nicht direkt vergleichen, vielmehr muss die Entwicklung des notwendigen Investitionsvolumens geprüft werden. Laut Auskunft von Ärzteeinrichtern sind die Preise für Einrichtung im Zeitraum konstant geblieben, Medizintechnik ist sogar gesunken. Unter Berücksichtigung der Vorsteuerabzugsmöglichkeit 1990

kann man Investitionsvolumen und somit AfA in den Vergleichszeiträumen identisch ansetzen.
Ein großer Sprung ergab sich bei den einzig wirklichen variablen Kosten der Ordination dieses Allgemeinmediziners: der Aufwand für Personal ist von 36.000 Euro auf 72.000 Euro explodiert. Doch auch das passt ins Gesamtbild: 60 Prozent mehr Umsatz (zum Teil durch Mehrarbeit und Stundenausweitung) und eine Steigerung beim durchschnittlichen Einkommen in Österreich im Beobachtungszeitraum von etwa 40 Prozent (Statistik Austria).
So ergibt sich in Summe eine Gewinnsteigerung von 30 Prozent (70.000 Euro auf 90.000 Euro), das Nettoeinkommen unseres Arztes hat sich von 42.000 Euro auf 52.000 Euro erhöht (24 Prozent). Summa summarum liegt die Einkommensanpassung unseres Beispielarztes damit deutlich unter der Inflationsrate. Seine reale Kaufkraft hat sich trotz erheblicher persönlicher Mehrleistung von 1990 auf 2002 um 8 Prozent verringert.

Angemessenes Einkommen von Kassenärzten

Die österreichische Bevölkerung glaubt noch immer an die horrenden Einkommen von Ärzten. Einschlägige Statistiken weisen ebenfalls aus, dass Ärzte eher zu den Gutverdienern unserer Gesellschaft gehören. Aber ist das Einkommen auch der Ausbildung, Verantwortung und Leistung angemessen?
Um diese Fragen zu klären, haben wir einen umfangreichen Kreis von Steuer- und Finanzexperten gebeten, aus ihrer Sicht darzulegen, welches Nettoeinkommen für einen niedergelassenen Arzt angemessen und vor allem welcher Stundenumsatz erforderlich wäre, um dieses Einkommen auch zu erzielen. Die Vorgabe hierfür war ein Kassenarzt für Allgemeinmedizin, der ohne Hausapotheke arbeitet und die durchschnittliche klassische „1.000-Scheine-Praxis“ betreibt.

Die Ansätze waren mannigfaltig: So wurden Vergleiche mit Klinikärzten genauso angestellt wie mit akademischen Freiberuflern anderer Art wie Steuerberater, Notare oder Rechtsanwälte. Ein Experte berichtete hinsichtlich Angemessenheit von seiner Erfahrung als Betriebsprüfer: „Für Geschäftsführer einer kleinen GmbH hält die Finanz bei der Beurteilung, ob überhöhte Gehaltszahlungen an einen Geschäftsführergesellschafter vorliegen, etwa 100.000 Euro brutto pro Jahr für angemessen." Für dieses Beispiel lässt sich errechnen, dass auf Basis eines unselbständigen Dienstverhältnisses etwa 60.000 Euro pro Jahr lukriert werden. Das ergibt etwa 4.000 Euro normalen Monatbezug, bei den Sonderzahlungen bleibt durch die Steuerbegünstigung etwas mehr. Auf 12 Monate umgerechnet ergeben sich somit etwa 4.600 Euro netto pro Monat. In dieser Größenordnung plus/minus 500 Euro befinden sich übrigens alle von den Experten eingebrachten Vorschläge für ein angemessenes Einkommen entsprechend der Vorgaben.
Inklusive „Lohnnebenkosten" beträgt das notwendige Bruttoeinkommen in diesem Fall cirka 120.000 Euro. Das entspricht einem Umsatz von etwa dem doppelten Betrag bei „normal" geführter Ordination, also 240.000 Euro pro Jahr. „Der Wohlfahrtsfonds und die Pensionsversicherung müssen bei dieser Berechnung berücksichtigt werden", gab einer der Experten zu bedenken. So werden je nach Einstufung beträchtliche Beträge in die Zukunftsvorsorge investiert, die steuerlich als Betriebsausgabe abgesetzt werden können. Zieht man daher den Durchschnittswert von etwa 30.000 Euro pro Jahr über das Berufsleben ab, kommt man auf 210.000 Euro notwendigen Umsatz, um das Einkommen zu erreichen.
Die Realität lehrt uns leider, dass immer mehr Ärzte diese Zahlen nicht erreichen. „In Anbetracht der Mehrverantwortung, der persönlichen Belastung sowie der Bedeutung für die Gesundheitsversorgung in der Bevölkerung wäre aus unserer Sicht eine deutliche Verbesserung der

finanziellen Situation des durchschnittlichen Allgemeinmediziners wünschenswert", gaben die Finanzexperten zu bedenken.
Was ist bei den notwendigen 210.000 Euro Umsatz zu berücksichtigen? Das von unserer Expertenrunde als adäquat formulierte Einkommen muss in durchschnittlich 42 Wochen erwirtschaftet werden, da Urlaub, Fortbildung und auch die Anzahl der Krankenstandstage mit berücksichtigt werden müssen. Um einem Vergleich mit anderen Berufsgruppen stand zu halten, ist die Anpassung auf 40 bis 50 durchschnittliche Wochenstunden sicher als angemessen zu bezeichnen. Beachtung verdient auch die Tatsache, dass von der Arbeitszeit eines Arztes immer weniger auf medizinische Kernaufgaben entfällt und immer mehr für Bürokratie und Verwaltung aufzuwenden ist. Schließlich ist dem System nur die aktive Zeit am Patienten etwas wert, ABS-Bewilligungen oder die Kassenabrechnung müssen unentgeltlich durchgeführt werden.
Werden beispielsweise 40 Prozent der Arbeitszeit für unhonorierte Tätigkeiten aufgewendet, dann liegt der notwendige Stundensatz für die honorierten Tätigkeiten unter den definierten Rahmenbedingungen bei rund 200 Euro. Wen wundert es da noch, wenn sich Patienten bei den derzeit von der Gebietskrankenkasse bezahlten Honoraren über die Minutenmedizin beklagen?

Der Wahlarzt

Allgemeines

Aktuelle Situationsanalyse und Beispiele aus der Praxis

Derzeit gibt es österreichweit etwa 15.000 Ordinationen. Die Hälfte davon ist mit Kassenverträgen ausgestattet, alle anderen Ordinationen werden als Wahlarztordinationen geführt. Anders als in einer Ordination mit Kassenverträgen spielt die Gewichtung von ökonomischen Überlegungen in der Wahlarztordination eine bedeutende Rolle und entscheidet letztlich über Erfolg oder Misserfolg.

Wahlärzte sind in jeder Hinsicht frei, sowohl was die Standortwahl als auch die Honorargestaltung betrifft, aber auch das Spektrum der angebotenen Leistungen. Diese Freiheit erkauft sich der Wahlarzt allerdings mit der enormen Herausforderung, Teil eines wirklich freien Marktes zu sein, mit allen Gesetzen der wirtschaftlichen Konkurrenz.

Wesentlich für das gute Funktionieren einer Wahlarztordination sind vor allem gutes Zeitmanagement und das Anbieten von Serviceleistungen (Arztbriefe, Patientenbriefe, Hilfestellung beim Einreichen der Honorarnote). Patienten, die Wahlarztordinationen aufsuchen, erwarten keinesfalls eine höhere medizinische Kompetenz als bei Kassenärzten. Sie erwarten vielmehr Zuwendung in Form von Zeit, kurze Wartezeiten (sowohl in der Ordination wie auch auf Termine) und eine persönliche Betreuung – keine 3-Minuten-Medizin.

Wahlärzte nehmen in Österreich vielfältige Aufgaben wahr: Teilweise eine medizinische Grundversorgung, teilweise einen ergänzenden Versorgungsauftrag zu den Ärzten mit Kassenverträgen. Der Trend in der Bevölkerung, für Wellness, Wellbeing und Gesundheit Geld auszugeben, bestätigt die Entwicklung bei der Niederlassung von Wahlärzten. So haben Wahlärzte mittlerweile eine wesentliche gesundheitspolitische Bedeutung in ganz Österreich erlangt.

Voraussetzungen für die Eröffnung einer Ordination sind die Berechtigung zur selbständigen Berufsausübung und die Eintragung in die Ärzteliste. Bleibt ein Anstellungsverhältnis aufrecht, ist die Zustimmung des Rechtsträgers erforderlich.
Die Auswahl des Standortes gilt als einer der maßgeblichen Faktoren für Erfolg oder Misserfolg einer Wahlarztordination. Dabei ist zu berücksichtigen, wie gut die geplante Region mit Ärzten des eigenen Fachgebietes versorgt ist (denken Sie dabei an Kassenärzte UND Wahlärzte). Auch die lokale Infrastruktur und die Altersstruktur der Bevölkerung sind wesentliche Faktoren, die den Erfolg der Tätigkeit beeinflussen. Innerhalb einer Stadt kommt es – abhängig vom Fachgebiet – wesentlich darauf an, in welchem Stadtteil die Ordination eröffnet wird. Der Basler Ärztedienst bietet eine Standortanalyse für ganz Österreich an.

Beispiele aus der Praxis:

- Ein Arzt für Allgemeinmedizin eröffnete seine Ordination in einer Stadt in einem neuen Siedlungsgebiet, wo viele junge Leute mit Kindern eingezogen sind. Nach einer entsprechenden Anlaufzeit kann der Arzt mittlerweile kaum noch neue Patienten annehmen.
- Ein Arzt für Allgemeinmedizin eröffnete seine Praxis am Land mit einer klaren Marketingstrategie: „Ich bin 7 Tage in der Woche von 0 bis 24 Uhr für meine Patienten erreichbar". Innerhalb kurzer Zeit entwickelte sich eine sehr erfolgreiche Wahlarztordination. Diese Strategie durchzuhalten, erfordert allerdings Selbstdisziplin und das Zurückstellen von Privatinteressen. Dieser Arzt ist mittlerweile dem Burnout nahe.

Jeder niedergelassene Wahlarzt darf ohne Genehmigung einen zweiten Ordinationssitz eröffnen, hierzu ist lediglich die Meldung an die Ärztekammer erforderlich. Eine Drittordination ist nicht zulässig. Das Ärztegesetz erlaubt die gleichzeitige Ausübung mehrerer Sonderfächer, aber auch die Ausübung und Führung des Titels Arzt für Allgemeinmedizin und eines Sonderfaches. Voraussetzungen hierfür sind die Absolvierung der jeweiligen Ausbildung und die Eintragung in die Ärzteliste.

Sinnvolle Nebentätigkeiten

Um die Anfangsphase der Ordinationseröffnung finanziell leichter überbrücken zu können, sind (abhängig vom Fachgebiet) Zusatztätigkeiten sinnvoll oder sogar unbedingt erforderlich. Mögliche Nebentätigkeiten sind jedoch teilweise an Zusatzqualifikationen gebunden. Die beste Möglichkeit, Erfahrungen zu sammeln und zusätzliches Einkommen zu lukrieren, ist die Ordinationsvertretung, da in den meisten Fächern Bedarf besteht. Darüber hinaus werden durch Ordinationsvertretung wertvolle Punkte gesammelt, die sich im Falle einer Bewerbung um eine Kassenplanstelle vorteilhaft auswirken können. Auch die Mitarbeit bei Vertretungsnetzwerken (Wochentagsnachtbereitschaft, Wochenenddienste) bietet gute Möglichkeiten der Erweiterung des Betätigungsfeldes.

Schulärzte haben laut Schulunterrichtsgesetz die Aufgabe, die Lehrer in gesundheitlichen Fragen zu beraten und die hiefür erforderlichen Untersuchungen der Schüler durchzuführen. Die schulärztliche Nebenbeschäftigung bietet oft den Vorteil, dass damit ein Anstellungsverhältnis verbunden ist. Dadurch ist der Schularzt sozialversichert und hat auch in Urlaubszeiten ein gewisses Einkommen. Die schulärztliche Tätigkeit bietet sich vor allem für Ärzte für Allgemeinmedizin und Fachärzte für Kinderheilkunde an. Schularztstellen sind im Regelfall sehr begehrt, freie Stellen daher selten.

Die Bezeichnung „Kurarzt" kann als Zusatz zur Bezeichnung der ärztlichen Berufstätigkeit nur von jenen Ärzten geführt werden, die in einem behördlich anerkannten Kurgebiet als Arzt für Allgemeinmedizin oder Facharzt eines einschlägigen Fachgebietes niedergelassen sind und sich ausschließlich oder zumindest vornehmlich mit der Verordnung der ortsüblichen Kurmittel und der Überwachung der Kurpatienten befassen. Das gleiche muss auch für Ärzte gelten, die in behördlich anerkannten Kurorten in gemäß Heilvorkommen- und Kurortegesetz behördlich genehmigten Heilbade- und Kuranstalten tätig sind. Das Diplom für Kurärzte ist empfehlenswert.
Die Tätigkeit als Betriebsarzt bietet sich vor allem für Allgemeinmediziner an. Betriebsärzte müssen eine zwölfwöchige Ausbildung an der Akademie für Arbeitsmedizin absolviert haben. Es gibt auch einen „Facharzt für Arbeitsmedizin".
Die Ausbildung zum Umweltarzt (ÖÄK-Diplom) befähigt in besonderem Maße zu einer gutachterlichen Tätigkeit für verschiedene Behörden und in entsprechenden Verwaltungsverfahren. Für eine gutachterliche Tätigkeit ist eine mindestens fünfjährige Berufserfahrung nachzuweisen und eine Gutachterprüfung abzulegen. Anschließend kann sich ein Arzt, wenn Bedarf in seinem Fachgebiet besteht, beim Präsidenten des gewünschten Landesgerichtes vereidigen lassen. Danach ist er „allgemein beeideter und gerichtlich zertifizierter Sachverständiger". Mögliche Auftraggeber sind Versicherungen, Gerichte und Privatpersonen. Manche Privatpersonen glauben, sich beim Wahlarzt Bestätigungen oder Gutachten „kaufen" zu können, weil sie ja dafür zahlen. Vor der Ausstellung von Gefälligkeitsgutachten oder fachlich falschen Bestätigungen wird dringend gewarnt. Solche Schriftstücke können Ersatzansprüche oder peinliche Situationen vor Gericht nach sich ziehen. Bestätigen Sie deshalb nur Krankheitsbilder oder Einschränkungen, die tatsächlich vorliegen und objektiv nachvollziehbar sind.

Wahlarzt als zweites „Standbein"

Der Vorteil liegt in der finanziellen Absicherung durch den Hauptberuf (meist im Krankenhaus). Dies verringert das Risiko in Zusammenhang mit der Ordinationseröffnung. Die Kombination Spitalsarzt – Wahlarzt ist jedenfalls günstig, da der Patient so im Krankenhaus einen Ansprechpartner vorfindet, den er bereits aus der Ordination kennt.

Formen der Zusammenarbeit

Bei der Niederlassung sollte sich jeder Arzt für Allgemeinmedizin oder Facharzt die Frage stellen, ob die Berufsausübung in Zusammenarbeit mit Kollegen aus organisatorischen, finanziellen oder aus Gründen der medizinischen Qualität von Vorteil ist. In der Praxis haben sich vor allem zwei Formen der Kooperation von freiberuflichen Ärzten bewährt: die gemeinsame Nutzung von Ordinationsräumen (Ordinationsgemeinschaft) und/oder die gemeinsame Nutzung von medizinischen Geräten (Apparategemeinschaft).

Apparategemeinschaft

Als Apparategemeinschaft gilt die Zusammenarbeit von Ärzten, die unter Beibehaltung ihrer eigenen Praxis und ihrer eigenen Räume medizinisch-technische Geräte gemeinsam nutzen (siehe auch Seite 171). Beispiele aus der Praxis wären eine Laborgemeinschaft oder die gemeinsame Nutzung physikalischer Therapiegeräte. Die Geräte können sich bei einem der beteiligten Ärzte oder an einem dritten Ort befinden. Sie können gemeinsam gekauft oder gemietet sein, aber auch im Eigentum eines der beteiligten Ärzte stehen, der sie an die anderen Kollegen vermietet. Die Apparategemeinschaft und ihre Mitglieder sind bei der Ärztekammer zu melden.

Ordinationsgemeinschaft

Bei einer Ordinationsgemeinschaft erfolgt unter Beibehaltung der jeweils eigenen Praxis eine gemeinsame Nutzung von bestimmten Räumen, von Personal und von gemeinsamen Einrichtungen aller an der Ordinationsgemeinschaft beteiligten Ärzte. Der Grad der Zusammenarbeit hängt von der jeweiligen Organisation ab. Jeder Arzt hat seine eigenen Patienten zu betreuen. Seine persönliche Verantwortung bleibt unangetastet. Die Ordinationsgemeinschaft eignet sich auch für kleine Praxen, zum Beispiel durch so genanntes Timesharing in der Nutzung: Vormittags ordiniert der eine Partner, nachmittags der andere – jeweils in denselben Räumen. Die Rechtsform ist eine Gesellschaft nach bürgerlichem Recht (GnbR).

Gruppenpraxis

Mit der 2. Ärztegesetz-Novelle 2001 wurden die rechtlichen Voraussetzungen für die Gründung von Gruppenpraxen geschaffen. Bei dieser Form der Zusammenarbeit erfolgt ein völliger Zusammenschluss der teilnehmenden Ärzte, das heißt nach außen, z.B. gegenüber dem Patienten, tritt nicht der einzelne Arzt, sondern die Gemeinschaftspraxis als solche auf.
Bei der Gründung einer Gruppenpraxis müssen folgende Bestimmungen eingehalten werden:

- Die Zusammenarbeit hat in Form einer Offenen Erwerbsgesellschaft (OEG) zu erfolgen, andere gesellschaftsrechtliche Zusammenschlüsse sind nicht möglich.
- Die Berufsbefugnis der Gruppenpraxis ergibt sich aus der Berufsbefugnis der als persönlich haftende Gesellschafter beteiligten Ärzte.
- Das hat weit reichende haftungsrechtliche Konsequenzen und bedeutet, dass für Ansprüche aus Behandlungsfehlern die Gruppenpraxis haftet.

Die Gründung einer Gruppenpraxis stellt an die beteiligten Ärzte weit reichende organisatorisch-rechtliche Anforderungen und kann aus oben angeführten haftungsrechtlichen Konsequenzen problematisch sein. Die Gründung einer Gruppenpraxis für Wahlärzte macht keinen Sinn, da bei Einreichung der Honorarnote durch den Patienten Honorarabschläge für den Patienten erfolgen. Das heißt, dass die Kostenrückerstattung bei Ärzten einer Gruppenpraxis niedriger ist als beim Besuch einer Einzelordination.

Auswahl, Einrichtung und Ausstattung der Ordinationsräumlichkeiten

Bei hauptberuflicher Tätigkeit in der Wahlarztordination ist die Auswahl von „eigenen" Ordinationsräumlichkeiten unumgänglich. Gemeinsam mit dem Steuerberater sind Überlegungen anzustellen, ob eine Kauf- oder Mietvariante vorzuziehen ist. Zur Minimierung der Fixkosten kann es zweckmäßig sein, bereits zu Beginn einen Tag oder Halbtag an einen weiteren Wahlarzt oder Physiotherapeuten zu vermieten. Weiters ist zu bedenken, dass im Warteraum nicht nur Patienten, sondern auch Begleitpersonen Platz finden müssen (vor allem bei Kinderärzten!) und „Warten" insbesondere von Kindern als extrem lästig empfunden wird. Eine Spielecke für Kinder ist daher jedenfalls zu empfehlen.

Ist die Ordinationstätigkeit nur ein bis zweimal pro Woche geplant, dann können durch tageweises Einmieten in bestehende Ordinationen Investitionskosten gespart und das wirtschaftliche Risiko bei Ordinationseröffnung deutlich gesenkt werden. Die Möglichkeit einer Ordinationsgemeinschaft sollte jedenfalls geprüft werden.

Zusammenarbeit von Wahlärzten: Ein Beispiel aus der Praxis

Gemeinsam mit einer Kinderärztin und einer Ärztin für Physikalische Medizin hat einer der Autoren eine Ordinationsgemeinschaft (Rechtsform:

Gesellschaft nach bürgerlichem Recht – GesnbR) gegründet und Ordinationsräumlichkeiten gemietet (die Ordinationsgemeinschaft ist Hauptmieter). Es gibt einen Warteraum und einen Ordinationsraum, der zu verschiedenen Zeiten von den Beteiligten genutzt wird. Alle Investitionen (Einrichtung, EDV) wurden gemeinsam getätigt, sämtliche Fixkosten werden gedrittelt (Energie, Telefon, Versicherung, Miete). Fünf Jahre lang nutzte jeder Arzt jeweils einen Nachmittag die Ordination, seit einem Jahr werden die nicht genutzten Nachmittage an zwei weitere Kollegen vermietet. Bisher kann nur über sehr positive Aspekte der Zusammenarbeit berichtet werden. Insbesondere konnten die Fixkosten extrem niedrig gehalten werden.

Wichtig bei einer Gruppenlösung ist, von Beginn an Spielregeln schriftlich festzulegen, nach denen Entscheidungen getroffen werden. Im Zweifel empfiehlt es sich, EINE Person als Hauptmieter festzulegen und alle anderen als Untermieter. So können Streitfälle meist vermieden werden.
Die Einrichtung einer Wahlarztordination sollte zweckmäßig sein und die Arbeitsabläufe unterstützen. Das Miteinbeziehen von Kolleginnen und Kollegen, die bereits als Wahlarzt tätig sind, kann ebenso hilfreich sein wie Angebote von einschlägigen „Ordinationseinrichtern". So können Erfahrungen aus der Praxis genutzt und grundsätzliche Fehler (hoffentlich) vermieden werden.

Medizinisch-technische Geräte und elektrische Anlagen

Die umfangreiche Elektromedizinverordnung sieht regelmäßige Überprüfungen aller medizinisch-technischen Geräte und der elektrischen Anlagen in der Ordination vor. Die Überprüfungen müssen von einem autorisierten Fachbetrieb durchgeführt und darüber Aufzeichnungen geführt werden. Die Vernachlässigung dieser Prüfungen kann im

Schadensfall zu einem Ausschluss der Leistung der Haftpflichtversicherung führen.
Als Faustregel gilt, dass alle Geräte überprüft werden müssen, die an der Steckdose hängen und diagnostischen und therapeutischen Zwecken dienen, sowie batteriebetriebene Geräte. Prüfer, Firmen und Personen, die eine Gewerbeberechtigung zur Herstellung und Instandsetzung haben, sind zur Prüfung sowohl der Elektroinstallationen in Ordinationen als auch der medizinisch-technischen Geräte berechtigt, ebenso ein Zivilingenieur oder Sachverständiger für Elektrotechnik bzw. Medizintechnik.

Der pharmazeutische Notapparat

Nach dem Ärztegesetz besteht für alle Ärzte die Verpflichtung „die nach der Art ihrer Praxis und nach den örtlichen Verhältnissen für die Erste-Hilfe-Leistung in dringenden Fällen notwendigen Arzneimittel vorrätig zu halten".

Kommunikationspartner – ein Schlüssel zum Erfolg

Gemeinde

Vor allem im ländlichen Bereich sind Ärzte Imageträger für Gemeinden. Deshalb besteht in Einzelfällen durchaus die Bereitschaft, Ärzte, die eine Ordinationseröffnung planen, zu unterstützen. Teilweise werden günstige oder zinsenfreie Kredite zur Verfügung gestellt, teilweise Ordinationsräumlichkeiten mit ermäßigter Miete in den ersten Jahren.

Bezirksärztevertreter, Kolleginnen und Kollegen

Die Kontaktaufnahme mit dem Bezirksärztevertreter ist ebenso empfehlenswert wie die Planung eines Eröffnungsfestes. Der Kreis der Eingeladenen sollte großzügig gestaltet werden. Dies ist eine nette Geste, bei der keinesfalls „befürchtet“ werden muss, dass alle Eingeladenen tatsächlich kommen.

Auswahl der Ordinationshilfe

Die Ordinationshilfe ist meist die erste Person, mit der Ihr Patient Kontakt hat und auch die letzte, bevor er die Ordination verlässt. Als derart zentrale Person in jeder Praxis bestimmt sie den „ersten Eindruck“ entscheidend mit. Diese Tatsache ist bei Einstellungsgesprächen unbedingt zu berücksichtigen. Laut Studien ist die Unzufriedenheit von Patienten mit der Ordinationshilfe der häufigste Grund für einen Arztwechsel.

Gerade in „kleinen“ Ordinationen stellt sich oft die Frage, ob überhaupt eine Ordinationshilfe angestellt werden soll. Die Empfehlung der Autoren lautet: grundsätzlich JA. Eine Ordination ohne Angestellte kann den Eindruck von Unprofessionalität vermitteln, z.B. wenn ein Patient das Wartezimmer oder die Anmeldung betritt und von niemandem begrüßt wird.

Die Ordinationshilfe nimmt dem Arzt vor allem organisatorische Arbeiten ab, um dessen wertvolle Zeit nicht zu blockieren. Dies beginnt mit der Erfassung der Stammdaten, dem Erklären der Honorarrückerstattung durch die Krankenkasse bis hin zum Umgang mit Geld. Weiters muss sie Anrufe entgegennehmen. Jeder Anruf stört die persönliche Atmosphäre in einem Beratungsgespräch ganz massiv.

Organisatorische Apekte

Je besser die Organisationsstruktur einer Ordination, desto mehr Zeit bleibt für die Patientenbetreuung. Damit ist auch eine Steigerung der Patientenzufriedenheit zu erwarten. Wesentlich beim telefonischen

Erstkontakt ist der Hinweis, dass der Arzt keine Kassenverträge hat und die Leistungen deshalb (bar) zu BEZAHLEN sind. Manche Patienten kennen den Begriff „Wahlarzt" bereits. Kennt der Patient den Begriff nicht, ist oft eine längere Erklärung notwendig.
Während sich die Verwendung von EDV-Systemen bei Ärzten mit Kassenverträgen bereits durchgesetzt hat und mittlerweile für die Abrechnung sogar verpflichtend ist, arbeiten Wahlärzte häufig noch mit einem handschriftlichen Dokumentationssystem. Sämtliche modernen EDV-Systeme bieten die Möglichkeit, die Dokumentation zu systematisieren und somit die Umsetzung in der Praxis mit erheblich weniger bürokratischem Aufwand zu betreiben, als dies mit herkömmlichen Karteikarten der Fall ist – vorausgesetzt, die technischen Möglichkeiten werden entsprechend genutzt.
Vor allem durch den Einzug der e-Card in die Ordinationen der Kassenärzte ist der Prozentsatz der EDV-Anwender massiv angestiegen. Wenngleich die e-Card für Wahlarztordinationen derzeit nur in Ausnahmefällen eine sinnvolle Bereicherung darstellt, wird sich mittelfristig daraus auch ein Nutzen ergeben (elektronisches Rezept, elektronische Bewilligungen, elektronische Zuweisung). Dies wird auch den Stellenwert der EDV in Wahlarztordinationen erhöhen.
In der optimalen (Wahlarzt)Ordination sollte die Zeit für Verwaltungsaufwand (bei guter Dokumentationsqualität!) minimiert und die Zeit für die Patienten maximiert werden. Gutes Zeitmanagement sowie das Anbieten von Serviceleistungen (Arztbrief, Patientenbrief, Einsendung der Honorarnote bei der Krankenkasse etc.) runden den Servicecharakter ab. Weiters sollten patientenbezogene Arbeiten abgeschlossen sein, wenn der Patient die Ordination verlässt, sodass keine „Nach(t)arbeit" erforderlich wird.
Die Autoren empfehlen jedenfalls die Einrichtung eines Terminsystems. Vor allem in Fachgebieten mit möglichen akuten Erkrankungen

ist anzuraten, dass zeitnah Terminfenster für dringliche Ordinationen freigehalten werden.
Information ist ein wesentlicher Erfolgsfaktor der Wahlarztordination. Der Brief an den Patienten hat die Aufgabe, Behandlungsempfehlungen nachweislich an diesen weiterzugeben. Er bietet dem Patienten die Möglichkeit, auch zu Hause nachzulesen, was in der Ordination besprochen wurde. Zunehmend geben auch Wahlärzte für Allgemeinmedizin ihren Patienten Briefe mit, was im Bereich der Kassenmedizin praktisch nie vorkommt.
Ein Facharzt sollte auch den Hausarzt des Patienten über eine durchgeführte Behandlung informieren. Obwohl der Arztbrief in alle Honorarkataloge der Krankenkassen integriert ist, wird diese Position äußerst selten verrechnet. Demnach ist es eher die Ausnahme, dass Kassenärzte Patientenbriefe hergeben. Dies stellt einen wichtigen Punkt dar, wo sich der Wahlarzt am Markt positionieren kann. Sowohl Patientenbrief wie auch Arztbrief gelten somit als wichtiges Marketinginstrument, um bei der Zielgruppe Ärzte (als potenzielle Zuweiser) und Patienten die Ordination positiv in Erinnerung zu rufen.

Ordinationszeit – Erreichbarkeit für die Patienten

Die Ordinationszeit kann prinzipiell frei gestaltet werden, die Bekanntmachung auf dem Ordinationsschild ist nicht vorgeschrieben. Dennoch empfiehlt sich die Angabe von Ordinationszeiten, weil sich dadurch Anrufe von Patienten und Ordinationsbesuche besser steuern lassen.
Es steht jedem Arzt völlig frei, auf dem Schild 16 bis 18 Uhr zu vermerken, tatsächlich aber von 15 bis 22 Uhr zu ordinieren. Die meisten Patienten werden zwecks Terminvereinbarung zwischen 16 und 17 Uhr anrufen.

Wenn der Arzt nicht in der Ordination anwesend ist, sollte ein Anrufbeantworter auf die Ordinationszeit oder eventuell die Erreichbarkeit über das Mobiltelefon hinweisen. Rufumleitungen sind technisch einfach, aber möglicherweise teuer, da zusätzliche Gesprächsgebühren anfallen können. Ein Vergleich zwischen verschiedenen Telefonanbietern kann enorme Kosten sparen.
Grundsätzlich stellt sich auch die Frage, wann der Wahlarzt für seine Patienten erreichbar sein will. Durch Angabe der Mobiltelefonnummer ist eine Erreichbarkeit rund um die Uhr möglich. Eine Regel oder eine generelle Empfehlung kann dafür nicht abgegeben werden, da unterschiedliche Fachgebiete auch unterschiedliche Anforderungen bedingen, z.B. ist bei einer Geburtsvorbereitung die ständige Erreichbarkeit des Arztes sehr wichtig.

Formularwesen

Wahlärzte erhalten von den Krankenkassen KEINE Formulare, sie müssen selbst für deren Beschaffung sorgen. Einige der angebotenen Softwarelösungen beinhalten bereits sämtliche Formulare. Damit sparen Sie Anschaffungskosten und Lagerhaltung.

Verschreibungen

Jeder Arzt, der seine Ausbildung zum Facharzt oder Arzt für Allgemeinmedizin abgeschlossen hat, darf Heilmittel, Medikamente, Heilbehelfe etc. verordnen.

Rezepte von Wahlärzten

Wahlarztrezepte sind grundsätzlich Privatrezepte und vor Medikamentenabgabe durch die Apotheke von der Sozialversicherung zur Kostenerstattung zu bewilligen. In einigen Bundesländern gibt es die

Möglichkeit der Rezepturbefugnis für Wahlärzte. Damit ist für diesen Bereich eine Gleichstellung mit Vertragsärzten gegeben, mit allen Rechten, aber auch Verpflichtungen (wie Einhaltung der Ökonomierichtlinien).
Im Erstattungskodex des Hauptverbandes werden Medikamente im Boxensystem verteilt (Grüne Box, Gelbe Box, Rote Box, No Box). Medikamente aus der Grünen Box werden von vielen Apotheken wie Kassenrezepte behandelt. Die gute Zusammenarbeit zwischen Ärzten und Apothekern ist wichtig, um das Vertrauen der Patienten in die Medikamentenversorgung zu erhalten. Deshalb sollte vor der Niederlassung unbedingt eine Kontaktaufnahme mit den umliegenden Apotheken erfolgen.
Medikamente der Gelben Box sind bei Wahlarztpatienten in jedem Fall bewilligungspflichtig. Die erweiterte Dokumentationspflicht, die für Ärzte mit Kassenvertrag gilt, müssen Wahlärzte nicht wahrnehmen.
Ein Informationsaustausch zwischen Arzt und Apotheker kann auch zu den Themenkreisen Einführung neuer Medikamente, Medikamentenmissbrauch, Vorschläge zur besseren Bevorratung, Impfaktionen sowie für Kritik und Anregungen sinnvoll sein.
Probleme treten derzeit vor allem im Grenzbereich zu anderen Bundesländern auf. In diesem Fall müssen die Patienten das Rezept von der Krankenkasse bewilligen lassen und können es anschließend in der Apotheke einlösen. Eine österreichweite Regelung im Umgang mit Wahlarztrezepten wäre sehr erstrebenswert.

Rezepturbefugnis für Versicherte der Sonderversicherungsträger

Im Dezember 2000 hat die Versicherungsanstalt öffentlich Bediensteter mitgeteilt, sich gemeinsam mit den übrigen Sonderversicherungsträgern (VAEB, KFA und SVA) dafür entschieden zu haben, bundesweit Wahlärzten eine Rezepturbefugnis zu erteilen. Mit Bekanntgabe des Interesses müssen die Wahlärzte eine Rezepturbefugnis-Vereinbarung unterfertigen, mit der sie sich insbesondere verpflichten, bei der Verwendung der Wahlarztrezepte, die sich von den herkömmlichen Rezepten nur in der Farbe unterscheiden, die Richtlinien des Hauptverbandes der österreichischen Sozialversicherungsträger über die ökonomische Verschreibweise von Heilmitteln und Heilbehelfen zu beachten.

Rezepturbefugnis für Versicherte der Gebietskrankenkassen

In einigen Bundesländern gibt es auch die Möglichkeit, mit der jeweiligen Gebietskrankenkasse einen Vertrag über die Rezepturbefugnis abzuschließen.

Suchtgiftverschreibung

Das Suchtgiftrezept ist ein amtliches Formular in grüner Farbe, fortlaufend nummeriert und bei der Bezirksverwaltungsbehörde erhältlich. Ansonsten gleicht es einem Kassenrezeptformular. Die Gültigkeit des ausgestellten Suchtgiftrezeptes beträgt 14 Tage. Die Rezeptformulare sind diebstahlsicher aufzubewahren, ein Verlust ist dem Bundesministerium für Gesundheit und Frauen anzuzeigen. Teil I und Teil II des dreiteiligen Rezeptformulars werden dem Apotheker ausgefolgt, Teil III verbleibt beim Arzt. Er hat dieses, nach dem Ausstellungsdatum geordnet, drei Jahre aufzubewahren.

Für Personen, die wegen ihrer Krankheit fortlaufend Suchtgifte benötigen, können Dauerverschreibungen mit der maximalen Geltungszeit eines Monates ausgestellt werden. Hiefür liegen spezielle vierteilige Rezeptformulare auf.

Suchtgiftdauerverschreibungen unterliegen gemäß der Suchtgiftverordnung der Überprüfung und Fertigung (Vidierung) durch den zuständigen Amtsarzt. Dieser ersetzt die ansonsten notwendige chef-(kontroll)ärztliche Bewilligung.

Verordnungen

Verordnungsscheine sind ebenfalls bewilligungspflichtig.

Zuweisungen / Überweisungen

Seit Anfang 2006 sind in Niederösterreich Zuweisungen und Überweisungen von Wahlärzten zu Kassenärzten den Kassenzuweisungen gleichgestellt. Dies stellt für Wahlarztpatienten und insbesondere für Allgemeinmediziner eine enorme Erleichterung dar. Die Handhabung in den übrigen Bundesländern ist unterschiedlich. Die Autoren empfehlen jedenfalls die direkte Kontaktaufnahme mit Ärzten, zu denen häufig zugewiesen wird, um die Logistik abzusprechen. Einige Zuweisungen (Magnetresonanz-Untersuchung) sind grundsätzlich (auch für Kassenärzte) bewilligungspflichtig.

Krankschreibung

Auch Wahlärzte können eine Krankschreibung vornehmen. Der Wahlarzt muss dem Kontrollarzt die Daten des Erkrankten übermitteln (Stammdaten, Diagnose, Beginn des Krankenstandes), der Kontrollarzt übermittelt dem Patienten den „gelben Zettel".

Ausbildungsnachweise

Einige Leistungen in der Ordination erfordern entsprechende Ausbildungsnachweise, die unbedingt an die jeweiligen Krankenkassen zu übermitteln sind (siehe Tabelle 7, S. 204). Verabsäumt der Wahlarzt diese Meldung, erhalten die Patienten keine Rückvergütung für die entsprechende Leistung. Weiters können die Patienten eine Mitteilung

TABELLE 7

BEISPIELE FÜR LEISTUNGEN MIT ERFORDERLICHEM AUSBILDUNGSNACHWEIS

Colonoskopie	**Chirurgie**
	Innere Medizin
Sonographie von Weichteilen	Orthopädie und orthopädische Chirurgie
Sonographie der kindlichen Hüfte	Orthopädie und orthopädische Chirurgie
	Kinder- und Jugendheilkunde
Vaginosonographie	Frauenheilkunde und Geburtshilfe
Sonographie bei Schwangerschaft	Frauenheilkunde und Geburtshilfe
Urologische Ultraschalluntersuchung	Urologie
Sonographie Bauch	Innere Medizin
	Kinder- und Jugendheilkunde
	Chirurgie
Ergometrie	Innere Medizin
Echokardiographie	Innere Medizin
Psychotherapeutische Sitzung	PSY III Diplom
	Psychotherapeut
Elektroenzephalogramm	Neurologie
	Psychiatrie
Uroflowmetrie	Urologie
Langzeit – EKG	Innere Medizin
Elektroneurographie	Neurologie
	Psychiatrie
Elektromyographie	Neurologie
	Psychiatrie
Manuelle Therapie	Orthopädie und orthopädische Chirurgie

von der Krankenkasse erhalten, dass der Arzt nicht berechtigt war, diese Leistung zu erbringen. Vor allem letzteres kann nachhaltige Folgen für Ihren Ruf als Wahlarzt haben. Den Autoren sind auch einzelne Schreiben bekannt, die mit dem Zusatz versehen sind, dass diese Leistung bei einem Vertragsarzt kostenlos in Anspruch genommen werden kann.

Was Patienten von einem Wahlarzt erwarten

Ein zentrales Thema in der Wahlarztordination ist ZEIT:

- kurze Wartezeit auf einen Termin
- kurze Wartezeit im Wartezimmer
- viel Zeit für Gespräch

Weiters erwarten die Patienten persönliche Betreuung im Wartezimmer und in der Ordination, keinen Massenbetrieb. Die Organisation der Ordination sollte daher so aufgebaut sein, dass diese Erwartungen erfüllt werden können (Tabelle 8).

TABELLE 8	DIE OPTIMALE WAHLARZTORDINATION
	– Fixkosten minimieren
	– Zeit für Verwaltungsaufwand minimieren
	– Zeit für den Patienten maximieren
	– Gutes Zeitmanagement
	– Serviceleistungen anbieten, z.B. Arztbrief, Patientenbrief, Einreichung der Honorarnote beim Kostenträger
	– Nach(t)arbeit vermeiden: Wenn ein Patient Ihre Ordination verlässt, sollten die Patienten-bezogenen Arbeiten abgeschlossen sein

Honorargestaltung und Rückersatz

Die Honorare bei Wahlärzten sind in der Höhe völlig frei gestaltbar und müssen nach betriebswirtschaftlichen Überlegungen kalkuliert werden. Damit sind Wahlärzte der Konkurrenz der freien Marktwirtschaft ausgesetzt. Das betriebswirtschaftliche Risiko einer Wahlarztordination ist jedenfalls wesentlich höher einzuschätzen als das einer Kassenordination. Viele Wahlärzte haben erkannt, dass es nicht möglich und auch nicht sinnvoll ist, eine Wahlarztordination zum Kassentarif wirtschaftlich positiv zu führen, insbesondere deshalb, da der Faktor „Zeit = Patientenbetreuung" von den Krankenkassen in Österreich nur minimal bewertet wird.
Seit der Reform der Werberichtlinien 2004 ist das öffentliche Nennen von Preisen erlaubt. Wahlärzte informieren ihre Patienten zunehmend über eine vorhandene Website oder über Schilder in der Ordination.

Honorarnote

Voraussetzung für die Möglichkeit der Einreichung einer Honorarnote bei der Krankenkasse ist die formal richtige Ausstellung. Eine Honorarnote muss enthalten:

- Arztdaten (Name, Fachgebiet, Anschrift)
- Patientendaten (Name, Geburtsdatum, Versicherungsnummer, Adresse, Versicherung)
- Daten des Versicherten (falls der Patient mitversichert ist)
- Diagnose(n)
- Erbrachte Leistungen (Angabe der Positionsnummer nicht erforderlich, aber dringend zu empfehlen)
- Ordinationsdatum

- Zahlungsdatum (wenn bar bezahlt wurde)
- Saldierung (Betrag dankend erhalten, Betrag wird auf Konto überwiesen)
- Fortlaufende Nummerierung ist nicht unbedingt erforderlich, erleichtert aber oft die Zuordnung von Buchungen (in sich geschlossener Nummernkreis; das heißt es kann täglich, wöchentlich, monatlich oder jährlich mit der Nummer 1 begonnen werden)

Rückerstattung durch die Krankenkasse

Die Rückerstattung beträgt maximal 80 Prozent des Kassentarifs. Bei Besuch eines Facharztes OHNE Zuweisung durch den Arzt für Allgemeinmedizin ist die Position „Arztbrief" nicht rückerstattungsfähig. Wenn der Wahlarzt 80 Prozent des Kassentarifs verrechnet (wovon dringend abzuraten ist!), erhält der Patient (theoretisch) die Gesamtkosten rückerstattet. Viele Ausnahmen (insbesondere die limitierten Leistungen) führen aber dazu, dass die Kostenrückerstattung für einzelne Leistungen nur etwa 20 Prozent betragen kann. Die Rückerstattung kann das Wahlarzthonorar nicht überschreiten.
Ausnahmen zugunsten des Patienten sind: Die KFA ersetzt 100% des Kassentarifs. Auch bei Mutter-Kind-Pass-Untersuchungen werden 100% ersetzt, bei Notfällen sogar bis 200% des Kassentarifs.
Diesen „guten" Ausnahmen stehen die limitierten Leistungen gegenüber. Das sind z.B. Leistungen der NÖ-GKK, die Kassenärzte nur einmal pro Quartal oder nur bei einer bestimmten Anzahl ihrer Patienten verrechnen dürfen. Limitierte Leistungen werden bei Wahlärzten mit Fixbeträgen abgegolten, die unter dem Kassentarif liegen, jedoch bei jedem Patienten rückerstattet. Die Tarife werden jährlich angepasst und errechnen sich aus der Überschreitung der jeweiligen Leistungen bei den Ärzten mit Kassenvertrag.

Kein Kostenersatz wird geleistet bei Besuch eines Vertragsarztes desselben Fachgebietes im selben Abrechnungszeitraum (dieser ist das Quartal bei den Gebietskrankenkassen bzw. der Monat bei den „kleinen Kassen"). Werden jedoch zwei oder mehrere Wahlärzte desselben Fachgebietes in Anspruch genommen, so werden nur die Kosten für die Inanspruchnahme jenes Wahlarztes ersetzt, dessen Honorarnote als erste bei der Kasse einlangt.

Wahlärzte sollten gegenüber ihren Patienten keine konkreten Summen bezüglich des Kostenersatzes nennen oder Versprechungen machen. Der Patient hat das Recht, von der Krankenkasse eine Aufschlüsselung der Rückerstattung zu beantragen. Ebenso hat er das Recht auf eine bescheidmäßige Ausfertigung dieser Aufschlüsselung. Gegen diesen Bescheid sind bei Bedarf Rechtsmittel möglich. Der Wahlarzt hat diesbezüglich KEINE Rechte.

Für die Kostenerstattung muss die Honorarnote vom Patienten beim jeweiligen Kostenträger eingereicht werden. Eine Abtretung dieses Rechts an den Arzt oder an eine sonstige Person ist nicht möglich. Auch eine „Vorfinanzierung" durch den Arzt oder eine andere Rechtsperson fällt weg. Abgenommen werden kann dem Patienten allerdings der Postweg. Das heißt: Die Honorarnote wird ausgestellt und bezahlt, der Patient lässt das Ansuchen um Rückerstattung in der Ordination, die Honorarnoten werden gesammelt an die jeweiligen Krankenkassen geschickt. Diese Serviceleistung wird von vielen Patienten gern in Anspruch genommen und auch von vielen Wahlärzten angeboten.

In zahlreichen Beratungsseminaren ist gelegentlich der Gedanke aufgetaucht, dem Patienten eine saldierte Honorarnote auszustellen und vom Patienten dann jenen Betrag zu verlangen, den er von der Krankenkasse rückerstattet bekommen hat. Dieses Vorgehen ist völlig unkorrekt, bringt die Buchhaltung in Unordnung und bestätigt Zahlungen, die nicht getätigt wurden. Das Recht des Arztes auf eine tatsächliche Zahlung erlischt damit. Bei der Krankenkasse können nur saldierte und bezahlte Honorarnoten eingereicht werden. Bei Erlagscheinzahlungen muss der Patient den Zahlscheinabschnitt mit der Honorarnote mitschicken.

Wie hoch soll das Honorar sein?

Eine konkrete Antwort auf diese Frage ist nicht möglich. Die folgenden Absätze sollen aber Beispiele aufzeigen und Gedanken entwickeln, mit denen jeder Wahlarzt zu einer schlüssigen Honorargestaltung kommen kann. Jedenfalls ist dringend zu empfehlen, VOR der ersten Ordination ein Modell zu entwickeln. Modellhaft stehen mehrere Möglichkeiten zur Verfügung.

– Leistungsabhängiges und kassentariforientiertes System

Der Nachteil für den Arzt besteht darin, dass für ein und dieselbe Leistung bei verschiedenen Patienten ein unterschiedlicher Betrag verrechnet wird. Der Nachteil für den Patienten besteht darin, dass der Rückerstattungsbetrag bei verschiedenen Krankenkassen unterschiedlich hoch ist. Das heißt, dass Patienten, die bei verschiedenen Krankenkassen versichert sind, für ein und dieselbe Leistung unterschiedlich hohe Honorare bezahlen müssen. Dies kann zu Verwunderung bei den Patienten führen, wenn nicht eine entsprechende Aufklärung vorangeht. Die Autoren raten von diesem Modell ab.

– Abrechnung nach Kassentarif

Dies ist das klassische Beispiel für die Abrechnung der Ärzte mit Kassenvertrag. Es steht auch dem Wahlarzt frei, sich an den Honoraren der Krankenkasse zu orientieren. Der Vorteil besteht darin, dass hier bereits Honorarkataloge vorliegen, die man einfach übernehmen kann.

Der Patient erhält grundsätzlich 80 Prozent des bezahlten Honorars rückerstattet, bedingt durch zahlreiche Ausnahmen (limitierte Leistungen, Pilotprojekte) ist der Rückerstattungsbetrag meist niedriger. Der Nachteil liegt in der Höhe der Honorare. Im Regelfall nehmen sich Wahlärzte mehr Zeit als Kassenärzte. Dieses Schema hält deshalb im Regelfall einer betriebswirtschaftlichen Analyse nicht stand und wird nicht empfohlen.

– Verrechnung von 80% des Kassentarifs

Der Vorteil für den Patienten besteht in der völligen Honorarrückerstattung des bezahlten Betrages. Limitierte Leistungen und Leistungen aus Pilotprojekten müssten unter den 80 Prozent angesetzt werden. Der Honorarnachteil für den Wahlarzt ist noch höher als bei Abrechnung nach dem Kassentarif. Die wirtschaftlich positive Führung einer Wahlarztordination mit Honoraren unter dem Kassentarif ist für die Autoren undenkbar.

– Abrechnung nach Kassentarif plus persönlicher Zuschlag

Dieses Honorarschema bietet dem Wahlarzt die Möglichkeit, den Honorarnachteil auszugleichen. Gleichzeitig stellt sich aber auch die Frage, wie hoch dieser Zuschlag sein soll. Nach Ansicht der Autoren sollte man sich statt dieser Lösung gleich einem leistungsabhängigen und damit Krankenkassen unabhängigen Modell zuwenden.
Ein grundsätzliches Problem bei der Orientierung am Kassentarif sehen die Autoren darin, dass verschiedene Patienten für ein und dieselbe Leistung unterschiedliche Honorare bezahlen. Diese Tatsache sollte den Patienten unbedingt erklärt werden, da es sonst zu Diskussionen unter den Patienten kommen kann, die durchwegs außerhalb der Ordination stattfinden werden.

– Leistungsabhängiges und Krankenkassen unabhängiges System

Der Vorteil für den Wahlarzt besteht in der Vereinfachung der Schemata der Krankenkassen. So ist es beispielsweise möglich, sich grundsätzlich am BVA-Schema zu orientieren und dieses Abrechnungsschema für alle Patienten zur Anwendung zu bringen. Ein Nachteil für Arzt und Patient liegt darin, dass die Höhe des Honorars nicht planbar ist. Weder der Patient weiß vor dem Ordinationsbesuch, wie viel er zahlen muss, noch weiß der Arzt, mit welchen Einnahmen er an einem Ordinationstag rechnen kann. Eine Gefahr bei der Anwendung leistungsabhängiger Systeme besteht darin, dass der Patient denken könnte, dass Leistungen nur erbracht werden, um sie verrechnen zu können („viele Spritzen, viel Geld ...“).

– Leistungsunabhängiges System

Der Wahlarzt verrechnet eine Pauschalsumme, unabhängig von den erbrachten Leistungen (im Kassensinn). Gerade zu Beginn der Ordinationstätigkeit ist das Positionieren am Markt oft schwierig. Die Höhe der Honorare ist sowohl für Arzt wie für Patienten planbar. Dieses System wird beispielsweise von Fachärzten für Orthopädie sowie Gynäkologie sehr häufig verwendet.

Beispiele aus der Praxis:

- Pauschalsumme für Erstordination: EUR 60,00 bis 100,00
- Pauschalsumme für weitere Ordination: EUR 40,00 bis 60,00

Denkbar sind weitere Unterteilungen für kurze Ordinationen (wie bei Spritzenkuren oder bei ausschließlicher Rezeptausstellung) sowie abgestufte Tarife für Kinder.

Wichtig ist, dass der Wahlarzt für sich persönlich die Begriffe „Erstordination“ und „weitere Ordination“ definiert. Ein solches System ist für die Patienten einfach durchschaubar und kalkulierbar, aber sicher nicht für alle Fachgebiete geeignet.

Auch hier ein Beispiel aus der Praxis:
Erstordination wird verrechnet bei Erstbesuch der Ordination. Sucht der Patient innerhalb eines Zeitraums von 3 oder 4 Monaten die Ordination mit demselben Problem wieder auf, wird eine weitere Ordination verrechnet. Bei Auftreten eines neuen Problems in diesem Zeitraum wird eine Erstordination verrechnet, ebenso bei Aufsuchen der Ordination nach dem Erstbesuch von 3 oder 4 Monaten.

– Leistungsunabhängiges System mit Zeitfaktor

Abhängig vom jeweiligen Fachgebiet oder der speziellen Tätigkeit kann auch eine Staffelung der Honorare nach einem Zeitraster erfolgen (je 10 Minuten oder je 5 Minuten). Das Honorar für die Ordination ergibt sich somit aus der jeweiligen Dauer der Ordination. Bei sehr kurzen Ordinationen (5 Minuten) wird im Regelfall ein kleiner Zuschlag verrechnet. Zu bedenken ist, dass der Patient nicht das Gefühl bekommt, die Ordination wird vom Arzt bewusst „verlängert".

– Mischsystem

Bei einem Mischsystem wird für die Ordination mit einem definierten Leistungsumfang eine Pauschalsumme verrechnet.

Beispiel Facharzt für Innere Medizin:

1. Erstordination inklusive EKG, Blutdruckmessung, Beratung. Für zeitaufwändige Zusatzuntersuchungen wird diese Leistung gesondert und leistungsabhängig verrechnet.
2. Ergometrie, Gastroskopie, etc. Das Honorar für diese Zusatzleistung kann wieder (wie oben ausgeführt) Krankenkassen-abhängig oder Krankenkassen-unabhängig definiert werden oder sich am BVA-Tarif

orientieren. Die Höhe des Honorars ist für Arzt und Patienten überwiegend planbar, insbesondere lässt sich Honorar für den Erstbesuch kalkulieren.

Wann soll die Honorarnote ausgestellt werden?

– Abrechnung pro Quartal oder pro Monat

Bei der Entscheidung für dieses Modell muss Zeit außerhalb der Ordinationszeit für die Abrechnung aufgewendet werden. Wird ein EDV-System genutzt, können meist relativ einfach Honorarnoten für den entsprechenden Abrechnungszeitraum ausgestellt und auch die entsprechenden Zahlscheine automatisch bedruckt werden. Trotzdem ist ein zusätzlicher Zeitaufwand notwendig. Als Zahlungsart kommt ausschließlich der Erlagschein in Frage. Folge dieser Abrechnung sind ständige Honoraraußenstände und Zinsverlust. Weiters sind die Portogebühren zu bedenken.

– Abrechnung pro Behandlungsserie

Bei geplanten Behandlungsserien erfolgt die Bezahlung nach der letzten Behandlung. Es muss nur eine Honorarnote für mehrere Ordinationen ausgestellt werden, der Rechnungsbetrag kann bei Zusammenfassung vieler Ordinationen subjektiv hoch erscheinen. Sollte der Patient zur letzten geplanten Behandlung nicht erscheinen, muss er in eine Liste der offenen Forderungen aufgenommen werden.

– Abrechnung pro Ordination

Nach jeder Ordination wird eine Honorarnote ausgestellt. Dies stellt einen hohen Bezug zwischen Leistung und Bezahlung her, eine zusätzliche Zeit für Abrechnung entfällt. Portogebühren fallen nicht an.
Bei Verwendung eines EDV-Systems ist die Ausstellung sehr einfach. Wird die Honorarnote händisch erstellt, sind Vorlagen zum Ankreuzen

der Leistungen empfehlenswert. Die Autoren empfehlen, jede Ordination sofort zu verrechnen und Barzahlung zu etablieren.

Wie soll das Geld fließen?

– Barzahlung

Die Barzahlung ist eine unkomplizierte Möglichkeit der Verrechnung. In direktem Bezug zur Leistung erfolgt die Zahlung durch den Patienten. Die Honorarnote kann sofort eingereicht und der Postweg für die Einreichung durch die Wahlarztordination erledigt werden. Die Etablierung eines Mahnwesens fällt weg, der Ordinationsbetrieb wird nicht durch zusätzliche administrative Tätigkeiten belastet. Der Hinweis auf die Notwendigkeit der Barzahlung sollte bereits bei der telefonischen Anmeldung des Patienten erfolgen.

– Bankomatkarte

Von der Wertigkeit her ist die Bankomatkasse der Barzahlung gleichzusetzen. Der Nachteil liegt in den Kosten für den Wahlarzt, der für die Installation der Hardware aufkommen muss. Die durchschnittlichen Kosten pro Buchung sind mit etwa 80 bis 90 Cent zu veranschlagen.
Bankomatkassen eignen sich insbesondere für größere Ordinationen, die hauptberuflich geführt werden, sowie für Ordinationen, in denen hohe Honorare anfallen (Zahnärzte, chirurgische Leistungen in den Ordinationsräumlichkeiten). Die Erfahrung zeigt, dass der Großteil der Patienten das Angebot einer Zahlung mit Bankomatkarte nutzt.
Bei Gemeinschaftsordinationen können Buchungen über ein Terminal auf Subkonten erfolgen.

– Kreditkarte

Die Bewertung kann der Bankomatkarte gleichgesetzt werden, die Kosten für den Wahlarzt sind allerdings höher.

– Zahlschein (Erlagschein)

Diese Zahlungsvariante erfordert die Einrichtung eines Mahnwesens und einer Liste der offenen Forderungen, weiters sind regelmäßig die Kontobelege nach Zahlungen zu durchsuchen. Zahlungseingänge sind aus der offenen Postenliste zu streichen oder im EDV-System als bezahlt einzugeben. Nicht bezahlte Honorarnoten sind einzumahnen. Erlagscheine verursachen einen zusätzlichen administrativen Aufwand in Ihrer Ordination.

Weitere Gedanken zur Honorargestaltung

Die Höhe des Honorars hängt auch vom jeweiligen Fachgebiet ab. Ein Patient, der einen Plastischen Chirurgen einmal im Leben aufsucht, ist bereit, ein höheres Honorar zu zahlen als bei einem Kinderarzt, der oft mehrmals pro Monat konsultiert werden muss.
Weiters müssen der Standort, die Bevölkerungsstruktur, die Infrastruktur und auch die Konkurrenz bedacht werden. Die Honorare von bereits in der Region niedergelassenen Wahlärzten können durchaus als Maßstab herangezogen werden, da hier mit hoher Wahrscheinlichkeit eine Akzeptanz in der Bevölkerung gegeben ist.
Die Honorarfestsetzung kann nur unter Berücksichtigung einer entsprechenden Planrechnung erfolgen, die alle wirtschaftlichen Faktoren der Ordination einschließt. Dumpingpreise sind kein geeignetes Marketinginstrument. Zu niedrige Preise signalisieren dem Patienten „wenig Wert" und gefährden die ökonomische Führung der Ordination.
Viele Wahlärzte berichten vor allem zu Beginn der Ordinationseröffnung von Gewissenskonflikten:

- Habe ich zuviel verrechnet?
- Was mache ich, wenn der Behandlungserfolg ausbleibt?
- Soll ich für eine Befundbesprechung überhaupt etwas verrechnen?

- Soll ich für die Ausstellung eines Rezeptes etwas verrechnen?
- Wie gehe ich mit telefonischen Beratungen um?

Der Patient erwartet auch beim Wahlarzt keine Erfolgsgarantie auf die Behandlung. Er erwartet, dass der Wahlarzt ihm ZEIT zur Verfügung stellt. Die Ordinationstätigkeit sollte daher keinesfalls als Ansammlung von „Leistungen" im Sinne der Krankenkassen gesehen werden. Patienten erwarten von Wahlärzten in erster Linie Leistungen, die im sozialen Gesundheitssystem nicht angeboten werden. Grundmotivation ist der Wunsch nach persönlicher Behandlung der Probleme. Natürlich besteht auch die Erwartung einer hohen Kostenrückerstattung, diese wird vom Patienten aber nicht als vordringlich angesehen.

Die Position des Allgemeinmediziners als Wahlarzt

Die Bereitschaft der Bevölkerung, einen Wahlarzt für Allgemeinmedizin aufzusuchen, ist deutlich geringer als bei Fachärzten. Eine Umfrage der Ärztekammer für NÖ aus dem Jahre 2003 zeigt die Situation deutlich (siehe Abb. 6).

Aus diesem Grund ist gerade für den Allgemeinmediziner die Planung der Ordination und eine realistische Zielgruppendefinition wichtig. Viele Wahlärzte für Allgemeinmedizin werden in die Ecke der Komplementärmedizin gedrängt. Bei der Inanspruchnahme von komplementärmedizinischen Leistungen, die übrigens in der Bevölkerung einen hohen Stellenwert haben, ist der Patient eher geneigt, diese Leistungen NICHT bei seinem Hausarzt in Anspruch zu nehmen, sondern durchaus den Wahlarzt aufzusuchen.

Kostenminimierung und Konzentration auf die Kernkompetenz sind von größter Bedeutung. Zusatzausbildungen im Bereich der Komplementärmedizin sind Grundvoraussetzung für den Erfolg als Allgemeinmediziner in der Wahlarztordination. Die Österreichische Ärzte-

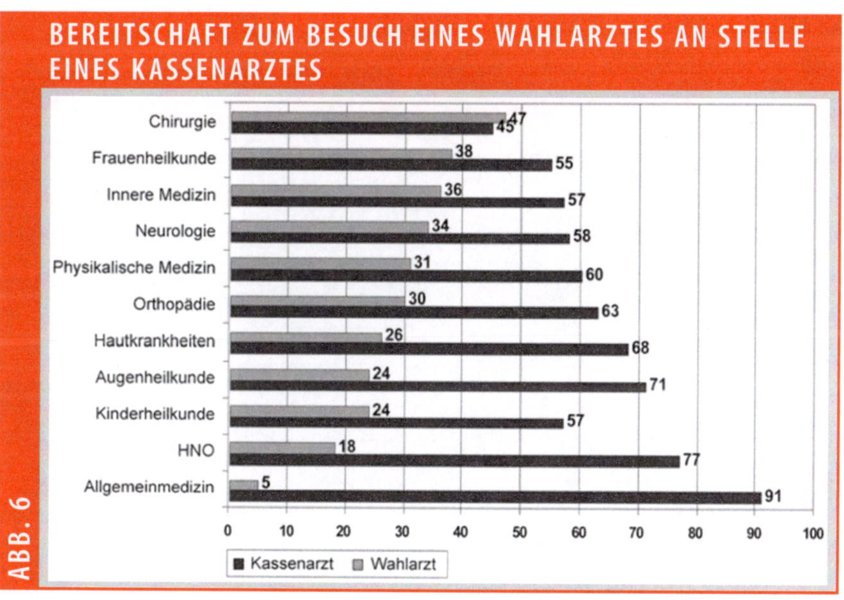

ABB. 6 BEREITSCHAFT ZUM BESUCH EINES WAHLARZTES AN STELLE EINES KASSENARZTES

kammer bietet zahlreiche Diplome für diesen Bereich an (siehe Tabelle 9).

Die Honorargestaltung für „hausärztliche Leistungen" muss oft dem Markt (= dem Kassentarif) angepasst werden, damit diese Leistungen von den Patienten überhaupt angenommen werden. Für die Inanspruchnahme komplementärmedizinischer Leistungen sollten aber unbedingt betriebswirtschaftlich kalkulierte Honorare verrechnet werden, die eine interne Subventionierung der „hausärztlichen" Tätigkeit ermöglichen.

Behandlungsblöcke für Raucherentwöhnung oder Gewichtsreduktion sollten gegen Vorausbezahlung der gesamten Betreuung angeboten

FÜR WAHLÄRZTE INTERESSANTE DIPLOME DER ÖSTERREICHISCHEN ÄRZTEKAMMER

TABELLE 9

- Akupunktur
- Anthroposophische Medizin
- Applied Kinesiology
- Arbeitsmedizin
- Chinesische Diagnostik und Arzneitherapie
- Diagnose und Therapie nach Dr. F. X. Mayr
- Ernährungsmedizin
- Geriatrie
- Homöopathie
- Klinischer Prüfarzt
- Kneipptherapie
- Komplementärverfahren in der Zahnheilkunde
- Krankenhaushygiene
- Kurortemedizin
- Manuelle Medizin
- Neuraltherapie
- Notarzt
- Palliativmedizin
- Psychosoziale Medizin
- Psychosomatische Medizin
- Psychotherapeutische Medizin
- Schularzt
- Sportmedizin
- Umweltmedizin
- Zahnärztliche Hypnose und Kommunikation

werden. Dies erhöht die Compliance und stellt die Bezahlung in einem hohen Maß sicher.
Gruppenberatungen erhöhen nicht nur den Umsatz, sondern ermöglichen auch einen Erfahrungsaustausch der Patienten innerhalb der Gruppe.

Vorsorgeuntersuchung

Wahlärzte können mit den Sozialversicherungsträgern einen Vertrag für die Durchführung von Vorsorgeuntersuchungen abschließen. Sie sind dann für diesen Bereich Vertragsärzte. Zur Durchführung der Vorsorgeuntersuchungen sind folgende Ärzte mit Niederlassung berechtigt:

- Ärzte für Allgemeinmedizin
- Fachärzte für Innere Medizin
- Fachärzte für Lungenkrankheiten
- Fachärzte für Frauenheilkunde und Geburtshilfe

Die Vorsorgeuntersuchung kann auf Kosten der Sozialversicherungsträger einmal jährlich von Personen, die das 19. Lebensjahr vollendet haben, in Anspruch genommen werden. Die Durchführung von Vorsorgeuntersuchungen bietet vor allem Allgemeinmedizinern eine sehr gute Möglichkeit, Patienten zu gewinnen und den Bekanntheitsgrad der Ordination zu verstärken.
Die Honorarabrechnung der Vorsorgeuntersuchung mit der Krankenkasse kann erst nach dem Abschlussgespräch erfolgen. Sollte das Abschlussgespräch vom Patienten nicht wahrgenommen werden, erfolgt die Abrechnung jedenfalls am Ende des Abrechnungszeitraumes.
Zusätzlich zur Vorsorgeuntersuchung können im Rahmen des Ordinationsbesuches andere Serviceleistungen angeboten werden, je nach Ausbildung und Fähigkeiten des Arztes. Beispiele dafür sind:

- Ernährungsberatung bei Adipositas, Hyperlipidäme
- Akupunktur bei Schmerzen im Bewegungsapparat
- Entspannungstechniken bei vegetativer Dystonie
- Raucherentwöhnung
- Psychotherapie

Häufige Fragen von Patienten und heikle Situationen in der Praxis

Mit den nachfolgend angeführten Fragen und Reaktionen von Patienten werden Wahlärzte in der Ordination häufig konfrontiert. Jeder Arzt und jede Ordinationshilfe sollte deshalb unbedingt entsprechende Antworten parat haben.

„Herr Doktor, ich würde ja gern zu Ihnen kommen, aber ich habe erfahren, dass Sie für die Erstuntersuchung 60 Euro verlangen. Der Betrag ist mir zu hoch, weil ich Pensionist bin. Können Sie mir da ein bisschen entgegenkommen?"

„Frau Doktor, wenn ich jetzt regelmäßig zu Ihnen kommen muss, können Sie mir dann nicht einen Preisnachlass gewähren?"

Antwortmöglichkeiten:
„Ich nehme mir für alle Patienten ausreichend Zeit. Kontrolluntersuchungen sind kostengünstiger als Erstbesuche. Daher bezahlen alle Patienten denselben Pauschalbetrag, den Sie ja kennen."
„Auch in allen weiteren Ordinationsbesuchen widme ich Ihnen die gesamte erforderliche Zeit. Ich denke, dass Sie das auch wissen und schätzen. Ich kann Ihnen daher keinen Preisnachlass gewähren."
„Wenn ich Ihnen einen Preisnachlass gewähre, kann ich mich Ihnen in den nächsten Ordinationsbesuchen nicht mehr so intensiv widmen.

Nur wenn Sie auch mit dieser Konsequenz einverstanden sind, können wir uns auf einen Nachlass einigen."

Achtung: Wenn der Patient einwilligt, müssen Sie darauf achten, dass er die Intensivbetreuung nicht doch einfordert (verwickelt Sie mit Fragen in ein Gespräch, klagt über neue Symptome etc. und konsumiert so die volle Leistung zu einem reduzierten Preis und bringt Sie obendrein in zeitlichen Verzug).

Wenn Sie einmal einer Ermäßigung zustimmen, wird sich das herumsprechen und Sie werden immer öfter mit dieser Frage konfrontiert sein. Schaffen Sie zu Beginn klare Verhältnisse, dann wird diese Frage selten auftreten.

Gelegentlich tauchen auch gute Bekannte von guten Bekannten oder Verwandten auf, die jemanden gut kennen, den auch Sie kennen. Überlegen Sie VOR Eröffnung der Ordination, ob Sie Ausnahmen machen wollen. Wir machen extrem selten Ausnahmen, da es sehr schwierig ist, eine gerechte Grenze zu ziehen.

„Frau Doktor, Sie haben gerade Ihre Praxis eröffnet, wie viel verlangen Sie für einen Hausbesuch? Meine Frau braucht einmal wöchentlich eine Infusion und unser Hausarzt ist total überlastet."

Antwortmöglichkeiten:

„Für einen Hausbesuch verrechne ich den doppelten Betrag wie für einen Ordinationsbesuch."

„Für einen Hausbesuch verrechne ich den dreifachen Betrag wie für einen Ordinationsbesuch."

„Zusätzliche Fahrtkosten verrechne ich nicht."

„Für einen Hausbesuch verrechne ich einen Fixbetrag von 150 Euro."

„Zusätzlich fallen Fahrtkosten von 0,5 Euro pro Kilometer an."

„Ich mache grundsätzlich keine Hausbesuche."

Überlegen Sie, wie viel Umsatz Sie in der Zeit eines Hausbesuches in Ihrer Ordination erzielen könnten, bedenken Sie auch die Fahrtzeiten und die Fahrtkosten. Vielleicht sind aber Hausbesuche Ihre große Stärke und Ihr Schwerpunkt; auch da sollten Sie sich eine ökonomische Honorarstruktur überlegen. Machen Sie eventuell Hausbesuche an ordinationsfreien Tagen.

„Herr Doktor, wenn ich meine Frau und mein Kind mitnehme, können wir einen Mengenrabatt bekommen?"

Antwortmöglichkeiten:
„Für Familien biete ich immer Sondertarife an, die 10 Prozent unter meinen Normaltarifen liegen."
„Ich nehme mir für alle Patienten ausreichend Zeit und muss meine Fixausgaben bewältigen können (Miete, Ordinationshilfe, Ärztekammer). Daher bezahlen alle Patienten denselben Pauschalbetrag."
Bei Ihren Überlegungen zur Honorargestaltung sollten Sie diese Frage bereits einkalkulieren. Manche Ärzte geben keine Rabatte bei kompletten Familien, nehmen sich aber auch ausreichend Zeit (2 volle Termine).
Im Bereich der Allgemeinmedizin und Kinderheilkunde ist es allerdings oft zweckmäßig, Rabatte anzubieten. Dies vor allem deshalb, da etwa für einen Gesamttermin für 3 Kinder meist weniger Zeit erforderlich ist als für 3 Kinder verschiedener Familien. Prinzipiell hängt die Antwort davon ab, ob Sie sich für eine ganze Familie genau so viel Zeit nehmen wie für verschiedene Patienten oder ob Sie die Familie in einem oder in zwei Terminen zusammenfassen.

„Frau Doktor, jetzt war ich schon dreimal zu einer Infiltration bei Ihnen und die Schmerzen sind immer noch die gleichen ..."

Antwortmöglichkeit:
„Leider haben Sie auf die durchgeführte Behandlung nicht optimal angesprochen, diese Möglichkeit haben wir bereits bei Ihrem ersten Besuch besprochen. Ich schlage eine stationäre Aufnahme vor, um eine intensivere Behandlung durchführen zu können.“

„Herr Doktor, ich habe das Inserat von Ihrer Ordinationseröffnung in der Lokalzeitung gelesen. Glauben Sie, dass Sie meinen Ausschlag in den Griff kriegen können? Ich war bereits bei zig Fachärzten und sogar bei einem Universitätsprofessor.“
(telefonische Anfrage)

Antwortmöglichkeiten:
„Das kann ich am Telefon nicht sagen. Wenn der Ausschlag mit schulmedizinischen Maßnahmen nicht besser geworden ist, könnte man es mit Akupunktur oder anderen Methoden versuchen. Dazu ist es aber notwendig, dass ich Sie einmal untersuchen kann. Eine Garantie für einen Behandlungserfolg kann ich jedoch nicht geben.“
„Ich kann mir gut vorstellen, dass ich für Ihre Erkrankung eine hilfreiche Therapie anbieten kann. Einen Erfolg kann ich Ihnen aber auch nicht garantieren. Genaueres kann ich natürlich erst im Rahmen eines Ordinationsbesuches sagen.“
Auch Kollegen und Professoren kochen nur mit Wasser. Wer weiß, vielleicht sind gerade Sie bei diesem Krankheitsbild des Patienten der Experte. Nicht gleich vor berühmten Namen in die Knie gehen!

„Bin ich Ihnen heute auch was schuldig?“
(fragt eine Patientin bei der Zweit- oder Drittuntersuchung)

Antwortmöglichkeit:
„Ja, selbstverständlich verrechne ich nach jeder Ordination ein Honorar.“

Situation in der Praxis: Patientin verlässt Ordinationsraum in einer Praxis ohne/mit Ordinationshilfe und macht keinerlei Anstalten zu bezahlen.
Bewältigungsmöglichkeit dieser Situation: Eine Honorarnote ausstellen und mit einem Erlagschein nachsenden (eventuell Einschreibebrief). Der Patientin nachgehen, und sie darauf aufmerksam machen, dass sie offensichtlich vergessen hat, die Rechnung zu begleichen.

Der Patient informiert Sie darüber, dass er sehr zufrieden mit Ihnen sei. Er habe jedoch von einem Freund erfahren, dass sich ein neuer Wahlarzt niedergelassen hat, der um ca. 20% niedrigere Tarife hat und schlägt Ihnen vor, dieses Honorar auch bei ihm zu verlangen, andernfalls würde er den Arzt wechseln.

Mögliche Argumente:
„Jeder Patient muss selbst entscheiden, zu welchem Arzt er geht. Ich würde es jedoch sehr bedauern, Sie als Patient zu verlieren, da wir Ihre Probleme bisher immer gut in den Griff bekommen haben."
„Es tut mir leid, dass Sie, obwohl Sie mit meiner Leistung zufrieden sind, wegen des Honorars den Arzt wechseln wollen. Es steht Ihnen aber frei, Ihren Arzt nach Ihrem Gutdünken zu wählen. Ich wünsche Ihnen alles Gute. Sollten Sie eines Tages doch wieder einen Besuch in meiner Ordination wünschen, zögern Sie nicht, einen Termin zu vereinbaren, Sie werden gerne wieder aufgenommen."
Lassen Sie nicht im Preis nach. Eine Ordination ist kein Bazar. Es wird immer ein anderer Arzt billiger sein als Sie. Wird nachgegeben, dann besteht die Gefahr, dass die Patienten die Preisspirale nach unten drehen (auch bei Ihren Kollegen, denn dort sagen die Patienten vielleicht das gleiche über Sie). Sollten Sie wegen des billigeren Kollegen viele Patienten verlieren, suchen Sie das Gespräch mit dem betreffenden Kollegen und versuchen Sie, mit ihm ein „Kartell" zu bilden. Wirklich

zufriedene Patienten wechseln den Wahlarzt nur sehr selten auf Grund eines geringeren Honorars bei einem Kollegen. Lassen Sie ihn ziehen. Alles andere wird nur als hilfloses Betteln um Umsatz ausgelegt.

Ein Patient ruft an und fragt nach der Höhe des Honorars.

Antwortmöglichkeiten:
„Für die Erstordination sind 80 Euro zu bezahlen, für jede weitere 50 Euro."
„Für die Erstuntersuchung beträgt das Honorar 80 Euro. Sollten gleichzeitig aufwändige Untersuchungen, z.B. ein Herzultraschall, notwendig werden, fallen pro Untersuchung noch jeweils 50 Euro an."
„Die genaue Höhe des Honorars kann ich Ihnen nicht sagen. Es kommt darauf an, welche Untersuchungen bzw. Behandlungen notwendig werden."
„Eine ausführliche Auflistung meiner Honorare finden Sie auf meiner Website."
Diese Frage wird sehr oft gestellt. Wenn Sie sich für ein Pauschalhonorar entschieden haben, ist die Antwort einfach. Wenn Sie ein leistungsabhängiges Verrechnungssystem etabliert haben, sollten Sie zumindest Rahmenbeträge nennen können, die für eine Erstordination mit hoher Wahrscheinlichkeit zutreffen. Wichtig ist ein für die Patienten transparentes System.

„Wie hoch ist die Rückerstattung von der Krankenkasse?"

Antwortmöglichkeiten:
„Die Höhe der Rückerstattung hängt von den erbrachten Leistungen im Krankenkassensinn ab. Da ich ein Pauschalhonorar verrechne und die Leistung „Gespräch" nur minimal honoriert wird, kann der Rückerstattungsbetrag zwischen 10% und 40% meines Honorars schwanken."

„Ich verrechne genau den Tarif der Krankenkasse, daher erhalten Sie 80% des bezahlten Honorars als Rückerstattung."
„Die Höhe der Rückerstattung lässt sich nicht genau vorhersagen. Prinzipiell stehen Ihnen 80% des Honorars zu, das ein Kassenvertragsarzt für die gleiche erbrachte Leistung erhalten hätte. Eine etwaige anfallende Krankenscheingebühr wird noch in Abzug gebracht, wenn Sie keine Zuweisung haben."
„Die Höhe der Rückerstattung hängt von der erbrachten Leistung ab. Prinzipiell stehen Ihnen 80% des Honorars zu, das ein Kassenvertragsarzt für die gleiche erbrachte Leistung erhalten hätte."

„Wo muss ich die Honorarnote einreichen?"

Antwortmöglichkeiten:
„Die Honorarnote wird auf Wunsch von unserer Ordination an Ihre Krankenkasse geschickt."
„Die Honorarnote muss bei Ihrer Krankenkasse eingereicht werden. Ein entsprechendes Formular erhalten Sie in unserer Ordination."
„Die Honorarnote schicken Sie mit dem beiliegenden unterschriebenen Ansuchen um Kostenerstattung an Ihre Krankenkasse. Die Adresse steht auf der Honorarnote."
„Die Honorarnote schicken Sie gemeinsam mit einem unterschriebenen Ansuchen um Kostenerstattung an Ihre Krankenkasse. Die Adresse steht auf der Honorarnote."

„Wie lange dauert es, bis ich den Kostenersatz von der Krankenkasse erhalte?"

Antwortmöglichkeiten:
„Die Bearbeitungsdauer der Krankenkassen ist unterschiedlich, die Rückerstattung erfolgt üblicherweise innerhalb von 2 bis 12 Wochen."
„Die Abrechnung der Krankenkasse erfolgt immer nach Ende des Quar-

tals (oder Monats). Die Rückerstattung erfolgt daher in den Wochen danach. Eine konkrete Zeitangabe ist aber nicht möglich."

„Wie lange muss ich in der Ordination warten? Ich muss nämlich meinen Bus erreichen." (telefonische Anfrage)

Antwortmöglichkeit:
„Die Termine sind so eingeteilt, dass Sie mit keiner oder nur mit minimalen Wartezeiten zu rechnen haben."

Patient fragt in der Anmeldung die Ordinationshilfe: „Muss ich den Arztbrief dem Hausarzt geben? Mein Hausarzt darf nicht wissen, dass ich einen Facharzt aufgesucht habe."

Antwortmöglichkeit:
„Nein, es bleibt Ihnen überlassen, ob Sie den Arztbrief weitergeben oder nicht."
Überlassen Sie es dem Patienten, ob er seinen Hausarzt informiert oder nicht. Sie sparen damit Portokosten und beziehen den Patienten bewusst als Hauptperson in die Befundübermittlung ein. Eine Befundübermittlung gegen den Willen des Patienten ist jedenfalls nicht zulässig.

„Auf Ihrem Ordinationsschild steht ‚Wahlarzt aller Kassen'. Kann ich mit meiner e-Card abrechnen?"

Antwortmöglichkeit:
„Nein! ‚Wahlarzt aller Kassen' bedeutet, dass die Honorarnote bei allen Krankenkassen eingereicht werden kann."

„Muss ich den geplanten Krankenhausaufenthalt auch selbst bezahlen?"

Antwortmöglichkeit:
„Nein, der geplante Krankenhausaufenthalt wird von Ihrer Krankenkasse übernommen."

Es ist nicht gestattet, für Leistungen, die in öffentlichen Krankenhäusern im Rahmen einer Anstellung erbracht werden, ein zusätzliches Honorar zu verlangen.

„Muss ich die Medikamente für die Infiltration extra bezahlen oder bekomme ich ein Rezept dafür?"

Antwortmöglichkeiten:
„Sämtliche Medikamente, die Sie in der Ordination erhalten, sind im Pauschaltarif enthalten. Eine zusätzliche Rezepteinlösung ist daher nicht mehr erforderlich."
„Für die Infiltrationsmedikamente erhalten Sie ein Rezept. Bitte bringen Sie die Medikamente zu Ihrem nächsten Termin mit."

„Mein Hausarzt ersucht um einen Brief. Wird dieser Brief direkt an den Hausarzt geschickt?"

Antwortmöglichkeiten:
„Sie erhalten bei jedem Ordinationsbesuch einen Brief an Ihren Hausarzt sowie einen Patientenbrief zu Ihrer eigenen Information."
„Sie erhalten nach Ende der Behandlungsserie selbstverständlich einen Brief für Ihren Hausarzt."
„Der Hausarzt wird nach Ende der Behandlungsserie informiert. Ein Brief wird von unserer Ordination direkt an ihn übermittelt – oder Ihnen übergeben."

Rüstzeug für die Praxisniederlegung

Auf in den wohlverdienten Ruhestand

Geht es nach den Vorstellungen vieler Praxisinhaber, dann vollzieht sich der Wechsel in den Ruhestand automatisch und zu einem bestimmten Zeitpunkt. Das sind jedoch nur Wunschvorstellungen, zu umfangreich sind die bestehenden Möglichkeiten rund um eine Praxisschließung.

Grundsätzlich kann der Arzt den Zeitpunkt frei wählen, lediglich die mögliche Anwartschaft von staatlicher Pension oder Wohlfahrtsfonds ist ein Anhaltspunkt. Es kann aber auch gute Gründe geben, entweder früher oder später in den Ruhestand zu gehen. In diesem Zusammenhang sind zahlreiche Entscheidungen zu treffen, die in nicht unerheblichem Maße über das weitere finanzielle Wohlbefinden entscheiden.

Sich mit 60 Jahren erst Gedanken zu machen, ist sicher der falsche Ansatz. Strategische Entscheidungen treffen kann nur ein Arzt, der spätestens ab Mitte 50 mit der Planung beginnt. Zu groß sind die Auswirkungen von etwaigen noch zu tätigenden Investitionen, auch die Pläne mit Wohlfahrtsfonds und Pensionskasse müssen schon zu diesem Zeitpunkt Berücksichtigung finden. Damit soll rechtzeitig sichergestellt werden, eine Unterdeckung bei der Lebenshaltung zu vermeiden, z.B. durch private Veranlagungen. Allein dieser Finanzbereich weist zahlreiche Themen auf, die abgeklärt werden sollten.

Mitte 50 lässt sich meist schon gut abschätzen, ob die Entwicklung der Verbindlichkeiten betrieblich und privat den seinerzeitigen Vorstellungen entspricht. Sind Tilgungsträger im erforderlichen Ausmaß vorhanden und werden sie zum gewünschten Zeitpunkt genügend Kapital aufweisen? Vorsicht ist bei Fremdwährungskrediten geboten: Werden voraussichtlich Kursgewinne oder -verluste realisiert? Das hat eventuell unangenehme steuerliche Konsequenzen und damit Auswirkungen auf die Liquidität, was im Vorfeld eingeplant werden muss.

Eine weitere Frage ist, wie es auf dem Girokonto der Ordination aussieht? Ist der Liquiditätsbedarf durch das Konto gedeckt oder gibt es einen „versteckten" Refinanzierungsbedarf? Wie schaut der Abfertigungsanspruch der Mitarbeiter nach dem alten System aus? Sind die Zahlungen gedeckt?

Erstrebenswert wäre natürlich, einen Nachfolger für die Ordination zu finden. Einerseits um einen möglichst nahtlosen Übergang zu gewährleisten, andererseits aber auch, um eventuell einen Teil der Wirtschaftsgüter der Ordination veräußern zu können. Derzeit ist das in der Praxis in vielen Bundesländern aufgrund unterschiedlicher Niederlassungsrichtlinien kaum möglich. Einige Bundesländer haben aber schon Nachfolge- und Ablösemodelle eingeführt. Diese sind zwar teilweise umstritten, bieten aber auf Basis der Freiwilligkeit möglicherweise eine gute Option. In einzelnen Bundesländern sind derartige Alternativen in Vorbereitung.

Angehende Praxisschließer sollten sich daher auf jeden Fall mit der zuständigen Ärztekammer in Verbindung setzen und Möglichkeiten einer geregelten Praxisübergabe prüfen. Im Zweifelsfall kann es sich sogar auszahlen, die Zwischenzeit bis zur Umsetzung einer bereits angestrebten Regelung abzuwarten.

Bereits an diesen Ausführungen lässt sich erkennen, dass eine strategische Planung der Praxisniederlegung notwendig ist. So kristallisiert sich durch Prüfung aller Umstände ein „Ungefähr-Termin" heraus, auf den hingearbeitet werden kann. Einige Jahre vor diesem geplanten Termin ist es an der Zeit, alle in der Ordination vorhandenen Verträge im Detail zu prüfen. Kredit- und Dienstverträge sind selbstverständlich, schließlich muss man sich an die maßgeblichen Kündigungsfristen halten. Aber auch bei Versicherungs- und Mietverträgen muss aufgepasst werden. Die steuerliche Auswirkung ist ein nicht zu unterschätzender Faktor, der vor einer Praxisniederlegung vorausgeplant werden sollte.

Den Lebensstandard sichern

Staatliche Pension: Weitere Einschnitte sind zu erwarten

Die Debatte um die Pensionsreform scheint endlos. Derzeit wird über einen weiteren Einschnitt verhandelt, der auch die Ärzte treffen kann. Wer nämlich aufgrund einer langen Ausbildungszeit weniger Erwerbsmonate aufweist, wird möglicherweise in Zukunft noch stärker Nachteile bei der Pension in Kauf nehmen müssen. Man sollte sich jedenfalls auf alle Eventualitäten vorbereiten und einmal genauer nachrechnen, was die Zukunft so bringen könnte.
Dies beginnt bei der Ermittlung des aktuellen Einkommens bzw. der Kosten für die private Lebenshaltung. Hier sollte der Bedarf in der Pension nicht unterschätzt werden. Es gibt sogar gute Gründe zu behaupten, dass dieser Privatverbrauch im Alter eher ansteigt als abnimmt. Schließlich ist ein einmal erworbener Lebensstandard nur schwer zurück zu schrauben.

Beispiel: Ein Internist mit 5.000 Euro Finanzbedarf pro Monat. Diese private Geldverwendung zu Aktivzeiten muss allerdings noch um einige Komponenten bereinigt werden. Wer zur Aktivzeit die Ausbildung der Kinder finanziell unterstützt und ein Eigenheim abzahlt, kann diese Summen, sofern die Verbindlichkeiten vor der Pension abgeschlossen sind, von der Berechnung des notwendigen Einkommens abziehen. Ein Auto muss eventuell hinzugerechnet werden, da es zur Aktivzeit vielleicht im Betrieb geführt wird und zu keiner Belastung der privaten Geldverwendung führt.

So kommt unser Beispielarzt auf einen errechneten Finanzbedarf von 4.500 Euro pro Monat im Ruhestand. Doch woher soll dieses Geld kommen? Hier gibt es einige Einkunftsquellen. Als erste sei die staatliche

Pension genannt. Grob realistisch sind aus jetziger Sicht in Abhängigkeit von den Beitragsjahren etwa 60 bis 70 Prozent des Durchschnittseinkommens aller Beitragsjahre, selbstverständlich maximiert mit der so genannten Höchstbemessungsgrundlage. Das klingt abstrakt, Abhilfe schafft hier möglicherweise ein Anruf bei der zuständigen Sozialversicherungsanstalt, die genauere Aussagen treffen kann.
Eine weitere Einkunftsquelle für Ärzte sind Pensionszahlungen, die aus dem Fundus der Ärztekammern kommen. Die meisten Kammern sind solide veranlagt und haben ein (noch) gesundes Verhältnis zwischen Aktiva und Passiva. Dort wurde zumeist nicht verabsäumt, auch wirklich Reserven anzusparen, daher ist die Pensionszahlung der Kammer relativ sicher und kalkulierbar. Auch hier kann jeder Arzt einen genauen Status erheben lassen. Einziger Nachteil: Gesetzliche Pension und die Kammerpension werden mit etwaigen Zusatzeinkünften verrechnet und gelangen nach derzeitigem Recht in den Griff der Einkommensteuer. Daran wird sich wohl auch nichts ändern, zumindest nicht zugunsten der Pensionisten. Dabei ergeben sich nicht selten Einkommen jenseits der 50-prozentigen Steuergrenze, was in der Vorausschau berücksichtigt werden muss.
Unser Internist kommt aus diesen Positionen auf ein Nettoeinkommen von etwa 3.250 Euro, allerdings verbleibt somit eine Versorgungslücke von 1.250 Euro pro Monat. Bei diesem Beispiel erkennt man sehr gut die Problematik des Pensionssystems. Aufgrund eines guten Einkommens in der Aktivzeit werden aus der gesetzlichen Sozialversicherung und dem Wohlfahrtsfonds auch hohe Beiträge lukriert.
Da die Berechnungen zum Teil unter Berücksichtigung von Höchstbemessungsgrundlagen erfolgt sind, ist die Versorgungslücke trotzdem enorm. Unser Beispielarzt muss somit 300.000 Euro Kapital mit einer Nettoverzinsung von fünf Prozent pro Jahr besitzen, um die 1.250 Euro pro Monat rein aus Zinseinkünften zu bekommen. Das entspricht einer

Ansparung von etwa 750 Euro pro Monat auf 20 Jahre bzw. 375 Euro auf 30 Jahre. Würde er zulassen, dass sich das angesparte Kapital in der Pension aufbraucht, dann wären 180.000 Euro als Absicherung genug. Für diesen Fall würden 400 Euro pro Monat auf 20 Jahre angespart genügen.

Welche Vorsorgemöglichkeiten gibt es? Staatliche geförderte Ansparprodukte sind im Bereich von Freiberuflern sehr beschränkt anwendbar, geben aber auch im Bereich der gut verdienenden Angestellten wenig her. Die verfügbaren Produkte stellen nach Ansicht vieler Finanzinsider auch nicht die Optimalform zusätzlicher Geldanlage dar, sodass kein Arzt an privater Vorsorge vorbeikommt.

Für diesen Teil der Vorsorge kann zusammenfassend erwähnt werden, dass früh genug begonnen und möglichst breit gestreut werden sollte. In jungen Jahren darf es aufgrund der Fristigkeiten auch noch etwas spekulativer sein, während einige Jahre vor dem geplanten Pensionsantritt die Schäfchen eher auf risikoärmere Weiden gebracht werden sollten. Dabei sollte auch die Gesamtsituation Berücksichtigung finden. Wer als Arzt bereits eine Vorsorgewohnung besitzt und einem Wohlfahrtsfonds angehört, der stark im Immobilienbereich ausgeprägt wird, sollte vielleicht sein privates Portfolio nicht mit weiteren Immobilienfonds anreichern.

Keine Kontinuität bei Geldflüssen in der Praxis

Die betrieblichen und privaten Finanzströme von niedergelassenen Ärzten unterliegen aufgrund „normaler" Zusammenhänge im Laufe eines Berufslebens teils erheblichen Schwankungen. Die meisten niedergelassenen Ärzte kennen das Gefühl, dass es manchmal ohne wirkliche Begründung finanzielle Engpässe gibt. Ursache dafür sind eigentlich ganz normale Entwicklungen auf persönlicher und beruf-

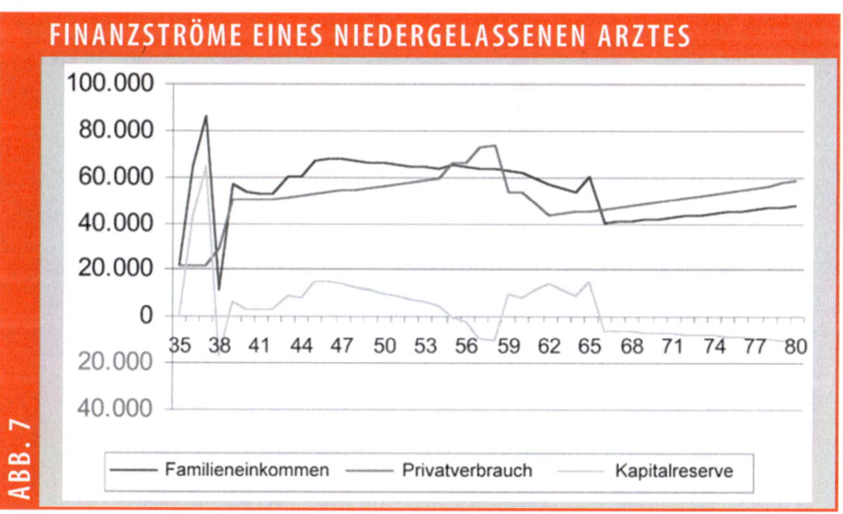

FINANZSTRÖME EINES NIEDERGELASSENEN ARZTES

ABB. 7

licher Ebene. Wer die Vorgänge kennt, kann sich darauf einstellen und dann auch dafür sorgen, dass die Situation nicht mit größeren Bonitätsproblemen endet.

Zu Abb. 7: Auf einer Achse sind die typischen Größenordnungen ärztlichen Einkommens und des Privatverbrauchs aufgetragen, auf der anderen Achse das Lebensalter. In dieser Grafik sind drei Linien zu erkennen: Als erste Größenordnung wird der Privatverbrauch dargestellt. Diese Linie ist geprägt von einem kontinuierlichen Anstieg, der sich in der Größenordnung der Inflation bewegt. Prägend sind weiters zwei typische Verhaltensmuster, nämlich „Nestbau“ und „Brutpflege“, also die Finanzierung eines Eigenheimes mittels Abstattungskredit auf 20 Jahre sowie in diesem Fall zwei Kinder, die im normalen zeitlichen und finanziellen Rahmen bis einschließlich Studium finanziell unterstützt werden.

Parallel dazu läuft die Linie „Familieneinkommen“. Diese wird überwiegend durch das Betriebsergebnis einer Arztordination gebildet, unter Berücksichtigung einer „normalen“, auf die Familie bezogenen Einkommenssituation des Lebenspartners. Die Ordinationsfinanzen sind jedenfalls geprägt von Honoraranpassungen unter der Inflationsrate und mehreren Investitionsschüben mit der jeweils typischen Finanzierung. Die Berg- und Talfahrt zu Beginn einer freiberuflichen Tätigkeit liegt übrigens an der Situation in Sachen Steuer und Sozialversicherung. Es dauert in aller Regel etwa fünf Jahre, bis sich die Zahlungen an das richtige Niveau angepasst haben.
Wenn nun beide Linien in typischer Art übereinander gelegt werden, sich also bestimmte berufliche und betriebliche Lebensphasen zeitlich decken, kommt es zur Linie „Kapitalreserve“. In unserem Beispiel ist bei einem Alter von 55 Jahren eine Neuinvestition in der Ordination fällig. Alte Kredite sind aber noch nicht vollständig zurückgezahlt, zwei Kinder studieren, und der Kredit für das Privathaus ist auch noch mit einem geringen Rest offen. Das sorgt für eine kontinuierliche Abwärtsbewegung der „Kapitalreserve“, obwohl die Ordination „brummt“ und von Jahr zu Jahr steigende Umsätze und Gewinne verzeichnet. Der betreffende Arzt hat zu Recht das Gefühl, wie ein Pferd zu arbeiten und trotzdem die Girokonten ständig überziehen zu müssen.
Die Auswirkungen können schmerzhaft sein. Wer eine ohnehin schon gespannte finanzielle Situation zu beklagen hat, kann durch diese „normalen“ Vorgänge leicht in die Zwickmühle kommen. Dies bedeutet im besten Fall eine Aufnahme von Neukrediten zu üblicherweise schlechten Konditionen. Wenn die Sache ganz dumm läuft und eventuell noch ungeplante Vorfälle wie eine Scheidung hinzukommen, kann es richtig brenzlig werden. Da sich der Engpass oft erst bei der Steuerzahlung aufgrund eines guten Betriebsergebnisses zeigt, versuchen viele Ärzte, oft auch auf Anraten ihrer Steuerberater, die Lage

durch neue Investitionen zu bereinigen. Dies führt jedoch nur noch mehr in die Enge.
Wie kann man derartigen Entwicklungen richtig vorbeugen? Die beste Prophylaxe ist das vernünftige „Einstellen" des Privatverbrauchs auf die Gegebenheiten mit einer ordentlichen Sicherheitsreserve. Wer – wie bei unserem Beispiel – im Alter von 45 bis 50 Jahren alles Verdiente verbrauchen würde, kommt nie aus der Schuldenfalle heraus. Verhält man sich jedoch so wie der in Abb. 7 dargestellte Arzt, können Reserven geschaffen werden, mit deren Hilfe schwere Phasen zu übertauchen sind. Auch die Zeit der Pension darf hierbei nicht vergessen werden.

Das „gefühlte Einkommen" schwankt im Laufe des Arbeitslebens

Manche Dinge im Leben lassen sich einerseits durch ein Gefühl, andererseits durch ein Faktum bewerten. Beispielsweise ist bei Wettervorhersagen der so genannte „Windchillfaktor" sehr beliebt, der neben der gemessenen Temperatur auch die „gefühlte" Temperatur angibt. So fühlen sich minus fünf Grad Celsius bei heftigem Wind wesentlich kälter an als bei Windstille.
Demgemäß ließe sich auch für einen niedergelassenen Arzt das Nettoeinkommen ganz einfach und genau berechnen. Vom Gewinn laut Einnahmen-/Ausgaben-Rechnung müsste nur die daraus errechnete Einkommensteuerbelastung abgezogen werden – und fertig wäre das Endergebnis. Die Realität schaut oft so aus, dass diese Berechnung (die möglicherweise ernüchternd wäre) nicht vollzogen wird, sondern dass sich der Arzt auf sein „Gefühl" verlässt.
In aller Regel ist der Beginn des Arbeitslebens von typischen Komponenten gekennzeichnet. Steigende Umsätze sorgen für Geldfluss. Die Steuerlast ist niedrig, da einerseits die hohen Abschreibungen für einen

niedrigen Gewinn sorgen und auch die Vorschreibungen des Finanzamts noch nicht in der realistischen Größenordnung kommen. Gleiches gilt für die Sozialversicherung und die Ärztekammer. Kreditrückzahlungen sind in dieser Phase üblicherweise sehr niedrig, da bei Praxisgründungen aus steuertechnischer Sicht gerne mit relativ langen Kreditlaufzeiten gearbeitet wird.

Folge davon ist ein zu hohes „gefühltes" Einkommen, mit deutlicher Diskrepanz zum gemessenen. Wohl dem, der in dieser Phase anspart und einen realistischen, finanzierbaren Lebenswandel einschlägt. Denn wer das übersieht, bekommt in einer späteren Lebensphase Probleme.

Ein typischer Fall nach 10 bis 15 Ordinationsjahren: Der Umsatz stagniert, die Kosten explodieren. Einrichtung und Geräte sind abgeschrieben, erzeugen daher keinen Steuervorteil mehr. Die Kredite laufen aber noch, und das, obwohl bereits Bedarf für Ersatzinvestitionen besteht. Das Privathaus wurde nach gefühltem Einkommen und daher zu üppig gebaut, auch diese Kreditrückzahlung wirkt nicht gerade liquiditätsschonend.

Was tun in dieser Situation? Hier ist eine genaue Analyse jedenfalls unerlässlich. Möglicherweise lassen sich die Finanzierungen auf eine kurzfristig entspannende Art optimieren. Unerlässlich ist in jedem Fall aber eine Einschränkung im privaten Bereich. Ein alter Spruch hat hier nichts an Aktualität eingebüßt: „Wenn du dir kaufst, was du nicht brauchst und dir nicht leisten kannst, wirst du bald verkaufen müssen, was du brauchst."

Zusätzlich notwendig ist in solchen Fällen eine genaue Betriebsanalyse, unter Umständen begleitet von Rationalisierungsmaßnahmen. Umstrukturierungsmaßnahmen müssen natürlich vom Fachmann begleitet und überwacht werden. Zu groß ist die Gefahr, beispielsweise bei Neuinvestitionen, wieder einmal in den Gefahrenbereich eines falsch gefühlten Einkommens zu geraten.

Auch Gutverdiener haben ein Privatbudget

Für viele Kassenärzte ist das Maß voll. Überbordende Bürokratie ohne finanzielle Abgeltung und Honoraranpassungen weit unter der Inflation vermiesen den Spaß an der Arbeit. Doch Alternativen sind in Wahrheit nicht in Sicht, die Abhängigkeit vom Kassenvertrag ist da. Nicht zuletzt wegen der angespannten finanziellen Situation, in der sich viele Kassenärzte befinden.

Insider schätzen, dass ein zweistelliger Prozentsatz der Kassenärzte einen vertragslosen Zustand finanziell nicht überleben würde. Einerseits wären die Honorarrückgänge nicht zu verkraften, andererseits würde der Verzicht auf die regelmäßige Vorauszahlung erhebliche Liquiditätsprobleme mit sich bringen. Bleibt die Frage nach den Gründen, schließlich verdienen Ärzte im Schnitt immer noch weit besser als Durchschnittsbürger. Diese haben derartige Probleme aber in wesentlich geringerem Ausmaß, sollte man meinen.

Ein Manko ist sicher die immer noch weit verbreitete mangelhafte Transparenz der tatsächlichen Einkommensverhältnisse. Während Otto-Normalangestellter an seinem Gehaltszettel eine genaue Summe ablesen kann, hat ein Arzt ein „gefühltes" Einkommen. Theoretisch wäre das Einkommen beim niedergelassenen Arzt mit Einnahmen-/Ausgabenrechnung und Steuererklärung auch genau ablesbar, aber eben nur theoretisch. Für jedes Jahr bekommt man im Nachhinein einen Steuerbescheid, der exakt das Bruttoeinkommen samt Einkommensteuer ausweist. Die Differenz der Beträge ist das Nettoeinkommen. Würden davon 80 Prozent für den Privatverbrauch verwendet und 20 Prozent für Eventualitäten angespart, wäre immer noch genügend Geld vorhanden und Liquiditätsprobleme ausgeschlossen.

Leider ignorieren viele Ärzte diese Milchmädchenrechnung und halten sich an das gefühlte Einkommen, nämlich die Bewegungen auf den

Bankkonten. Schwanken diese im Jahresmittel um den Nullpunkt, ist alles in Ordnung. Falls nicht, wird die Bank den Überziehungsrahmen schon zur Verfügung stellen. Leider rechnen diese Ärzte nicht mit einem Phänomen, das durch möglicherweise steuerlich geschickt eingefädelte, in Ärztekreisen sehr populäre Finanzierungsmodelle auftritt.
Annähernd jeder Arzt hat Schulden, die er im Laufe seines Lebens durch die Anschaffung von Immobilien, aber vor allem durch die Finanzierung der Ordinationsinfrastruktur aufgebaut hat. Um bei Finanzierungen möglichst große steuerliche Vorteile zu genießen, werden so genannte endfällige Modelle verwendet, gegen die von vornherein nichts Nachteiliges zu sagen ist.
Endfälligkeit bedeutet, dass der jeweilige Kredit bis zum Tilgungszeitpunkt in der ursprünglichen Größenordnung erhalten bleibt und das Kapital zur Tilgung bis zu diesem Zeitpunkt angespart wird. Solche Modelle bergen einige Vorteile, schließlich sind die anfallenden Zinsen steuerlich absetzbar. Diese Modelle rechnen sich aber umso besser, je länger ihre Laufzeit angelegt ist. Eine längere Frist sorgt für einen längeren Zeitraum der steuerlichen Absetzbarkeit, aber vor allem für einen entsprechenden Aufbau der so genannten Tilgungsträger. Das führt in der Praxis aber auch dazu, dass häufig Finanzierungszeiten gewählt werden, die mit der Lebens- oder Abschreibungsdauer der entsprechenden Wirtschaftsgüter nicht mehr viel zu tun haben.

Dazu ein Beispiel: 300.000 Euro für Ordinationsumbau werden investiert, davon 100.000 Euro für Geräte und 200.000 für Einrichtung. Der Kredit wird auf 15 Jahre endfällig finanziert. Die „gefühlte" Belastung durch die Raten für die Besparung des Tilgungsträgers liegt bei etwa 14.000 Euro pro Jahr oder 1.170 Euro pro Monat. Die „echten" Kosten dieser Investition werden durch die Abschreibung ersichtlich. In den ersten fünf Jahren sind jährlich 40.000 Euro an Abschreibungen aus dieser Investition errechenbar. Dadurch sinkt das echte Einkommen auch um 40.000 Euro, die Steuerbelastung sinkt aber auch um 20.000 Euro.

Wer sich in dieser Phase auf sein „gefühltes“ Einkommen verlässt, spürt durch die Investition sogar einen Einkommenszuwachs. Nämlich 20.000 Euro weniger Steuer, aber nur 14.000 Euro an Zusatzbelastung. Die Wahrheit kommt ab dem fünften Jahr zum Tragen. Durch die Reduktion der Abschreibungen auf 20.000 Euro (die Geräte sind dann komplett abgeschrieben) sinkt der Steuervorteil auf 10.000 Euro. Dadurch kommt es möglicherweise schon zu einer leichten Anspannung der Finanzsituation.

Nach 10 Jahren kommt dann das dicke Ende. Die Schulden sind noch da, die Geräte allerdings schon abgeschrieben, also steuerlich nichts mehr wert. Im besten Fall sind sie aber noch zu gebrauchen. Viele Ärzte lassen sich in solchen Situationen leider nicht von fremdfinanzierten Folgeinvestitionen abhalten, weil sich dadurch das gefühlte Einkommen wieder erhöht. Somit wird jener Teufelskreis aufgetan, in dem sich zahlreiche niedergelassenen Ärzte offenbar schon befinden.

Welche Lösungsmöglichkeit gibt es? Oft nützt die Erkenntnis, dass Investitionen wohl kaum in der Lage sind, finanzielle Engpässe zu beseitigen. Ein Blick auf die „echte“ Finanzsituation und Limitierung des Privatbudgets auf das „echte“, anstatt das „gefühlte“ Einkommen schützen vor finanziellem Schiffbruch. Entschuldigung gibt es keine: Selbst wenn der Arzt selbst es nicht kann, sollte jeder Steuerberater das Nettoeinkommen berechnen können.

Muss deswegen auf steuerschonende, endfällige Kredite verzichtet werden? Die Antwort ist Nein. Das „gesparte“ Geld muss nur in einen „Vorsorgetopf“ wandern, anstatt privat verbraucht zu werden. Denn dieser Topf wird sicher gebraucht – spätestens nach der Abschreibezeit der angeschafften Anlagegüter.

Naturgesetze der Geldanlage nicht außer Kraft setzen

Der Bedarf an Geldanlagen wird im Laufe des Lebens immer wieder zum Thema. Sei es die geplante Investition in Klavier, Auto oder Haus, sei es die generelle Absicherung vor Eventualitäten der Zukunft, sei es die Ausbildung der Kinder oder schlicht das Wissen über die finanziellen Anforderungen, die das Pensionssystem einmal stellen wird. Jeder ist also angehalten, einen (kleinen) Teil seines Einkommens als Zukunftssicherung anzulegen. Um von einer entspannten Lage zu sprechen, sollten dies durchaus 15 Prozent des Einkommens sein.

Das Porfolio der möglichen Geldanlagen umfasst zahlreiche Varianten (Tabelle 10). Die angebotenen Produkte sind nach vier Kriterien zu beurteilen: Sicherheit, Renditechance und Bindungsfrist betreffen die Anlage selbst. So kann es durchaus zweckmäßig sein, für verschiedene Pläne auch verschieden anzusparen. Während der bevorstehende Hausbau mit kurzer Bindefrist und Sicherheit ausgestattet sein sollte, kann ein Teil einer Pensionsabsicherung durchaus langfristig (mit Zielsetzung Pension, ohne dass man vorher an das Geld kommt) gebunden werden.

TABELLE 10: MERKMALE VERSCHIEDENER ANLAGEMÖGLICHKEITEN

Anlage	Ertragschance	Sicherheit	kurzfristige Auflösung
Sparbuch	niedrig	hoch	entsprechend Bindefrist
Bausparvertrag	mittel	hoch	mit Verlust
Lebensversicherung	mittel	hoch	mit Verlust
Anleihen	mittel	mittel	mit Kursrisiko
Aktien	hoch	gering	mit Kursrisiko
Fonds	mittel	mittel	mit Kursrisiko
Immobilien	mittel	hoch	schwer möglich
Beteiligungen	hoch	gering	schwer möglich

Das vierte Kriterium umfasst die Größenordnung der Einlage bzw. die Ansparform. Um es vorweg zu nehmen: Für die Auswahl einer Geldanlage macht es einen Riesenunterschied, ob einmalig eine größere Summe angelegt oder mit kleinen Sparraten angespart wird.

Eine populäre, sichere Variante der Geldanlage ist das Sparbuch. Man gibt der Bank seines Vertrauens Geld, mit der Maßgabe, dieses entsprechend der vereinbarten Bindefrist zu verzinsen. Nachdem der Geldmarkt im Tief ist, kann für Sparbuchzinsen auch keine ansprechende Größenordnung gegeben werden. Man kann froh sein, wenn nach Abzug der Kapitalertragsteuer noch ein Zinsgewinn in Höhe der Inflationsrate bleibt. Das Geld ist am Sparbuch aber immer noch besser aufgehoben als im Strumpf oder am Girokonto, beides de facto ohne Zinssatz. Eigenkapital für bevorstehende Immobilienkäufe ist beispielsweise am Sparbuch sehr gut aufgehoben.

Bausparverträge sind ebenfalls gute Sparformen, mit geringer staatlicher Subventionierung und mit etwas besseren Zinsen als Sparbücher ausgestattet. Aber: Sie haben eine lange Bindefrist. Wer vor dieser Bindefrist an sein Geld will oder muss, kann sich auf Abschläge gefasst machen, die den ganzen Zinsertrag auffressen. Bausparverträge sind als kleine zusätzliche Ansparmöglichkeit attraktiv, man kann sich damit alle sechs Jahre über etwas Geld freuen und sich dafür etwas Schönes leisten.

Ähnliches gilt für Lebensversicherungen: Mit dem zusätzlichen Todesfallschutz ausgestattet, sind die Zinsen respektabel. Ein garantierter Mindestzinssatz und eine gewinnabhängige Komponente machen Lebensversicherungen als Teil der Pensionsabsicherung oder Kreditrückzahlung mit längerer Laufzeit empfehlenswert. Vorsicht bei Rückkauf: Das wird teuer.

Als weitere Ansparmöglichkeit (oder besser Investitionsmöglichkeit) kommen Wertpapiere in Frage. Anleihen sind beispielsweise Schuldurkunden über einen Kredit, der einem Staat oder einer großen Firma gewährt wird. Hierbei gibt es einerseits eine (fixe) Zinsvereinbarung, andererseits – entsprechend den Geldmärkten – Schwankungen beim Wert der Anleihe. So werden in aller Regel bessere Verzinsungen als beim Sparbuch geboten, bei ähnlicher Sicherheit, was die Zinsen betrifft. Das muss jedoch mit einer (meist geringen) Schwankungsmöglichkeit des Kurses erkauft werden.

Schließlich beliebt noch das Reich der Spekulationen. Aktien sind Substanzanteile an Unternehmen. Investoren könnten sich an den Gewinnaussichten eines Unternehmens orientieren, schielen aber in aller Regel auf die Gewinnmöglichkeit durch Kursschwankungen. Dies hat in den vergangenen Jahren dazu geführt, dass immer mehr Unternehmen nicht mehr im Hinblick auf das eigentliche Geschäft geführt werden, sondern das Zufriedenstellen der Investoren im Hinblick auf Aktienkurse im Vordergrund steht. Dieser Kurs wird jedoch kurzfristig rein auf Angebot und Nachfrage abgestimmt, die Kursentwicklung ist in keinster Weise vorhersehbar und kann sich, beispielsweise aufgrund von Gerüchten, massiv ändern. Bestimmte Branchen sind hier anfälliger als andere.

Aktieninvestment in Reinkultur mit Einmalbeträgen ist daher nicht als Geldanlage, sondern als Spiel zu werten. Wer möchte, dem seien bis zu zehn Prozent seines Kapitals als Spielgeld erlaubt. Eine Risikoverminderung ergibt sich durch das Zusammenstellen von Portfolios mehrerer Papiere in so genannten Fonds. Jeder Fonds hat eine Charakteristik und wird von einem Profi gemanagt. Die Auswahl der Papiere (es können hunderte je Fonds sein) sorgt schon für eine Risikominimierung.

Eine weitere Risikominimierung erfolgt durch kontinuierliches Ansparen. Der „cost-average-Effekt" sorgt für ein gleichmäßiges Einkaufsniveau und für einen überdimensionalen Anteilskauf bei niedrigem

Kurs. Anlagen in Investmentfonds sind mittel- bis langfristig zu sehen und beispielsweise als Teil einer Pensionsvorsorge gut geeignet.
Eine für Jedermann richtige Anlagestrategie gibt es nicht; zu unterschiedlich sind die gewünschten Verwendungsmöglichkeiten wie auch die Persönlichkeitsprofile. Jede Anlageform stellt einen Kompromiss dar, Sicherheit muss immer mit geringerem Ertrag erkauft werden.
Von Banken und Finanzdienstleistern werden verstärkt Produkte als Mischformen verschiedener Anlagemöglichkeiten in Reinkultur angeboten (Beispiel: Fondsgebundene Lebensversicherung). Manchmal werden auch Kapitalgarantien in solche Produkte eingearbeitet. Doch auch hier müssen sich die Anbieter absichern, was höhere Spesen bedeutet, die den Ertrag schmälern. Die Grundgesetze der Geldanlage lassen sich also auch hier nicht aus den Angeln heben.

Ablaufplan Praxisniederlegung

Während zum Thema Praxisgründung viel geschrieben und Beratung angeboten wird, sind Praxisniederlegungen eher ein Stiefkind einschlägiger Dienstleister. Dabei ist eine Niederlegung keine Kleinigkeit, die unvorbereitet in Angriff genommen werden kann. Auch hier sind Fristen einzuhalten, gesetzliche Bestimmungen zu beachten und steuerliche Möglichkeiten abzuwägen.
Eine gut geplante Praxisniederlegung beginnt bis zu zehn Jahre vor dem geplanten Ruhestand (siehe Tabelle 11). So sollte rechtzeitig entschieden werden, ob noch nachinvestiert wird. Diese Nachinvestitionen müssten sich natürlich rechnen. Daher zahlt es sich nicht in allen Bundesländern aus, die Ordination nochmals in Schuss zu bringen. Zu unterschiedlich sind die Vergaberichtlinien, die darüber entscheiden, ob sich eine Ordination überhaupt übergeben lässt.

CHECKLISTE PRAXISNIEDERLEGUNG
8 bis 10 Jahre vor Niederlegung
– Sind Nachinvestitionen möglich/nötig?
– Finanzen/Kredite überprüfen
– Status Wohlfahrtsfonds/gesetzliche Pension
3 bis 5 Jahre vor Niederlegung
– Verträge prüfen (Miete/Versicherungen, etc.)
– Nachhaftung überprüfen
– Abfertigungsansprüche hochrechnen
– Kündigungsfristen Personal beachten
1 Jahr vor Niederlegung
– Ablöse errechnen
– Vorverhandlungen führen
– Steuerliche Hochrechnung anstellen
Unmittelbar vor Niederlegung
– Kassenvertrag kündigen
– Verwahrungsvertrag für Patientendaten aushandeln

TABELLE 11

Auch die Finanzsituation sollte schon etwa 10 Jahre vor der Praxisniederlegung überprüft werden. Falls noch Kredite vorhanden sind, muss der aktuelle Status der Rückzahlung erhoben werden. Eine Nachfrage bei Sozialversicherung und Ärztekammer ergibt eine recht verlässliche Hochrechnung über die Höhe der zu erwartenden Pension. Das Ganze im Einklang mit der privaten Ersparnis ermöglicht den Einblick, ab wann ein Ruhestand aus finanzieller Sicht überhaupt möglich ist.

Einige Jahre zuvor sollten die Verträge der Ordination durchforstet werden. Genauso wie bei Dienstverträgen gibt es bei Versicherungs-, bei Miet- und anderen Verträgen Kündigungsfristen, die einzuhalten sind. Eine weitere Problematik besteht in der Nachhaftungszeit von Haftpflichtversicherungen.
Gleich mehrere Fristen sind beim Personal zu beachten. Wenn die Mitarbeiter nicht vom Nachfolger übernommen werden, müssen sie rechtzeitig gekündigt werden. Die Fristen richten sich dabei nach den Dienstjahren und sind am besten bei der Lohnverrechnung des Steuerberaters zu erfragen. Ebenso die Abfertigungsansprüche: Befindet sich ein Dienstnehmer noch im alten System, ist in Abhängigkeit von der Betriebszugehörigkeit bis zu einem Jahresgehalt an Abfertigung zu bezahlen.
Übernimmt der Nachfolger die Mitarbeiter, so tritt er automatisch als Arbeitgeber mit allen Rechten und Pflichten in die zum Zeitpunkt des Überganges bestehenden Arbeitsverhältnisse ein. Das bedeutet, dass er sämtliche Verpflichtungen, also auch die Abfertigungsverpflichtung im alten System, übernimmt. Ist dies der Fall, sollte dies dem Kaufpreis bei Übergabe gegen gerechnet werden.
Bei den Kassenverträgen selbst liegt die minimale Kündigungsfrist bei einem Monat. Der Arzt sollte aber langfristiger, also am besten schon sechs Monate vor der Praxisniederlegung kündigen, um eine möglichst lückenlose Nachfolge zu ermöglichen.
Ein heikler Punkt bei der Praxisniederlegung ist die Bestimmung einer eventuellen Ablöse. Deren Höhe hängt von der Art der Ordination, von vielen individuellen Gegebenheiten und natürlich stark von der Vergabepolitik für Kassenverträge in den einzelnen Bundesländern ab. So kann es passieren, dass vergleichbare Ordinationen in verschiedenen Bundesländern völlig unterschiedliche Preise erzielen.
Doch zunächst zu den Berechnungsmodalitäten: Unterschieden wird zwischen immateriellem und materiellem Wert, beides zusammen er-

gibt die faire Höhe der Ablöse. Während sich theoretisch immer ein materieller Wert ergibt, hängt der immaterielle Wert von der Vergabepraxis ab und beeinflusst auch den materiellen Wert. Vereinfacht ausgedrückt: In Bundesländern, wo keine Einflussnahmemöglichkeit der übergebenden Ärzte auf den Übernehmer besteht, sinken die materiellen Werte der Ordinationen auch auf ein Minimum, der Wert besteht dann nur mehr aus dem der Immobilie.
Zu guter Letzt ist die steuerliche Auswirkung ein nicht unwesentlicher Punkt einer Praxisniederlegung. Die damit verbundenen Anforderungen sollten sehr genau mit Hilfe des Steuerberaters vorausgeplant werden.

Praxisniederlegung und Mitarbeiter

Bei Beendigung der Praxistätigkeit kommt es darauf an, ob der Übernehmer die Mitarbeiter weiterbeschäftigen will oder nicht. In beiden Fällen ist es jedenfalls anzuraten, dass der Übergeber allen Verpflichtungen nachkommt, die bei Auflösung eines Dienstverhältnisses anfallen. Die Dienstverhältnisse sind rechtzeitig durch Kündigung oder im Einvernehmen zu lösen.
Nur weil der Arzt seine Ordination auflöst, bedeutet das nicht, dass auch die Dienstverhältnisse automatisch gelöst werden. Dazu sind die Fristen des Angestelltengesetzes zu beachten, sofern nicht etwas Günstigeres mit den Arbeitnehmern vereinbart wurde. Seitens des Dienstgebers kann das Dienstverhältnis zum Ablauf eines jeden Kalendervierteljahres oder bei Vereinbarung auch zum 15. und Letzten des Monats gekündigt werden. Hier ist auf die einzelnen Kollektivverträge in den Bundesländern zu achten. Die Kündigungsfristen sind gesetzlich geregelt (siehe Tabelle 12). Die Mitarbeiter haben bei Beendigung Anspruch auf ein Dienstzeugnis und sind binnen sieben Tagen bei der Gebietskrankenkasse abzumelden.

TABELLE 12 – KÜNDIGUNGSFRISTEN
6 Wochen bis zum 2. Dienstjahr
2 Monate bis zum 5. Dienstjahr
3 Monate bis zum 15. Dienstjahr
4 Monate bis zum 25. Dienstjahr
5 Monate gilt für mehr als 25 Dienstjahre

Abfertigung steht einem Arbeitnehmer immer dann zu, wenn das Arbeitsverhältnis ununterbrochen mindestens drei Jahre gedauert hat. Bei Auflösung einer Ordination wird die Kündigung normalerweise vom Arbeitgeber ausgehen. Die Höhe des Abfertigungsanspruches richtet sich nach der Dauer des Dienstverhältnisses und steigt mit der Anzahl der Dienstjahre (Tabelle 13). Als Basis werden der laufende Bezug, die regelmäßigen Überstunden und Zulagen sowie das Weihnachts- und Urlaubsgeld herangezogen. Diese gesetzliche Abfertigung wird mit einem Steuersatz von sechs Prozent besteuert.

Es besteht auch die Möglichkeit, freiwillige Abfertigungen zu bezahlen, die also nicht auf einer gesetzlichen Verpflichtung beruhen. Auch

TABELLE 13 – ABFERTIGUNG ALT	
Bei einer Dienstzeit ab	
3 Jahren	2 Monatsentgelte
5 Jahren	3 Monatsentgelte
10 Jahren	4 Monatsentgelte
15 Jahren	6 Monatsentgelte
20 Jahren	9 Monatsentgelte
25 Jahren	12 Monatsentgelte

hier kann ein Teil dieser Abfertigung mit nur sechs Prozent versteuert werden, der Rest unterliegt aber der normalen Besteuerung.
Übernimmt der Nachfolger die Mitarbeiter, so tritt er kraft Gesetzes automatisch als Arbeitgeber mit allen Rechten und Pflichten in die im Zeitpunkt des Überganges bestehenden Arbeitsverhältnisse ein. Das bedeutet, dass der Übernehmer sämtliche Verpflichtungen, also auch die der Abfertigung, übernimmt. Eine solche sollte bei einem Kaufpreis der Ordination in Abzug gebracht werden.
Um alle diese Folgen zu vermeiden, besteht die Möglichkeit der Kündigung durch den Praxisverkäufer und der Wiedereinstellung durch den Käufer. In diesem Fall ist der Veräußerer verpflichtet, die den Dienstnehmern zustehenden Abfertigungen und Urlaubsabfindungen zu bezahlen. Ein Mitarbeiter, der zu einem späteren Zeitpunkt gekündigt wird, könnte somit Ansprüche auf Abfertigung erheben, wenn er diese vom Vorgänger nicht oder nicht vollständig ausbezahlt bekommen hat.
Grundsätzlich ist es immer günstig, wenn der Übergeber allen Verpflichtungen einschließlich der Bezahlung von Abfertigung und Urlaubsabfindung nachkommt. So wird das Anstellungsverhältnis unter Berücksichtigung aller gesetzlich vorgesehenen Zahlungen aufgelöst. In der Regel kann der Übernehmer dann ohne Vorlasten beginnen und das „eingespielte Team“ unter Umständen als Wettbewerbsvorteil weiter nutzen.

Steuerliche Aspekte der Praxisniederlegung

Allgemeines

Einer der wichtigsten Punkte der Praxisniederlegung ist sicher die steuerliche Auswirkung, die ein Praxisverkauf nach sich zieht. Hier gilt es, die richtigen Zahlungsmodalitäten mit dem optimalen Zeitpunkt der Niederlegung zu kombinieren, um steuerliche Vorteile zu lukrieren. Dabei wird allzu oft viel Geld „verspielt". Deshalb ist es wichtig, rechtzeitig mit dem Steuerberater Kontakt aufzunehmen, um den steuerlich optimalen Übergang in den verdienten Ruhestand zu sichern.

Bis zu dem Zeitpunkt, in dem das Unternehmen veräußert wird, erfolgt die Ermittlung des Gewinns mittels Einnahmen-Ausgaben-Rechnung. Dies läuft wie in den Vorjahren, nur dass es sich oft um ein verkürztes Wirtschaftsjahr handelt, je nachdem, wann die Ordination geschlossen wird. Findet die Schließung Ende März statt, so hat das laufende Wirtschaftsjahr eben nur drei Monate. Wird die Ordination Ende des Jahres geschlossen, was übrigens aus steuertechnischen Gründen im Regelfall nachteilig ist, dann wird für das ganze Jahr eine Einnahmen-Ausgaben-Rechnung erstellt. Der Gewinn, der daraus entsteht, wird mit dem vollen Steuersatz besteuert.

Der Arzt ist Einnahmen-Ausgaben-Rechner. Das bedeutet, dass die Einnahmen zu dem Zeitpunkt erfasst werden, in dem sie zufließen, die Ausgaben in jenem Zeitpunkt, in dem sie abfließen. Wird ein Unternehmen geschlossen, so ist im ersten Schritt ein Übergangsgewinn bzw. Übergangsverlust von Einnahmen-Ausgaben-Rechnung zu Bilanzierung zu ermitteln. Was bedeutet das?

Dazu ein Beispiel: Ein Arzt mit Kassen schließt seine Ordination am 30. Juni eines Jahres. Das bedeutet, dass noch Zahlungen von den Kassen ausständig sind. Die Leistung wurde zwar schon erbracht, die Zahlung fließt jedoch erst nach Schließung der Ordination, ist also noch nicht in der Einnahmen-Ausgaben-Rechnung enthalten.

Um stichtagsbezogen am 30.6. den richtigen Gewinn zu haben, gehören aber diese Forderungen gegen die Kassen bereits in die Gewinnermittlung. Diese Art der Gewinnermittlung ist die Bilanzierung. Es handelt sich bei den Forderungen um so genannte „Zuschläge", die beim Übergang von der Einnahmen-Ausgaben-Rechnung auf die Bilanzierung zu berücksichtigen sind, damit ein periodenmäßig richtiger Gewinn ermittelt wird. Einige Zuschläge sind denkbar:

- Medikamentenbestand beim Hausapotheker (wurde bereits bezahlt, aber noch nicht verbraucht, daher zwar bereits eine Ausgabe, aber noch kein Aufwand),
- Forderungen aus ärztlichen Leistungen sowie geleistete Anzahlungen.

So wie es Zuschläge gibt, gibt es auch Abschläge:

- Warenschulden (Medikamente wurden bereits verbraucht, aber noch nicht bezahlt),
- sonstige noch offene Betriebsausgaben (Beispiel Lohnnebenkosten) oder
- erhaltene Anzahlungen.

Für die Ermittlung des Veräußerungsgewinns spielt es keine Rolle, ob das Unternehmen wirklich veräußert wird oder nicht. Auf alle Fälle ist nach der Ermittlung des Übergangsgewinns der Veräußerungs- oder Aufgabegewinn zu ermitteln, auch wenn die Arztpraxis nicht verkauft wird, sondern es nur zu einer Betriebsaufgabe kommt. Die Basis dafür stellt der Veräußerungserlös dar, also der Preis, der für die Ordination bezahlt wird. Davon werden die Buchwerte der übergebenen Wirtschaftsgüter abgezogen. Bei einer reinen Betriebsaufgabe werden anstelle des Veräußerungserlöses die so genannten „gemeinen Werte" angesetzt. Das sind jene Werte, die bei einem Verkauf erzielbar wären.

Steuerliche Behandlung von Übergangs- und Veräußerungsgewinnen

Das Einkommensteuergesetz kennt einige Begünstigungen für Übergangs- und Veräußerungsgewinne. Ein Freibetrag von 7.300 Euro steht nur dann zu, wenn der Veräußerungsgewinn im Veräußerungsjahr zur Gänze versteuert wird. Dies trifft bei Barzahlung bzw. auch bei Ratenzahlung zu. Besteht die Ordination seit mehr als sieben Jahren, kann der Veräußerungsgewinn auf Antrag über drei Jahre verteilt abgesetzt werden. Für beide Fälle gilt jeweils der volle Steuersatz.

Diese Regelung gilt immer, also unabhängig davon, ob ein Unternehmen aus Gründen der Pensionierung veräußert wird oder nicht. Im Regelfall kommen diese beiden Regelungen nicht zum Tragen, wenn der Ordinationsinhaber in Pension geht. Hierfür gibt es eine Spezialbestimmung. Der Steuersatz ermäßigt sich für Übergangs- und Veräußerungsgewinne auf die Hälfte des auf das gesamte Einkommen entfallen – den Durchschnittssteuersatzes unter einigen Bedingungen: Wenn der Steuerpflichtige gestorben bzw. erwerbsunfähig ist oder das 60. Lebensjahr vollendet hat und seine Erwerbstätigkeit einstellt. Dieser Punkt ist in der Regel für Ärzte relevant, die ihre Ordination weitergeben.

Wie bereits angesprochen, müssen Wirtschaftsgüter, die ins Privatvermögen überführt werden, mit dem „gemeinen Wert", also dem momentanen Marktwert, angesetzt werden. In Bezug auf das Gebäude gibt es jedoch eine Ausnahme. Wenn das Gebäude, in dem die Ordination untergebracht ist, bis zur Pensionierung als Hauptwohnsitz gedient hat, bleiben die stillen Reserven (also der gesamte Veräußerungsgewinn aus dem Gebäude) auf Antrag außer Ansatz, also steuerfrei. Das Gebäude darf in diesem Falle innerhalb der nächsten fünf Jahre nicht veräußert, es darf lediglich vermietet werden. So bleibt die Begünstigung aufrecht.

Was ist eine Kassenordination wert?

Kann es sein, dass eine heruntergefahrene, abgewirtschaftete Kassenordination ohne Substanzwert einen Verkaufserlös erzielt? Kann es sein, dass eine florierende, mit vernünftigem Substanzwert aufgrund regelmäßiger Investitionen ausgestattete Kassenordination keinen Verkaufserlös erzielt? Es kann sein. Beide Konstellationen sind in Österreich derzeit möglich, und zwar aufgrund unterschiedlicher Vergaberichtlinien der Kassenverträge.
Wie sind Kassenordinationen bei der Übergabe eines Kassenvertrages überhaupt zu bewerten? Eine Frage, die eben aufgrund der komplett unterschiedlichen Niederlassungsrichtlinien nicht pauschal zu beantworten ist. Die Antwort darauf fällt selbst Fachleuten schwer.
In der Praxis gibt es durch die bestehenden Regelungen jedenfalls Bundesländer, in denen Ordinationen weit vor Übergabe „niedergefahren" werden. Dann gibt es Bundesländer, wo Übernehmer lange und vielleicht zu lange an der Rückzahlung von überhöhten Ablösen zu knabbern haben. Dieser „Zustand" sorgt immer wieder für Diskussionen und Differenzen, wenn die Übernahme einer Kassenordination ansteht.

Resümee der Autoren zur Bewertung von Arztpraxen

Kaum ein Thema innerhalb der Ärzteschaft kennt so viele unterschiedliche Meinungen sowie unterschiedliche Regelungen in den Bundesländern wie die Frage nach dem Wert einer Arztpraxis. Selbst die Experten sind sich nicht einig. Während die einen immer noch gemäß den Methoden nach Substanzwert, Ertragswert oder Übergewinn berechnen, sind andere der Ansicht, dass Arztpraxen ohne den Kassenvertrag nichts wert sind.
Wenn die Diskussion geführt wird, denken die meisten Beteiligten an die klassische Kassenpraxis, wobei sich vergleichbare Überlegungen

gerade für Wahlarztordinationen sehr gut anstellen lassen. Für Betriebe aller Kategorien abseits von Arztpraxen lässt sich durchaus ein Betriebswert ermitteln. Dabei ist die gleiche Aufteilung in Substanzwert und Ertragswert anzutreffen, die analog für Arztpraxen zumeist angewendet wird.
Mit Substanzwert ist der Verkehrswert der Anlagegüter gemeint, etwa Grund und Immobilien sowie Produktionsanlagen bei Industriebetrieben. Auch in Arztpraxen gibt es den Substanzwert in Form von Anlagegütern, wie medizinische Geräte oder die Praxisimmobilie. Dieser Substanzwert wird natürlich von einigen Faktoren beeinflusst. So kann es etwa im Bereich Industrie von großer Bedeutung sein, ob der Betrieb weiter geführt werden kann oder nicht. Eine Stilllegung kann den Substanzwert gegen null oder theoretisch sogar darunter drücken. Die „Verrottung" so mancher Industrieanlage bis zu jenem Zeitpunkt, zu dem Grund und Boden gut verwertbar sind, ist der Beweis dafür. Ähnliches wird bisweilen auch von unverkäuflichen Arztpraxen berichtet. Doch in Betrieben gibt es unter dem Begriff Ertragswert auch andere Faktoren, die einen eventuellen Kaufpreis beeinflussen können. So kann ein Markenname enorm viel Wert sein, beispielsweise bei den Marktführern im Bereich der Energydrinks. Für viele Betriebe ist gut ausgebildetes, im Produktionsprozess integriertes Personal ein wichtiger Wertfaktor. Für manche Betriebe stellt auch das Bestehen von langfristigen „Lieferverträgen" eine gute Basis für die Kalkulation eines Betriebswertes dar.
Genau hier setzen die Probleme bei der Festlegung des immateriellen Wertes von Kassenpraxen ein. Ein Markenname ist nicht vorhanden, nach einer Übernahme stellt sich das Unternehmen gänzlich neu benannt im Markt dar. Gut ausgebildetes Personal ist mitunter zwar vorhanden, aber keinesfalls „im Produktionsprozess integriert". Angestellte in Arztpraxen sind ausschließlich im Assistenz- und Verwal-

tungsbereich tätig, daher lässt sich deren Einfluss auf einen etwaigen Praxiswert nicht begründen.

Bleiben noch die „Lieferverträge“. Vergleichen wir eine Ordination doch einmal mit anderen Dienstleistungsbereichen. Bei Finanzdienstleistungen lässt sich genau ermitteln, wie sich die finanzielle Auswirkung der vertraglich an das Unternehmen gebundenen Kunden darstellt. Durch überwiegend über mehrere Jahre, teilweise sogar Jahrzehnte abgeschlossene Verträge lässt sich allein dieser Teil des Ertragwertes oft mit mehr als einem Jahresumsatz beziffern.

Etwas geringer sind die Verkaufspreisberechnungen etwa bei Steuerberatern. Der Klient kann nämlich jederzeit kündigen. Er hat allerdings eine Hemmschwelle und wird den Steuerberater nicht sofort wechseln, sondern denkt über eine solche Entscheidung in aller Regel länger nach. Dies führt dazu, dass sich dieser Teil des immateriellen Wertes von Steuerberatungskanzleien in aller Regel unter einem Jahresumsatz befindet.

Wie ist dieser Aspekt für Arztpraxen zu bewerten? Ein Kassenvertrag allein ist jedenfalls kein Garant mehr für eine finanziell gesicherte Existenz. Auch von vertraglicher Bindung zum Patienten kann keine Rede sein. Dieser darf zwar nur einen Kassenarzt einer Fachrichtung pro Quartal konsultieren, kann aber ungehemmt auch ohne Überweisung andere Fächer oder Spitalsambulanzen in Anspruch nehmen. Auch die Tatsache, dass er diese Dienstleistung nicht konsumieren muss, spielt bei der Berechnung mit. Daher können für diesen Teil der vertraglichen Bindung auch nur wesentlich geringere Beträge errechnet werden.

Einziger Haken: Der Kassenvertrag stellt den Wert dar und ist nicht mit einer Konzession vergleichbar. Er gehört nicht dem Arzt und darf auch nicht verkauft werden. Dass in der Vergangenheit dafür doch größere Praxisablösen bezahlt wurden, hängt mit der unmittelbaren Einflussnahme des Praxisübergebers zusammen. Wenn suggeriert wird, dass die Ordination nur als Ganzes samt dem Kassenvertrag zu haben ist, lassen sich natürlich hohe Ablösen erzielen.

Ohne Kassenvertrag kommt es zur gnadenlosen Bewertung am Markt rein über den erzielbaren Verkaufspreis. Ist kein Verkaufspreis zu erzielen, ist die Ordination (ohne Kassenvertrag) auch nichts wert. Jüngste Beispiele, etwa in Niederösterreich oder in Kärnten, beweisen das. Dort werden keine Kassenpraxen im herkömmlichen Sinn „verkauft". Als Konsequenz daraus ist allerdings zu beobachten, dass Ordinationen gnadenlos „niedergefahren" werden, um wirtschaftlich keinen Schiffbruch zu erleiden.

Das ist weder im Sinne von Praxisübergeber sowie Praxisübernehmer und schon gar nicht im Sinne der Patienten. Daher sollte man meinen, dass es auch nicht im Sinne der Sozialversicherungen sein kann.

Damit zu den Wahlarztordinationen. Diese besitzen unter normalen Voraussetzungen keinen Ertragswert und lassen sich daher am Markt nicht verkaufen. Der einzige Ertragswert in einer Wahlarztpraxis (als Einzelordination geführt) ist das Rennomee und Know-how des betreibenden Arztes – und das gilt, konsequent durchgedacht, genauso für eine Kassenpraxis.

Eine für alle Beteiligten vernünftige Bewertung von Arztpraxen kann daher nur bei gleichzeitiger Entwicklung und Etablierung von fairen Übergabemodellen erfolgen. Dabei muss der Wert des Know-hows des Übergebers eine sinnvolle Verwendung und Honorierung erfahren.

Medikamentendistribution – Ein gesundheitspolitischer Exkurs

Impfungen ökonomisch durchleuchtet

Impfungen sind in den meisten Fällen ein teurer Spaß. Einerseits notwendig, um schweren Erkrankungen vorzubeugen und damit horrenden Folgekosten für das System. Andererseits aber oft so teuer, dass sie gerade von Familien mit kleinen Kindern aus Kostengründen gerne überdacht werden.

Die Autoren haben deshalb einmal die ökonomischen Hintergründe von Impfungen durchleuchtet. Die vorgenommene Analyse basiert auf acht willkürlich ausgewählten beliebten Impfstoffen. Zunächst wurden die jeweiligen Einkaufs- und Verkaufspreise auf Basis Warenverzeichnis 2007 ermittelt (ohne Sonderaktionen; siehe Tabelle 14). Ersichtlich sind für unsere Auswahl jeweils Apothekeneinkaufspreis (AEP) und Privatverkaufspreis (PVP).

Im zweiten Schritt wurden die Handelsspannen netto von Apotheken und ärztlichen Hausapotheken ermittelt (siehe Tabelle 15). Diese Zah-

TABELLE 14

APOTHEKENEINKAUFS- UND PRIVATVERKAUFSPREISE (IN EURO)

	Impfstoff	Verwendung	AEP (exkl. USt)	PVP (inkl. USt)
1	Engerix Erw.	Hepatitis B	21,57	42,85
2	Havrix Erw.	Hepatitis A	27,72	53,15
3	Influvac 1 St	Influenza (2006/2007)	7,16	15,30
4	Prevenar	Pneumokokken	61,43	117,85
5	Revaxis Fertigspr.	DTP	8,24	16,95
6	Rotateq	Rotavirus	45,00	86,30
7	Twinrix Erw.	Hepatitis A+B	37,58	72,10
8	Typhim Vi	Thyphus	13,51	27,80

TABELLE 15

HANDELSSPANNEN

	Impfstoff	Verwendung	Spanne Apo	Spanne HAPO
1	Engerix Erw.	Hepatitis B	14,14	11,98
2	Havrix Erw.	Hepatitis A	16,57	13,80
3	Influvac 1 St	Influenza (2006/2007)	5,59	4,87
4	Prevenar	Pneumokokken	36,78	30,64
5	Revaxis Fertigspr.	DTP	5,89	5,06
6	Rotateq	Rotavirus	26,92	22,42
7	Twinrix Erw.	Hepatitis A+B	22,50	18,75
8	Typhim Vi	Thyphus	9,66	8,31

len sind offizielle Werte ohne Berücksichtigung eventuell ausgehandelter individueller Einkaufsbedingungen. So weit so gut.

Nun interessiert noch die Frage, welcher Aufwand dahinter steht. Zunächst zu den öffentlichen Apotheken. Der Impfstoff lagert oder muss bestellt werden. Der Aufwand liegt in der (elektronischen) Bestellung auf Knopfdruck, dem Einlagern unter Beachtung der Kühlkette sowie dem Aushändigen an den Kunden auf Rezept. Da der Patient danach wieder zum Arzt geht und die Impfung dort durchführen lässt, ist keine gesonderte Beratung bezüglich der Impfung erforderlich oder zweckmäßig – sie ist weder zwingend vorgeschrieben noch mit irgendeiner Haftung verknüpft. Der einzig notwendige Hinweis wäre die Einhaltung der Kühlkette seitens des Patienten, aber auch dafür gibt es keine Verpflichtung. „Vorwegabgaben" ohne Rezept wären übrigens rechtswidrig und kontraproduktiv.

Die Arbeiten können in der Apotheke von allen Angestellten durchgeführt werden und dauern unabhängig vom Medikament gleich lang. Der Patient braucht weder aufgeklärt noch überzeugt zu werden. Das muss schon erfolgt sein, sonst hätte er kein Rezept zur Aushändigung mit. Somit erscheinen drei Minuten Arbeitsaufwand pro Impfrezept als angemessen (Tabelle 16).

Eine Arbeitsstunde inklusive „Infrastrukturanteil" wird bei unserer Kalkulation sehr großzügig mit 60 Euro bemessen. Das ergibt „Arbeitskosten" seitens der Apotheke pro Impfung von drei Euro.

Nun zum Aufwand des Arztes. Hier ist die Analyse nicht so einfach. Immerhin geht es um Indikationsstellung, Aufklärung, klinische Untersuchung, Durchführung und Dokumentation, was bei jeder Impfung anders abläuft. Die Übernahme der Verantwortung für richtige Durchführung und eventuelle Komplikationen lässt sich ohnehin nicht in Form von Zeit bewerten. Auch die regelmäßige Kontrolle des Impfpasses gehört zu den Aufgaben des Arztes. Laut Gesundheitsministerium sollte dies bei jedem Arztbesuch erfolgen.

Um brauchbare Ergebnisse zu erzielen, wurden einige Ärzte befragt und ein Durchschnittswert für jede Impfung gebildet (Tabelle 16).

TABELLE 16

ZEITBEDARF APOTHEKE UND ARZT (IM MINUTEN)

	Impfstoff	Verwendung	Zeitbedarf		
			Apotheke	Arzt min.	Arzt Schnitt
1	Engerix Erw.	Hepatitis B	3,00	5,00	7,70
2	Havrix Erw.	Hepatitis A	3,00	5,00	6,80
3	Influvac 1 St	Influenza (2006/2007)	3,00	5,00	8,30
4	Prevenar	Pneumokokken	3,00	8,25	11,20
5	Revaxis Fertigspr.	DTP	3,00	5,00	7,40
6	Rotateq	Rotavirus	3,00	6,00	9,50
7	Twinrix Erw.	Hepatitis A+B	3,00	5,00	8,00
8	Typhim Vi	Typhus	3,00	5,00	7,10

Selbstverständlich ist die Tatsache berücksichtigt, dass beispielsweise der zeitliche Umfang der Aufklärung auch von der Vorbildung, dem Zustand oder der „Impfwilligkeit" des Patienten oder seiner Eltern abhängt. Diese Daten wurden mit dem bereits aus früheren Analysen bekannten Stundensatz von 200 Euro für die Arztstunde samt Infrastrukturanteil bewertet, da alle Arbeiten im Zusammenhang mit der Impfung auch vom Arzt selbst durchgeführt werden.
Auf dieser Basis konnten die Berechnungen erfolgen. Für die meisten Impfungen gibt es eine von der Ärztekammer empfohlene Impfgebühr, die von den Patienten privat eingehoben wird. In manchen Fällen, etwa beim Kinderimpfkonzept, gibt es mitunter sogar ein Honorar aus anderen Töpfen. Für die Kalkulation wurde das Ärztekammerhonorar herangezogen, Sonderaktionen wurden nicht berücksichtigt (siehe Tabelle 17).

TABELLE 17

WERTSCHÖPFUNG APOTHEKE UND ARZT

	Impfstoff	Verwendung	Entlohnung	Wertschöpfung		
			Arzt	Apotheke	Arzt	HAPO
1	Engerix Erw.	Hepatitis B	11,00	11,14	–14,67	–2,69
2	Havrix Erw.	Hepatitis A	11,00	13,57	–11,67	2,13
3	Influvac 1 St	Influenza (2006/2007)	11,00	2,59	–16,67	–11,79
4	Prevenar	Pneumokokken	11,00	33,78	–26,33	4,30
5	Revaxis Fertigspr.	DTP	11,00	2,89	–13,67	–8,61
6	Rotateq	Rotavirus	11,00	23,92	–20,67	1,75
7	Twinrix Erw.	Hepatitis A+B	11,00	19,50	–15,67	3,08
8	Typhim Vi	Typhus	11,00	6,66	–12,67	–4,36
Summe			114,04	–132,00	–16,18	

Das Ergebnis spricht Bände: Apotheken erzielen eine sehr gute „Wertschöpfung“ bei allen unseren Beispielen. Für einen Arzt ohne Hausapotheke schaut die Welt komplett verkehrt aus. Er darf nämlich ausnahmslos alle Impfungen subventionieren.

Beispiel Nummer 4 – Prevenar, Impfung gegen Pneumokokken. Die Wertschöpfung der Apotheke liegt bei 33,78 Euro (Spanne 36,78 Euro minus 3 Euro Arbeitskosten), der Arzt hat – rein rechnerisch – trotz Impfhonorar von 11 Euro einen Verlust von 26,33 Euro zu subventionieren (bewertete Arztzeit von 37,33 Euro minus Impfhonorar von 11 Euro).

Beispiel Nummer 7 – Twinrix, Hepatitis A+B: Die Wertschöpfung der Apotheke liegt hier bei 19,50 Euro (Spanne 22,50 Euro minus 3 Euro Arbeitskosten), der Arzt darf mit einem Verlust von 15,67 Euro in ähnlicher Größenordnung „dazuzahlen" (Arztzeit im Wert von 26,67 Euro minus Impfhonorar 11 Euro).

Bleibt die ärztliche Hausapotheke als möglicher Ausgleichsfaktor. Doch wer glaubt, hier ließe sich einiges an Geld verdienen, der irrt. Bei den genannten Beispielen 4 und 7 beträgt die Wertschöpfung einer ärztlichen Hausapotheke 4,30 Euro bzw. 3,08 Euro. Der Aufwand des Arztes beim Impfen ist also selbst durch Verkauf von Impfstoffen keine „Geldmacherei“, sondern deckt maximal den in einer Ordination entstandenen Aufwand ab.
Wenn als Beispiel alle acht von uns angeführten Impfungen bei einem Patienten vorgenommen würden, hätte der durchführende Arzt knapp 130 Euro Verlust zu verkraften, die ausfolgende Apotheke jedoch eine „Wertschöpfung“ von mehr als 110 Euro zu verbuchen. Selbst in der ärztlichen Hausapotheke läge der Verlust in Summe noch bei ungefähr 20 Euro.

Fazit: In Sachen Impfung sind Honorare und Wertschöpfung nicht gerecht nach Aufwand und Leistung verteilt, sondern ganz im Gegenteil. Für eine Kostendeckung in der Arztpraxis müssten die Impfhonorare jedenfalls dramatisch angehoben werden. Im Schnitt rechnet sich das für den Arzt erst ab einer Größenordnung von 25 Euro pro Impfung. Das würde jedoch die „Impfwilligkeit" noch weiter senken. Dispensierende Ärzte können diesen Verlust wenigstens halbwegs über die Handelsspanne ausgleichen.
Aus unserer Sicht liefert diese Analyse daher neben der äußerst verbesserungswürdigen und patientenfeindlichen derzeitigen Vertriebspraxis samt gefährdeter Kühlkette zahlreiche weitere gute Argumente für eine Abgabemöglichkeit von Impfstoffen in Arztpraxen.

Konzept Medikamenten-Management

Das Konzept Medikamenten-Management wurde im Herbst 2006 von Christoph Reisner unter Mithilfe von Michael Dihlmann entwickelt und stellt ein mögliches Szenario für eine neue Form der ärztlichen Hausapotheke für niedergelassene Ärzte aller Fachrichtungen dar. Es soll als Diskussionsgrundlage dienen, eine schrittweise Einführung samt Pilotprojekt wäre möglich.

Beweggründe zur Entwicklung des Konzeptes

Wahlärzte sind gewohnt, kunden- und damit patientenorientiert zu denken und zu handeln, da sie nur so erfolgreich sein können. Viele Wahlarztordinationen bieten Öffnungszeiten an, zu denen das übliche Geschäftsleben noch oder bereits stillsteht (Früh- und/oder Abendordinationen). Die Erfahrung zeigt, dass immer mehr Patienten bestrebt sind, ihren Wahlarzt außerhalb der Arbeitszeit aufzusuchen. Dies führt in der Praxis dazu, dass Patienten für verschriebene Medikamente oft weite Wege zurücklegen müssen, da außerhalb der „normalen" Geschäftszeiten lediglich eine „diensthabende" Apotheke geöffnet ist.

Ziele des Konzepts

Im Vordergrund des Modells stehen die Bedürfnisse der Patienten. Nachdem Ärzte die Kompetenz haben, Medikamente zu verordnen, ist der logische Schluss nahe liegend, die Abgabekompetenz beim verschreibenden Arzt zu vereinen und dem Patienten Wege zu ersparen. Die bestehenden Hausapotheken bestätigen die Funktionsfähigkeit dieses Systems. Schwachstellen des derzeit bestehenden Hausapothekensystems – wie der direkte Profit durch Verschreibung eines Medikaments – werden beim neuen Denkmodell beseitigt. Tierärzte haben bereits jetzt das Recht der Medikamentenabgabe.

Situationsanalyse

Die Medikamentendistribution ist in Österreich derzeit wie folgt geregelt: Der Patient hat freien Zugang zum Arzt, und zwar in der Form, dass er sowohl einen Allgemeinmediziner wie auch direkt einen Facharzt oder eine Spitalsambulanz aufsuchen kann. In einigen Bundesländern ist der direkte Zugang zum Facharzt eingeschränkt, in der Praxis ist diese Einschränkung aber kaum relevant. Allgemeinmediziner und Fachärzte verschreiben Medikamente, die der Patient in der öffentlichen Apotheke abholt. Einzelne Allgemeinmediziner verfügen über eine Hausapotheke.

In Spitälern wird der Patient mit einer Empfehlung bzw. Verschreibung der Erstmedikation ausgestattet. Er erhält KEINE Medikamente, nur ein Rezept für die kleinste Packungsgröße von dringenden Medikamenten.

Danach geht er zum niedergelassenen Arzt zur Weiterbehandlung und Weiterverschreibung seiner benötigten Medikamente. Die Verschreibegewohnheiten im intramuralen Bereich sind in keinster Weise an den Erstattungskodex der Sozialversicherungen gebunden.
Der niedergelassene Arzt verschreibt hierbei EXAKT das auszuhändigende Medikament unter Berücksichtigung des Erstattungskodex. Der Patient sucht eine öffentliche Apotheke seiner Wahl auf und bekommt dort EXAKT dieses Medikament ausgehändigt. EXAKT bedeutet in diesem Zusammenhang, dass genau das verschriebene Präparat in genau der verschriebenen Packungsgröße ausgehändigt wird. Die Verantwortung für die Verschreibung trägt AUSSCHLIESSLICH der Arzt.
Je nach Status von Medikament und Patient ist unter Umständen ein Selbstbehalt zu leisten. „Private" Medikamente sind vom Patienten selbst zu bezahlen. Für diese Versorgung stehen in Österreich etwa 1.000 öffentlichen Apotheken zur Verfügung, zusätzlich übernehmen etwas weniger als 1.000 Hausapotheker die Versorgung der Patienten in jenen Gebieten, deren Infrastruktur keine öffentliche Apotheke rechtfertigt.

„Wertschöpfungskette" Medikation

Bis das Medikament zum Patienten/Verbraucher kommt, hat es schon einen langen Weg zurückgelegt: Es wird entwickelt, wobei im Durchschnitt nur etwa zwei Prozent aller Medikamente im Entwicklungsstadium schließlich beim Patienten zur Anwendung kommen. Selbstverständlich müssen diese zwei Prozent die Entwicklungskosten der restlichen 98 Prozent mittragen. Es besteht kein Zweifel am marktwirtschaftlichen System der Medikamentenentwicklung, das maßgeblich für die Verfügbarkeit qualitativ hochwertiger Produkte verantwortlich ist.

Letztlich gehen im Schnitt etwa 45 bis 50 Prozent des Verkaufspreises an die Pharmafirma, die die Medikamente entwickelt, serienreif macht, produziert und vertreibt. Knappe zehn Prozent verbleiben dem Großhandel, der für die Verteilung der Medikamente an die Apotheken sorgt und diese bis zu dreimal täglich beliefert. Etwas mehr als 15 Prozent vom Bruttoverkaufspreis kassiert der Staat durch die Umsatzsteuer von 20 Prozent.

Die öffentlichen Apotheken, die den gleichen Beitrag zur Wertschöpfungskette Medikation beitragen wie der Großhandel, erhalten den stolzen Anteil von 20 bis 25 Prozent des Umsatzvolumens.

Auch die Ärzte sind in dieses Distributionssystem eingebunden: Sie klären den Patienten auf, stellen ihn medikamentös ein, überprüfen Neben- und Wechselwirkungen und kümmern sich um die Erstattungsrichtlinien der Medikamente im Sinne des Patienten – aus derzeitiger Sicht allerdings unentgeltlich.

Kritikpunkte am derzeitigen System

Honorierung

Das derzeitige System hat einige Schwachpunkte: Zunächst entspricht die Honorierung der einzelnen Tätigkeiten und Aufgaben im Rahmen der Medikamentendispensierung wie oben beschrieben in keinster Weise dem Ausmaß der Tätigkeit und der Verantwortung der Akteure im jeweiligen Vertriebsteil. Der Vertriebsteil mit dem geringsten Beitrag zum Ganzen wird derzeit am großzügigsten entlohnt.

Spanne

Das System der „Spanne“ beim Verkauf löst berechtigte Bedenken aus. Daher wird auch oft die Forderung laut, dass die Medikamentenabgabe nicht mit Einflussmöglichkeiten auf die Finanzen des Abgebers gekoppelt sein dürfte. Dieses Argument wird berechtigterweise immer im Konnex mit Hausapotheken verwendet, da hier Interessenskonflikte im Zusammenhang mit den Verschreibungsgewohnheiten wegen allfälliger Rabatte oder Handelsspannen nicht auszuschließen sind.

Der Patient läuft

Hauptkritikpunkt ist jedoch der Umweg des Patienten nach dem Arztbesuch in eine oft weit entfernte Apotheke. Geradezu tragisch wird die Situation, wenn es sich um immobile Patienten oder Gegenden mit schlechter Infrastruktur handelt. Hier müssen die Patienten zur Abholung von Injektabilia oder Infusionen vom Arzt mit einem Rezept zum Apotheker und dann wieder zurück zum Arzt geschickt werden, um Infusion, Impfung oder Injektion verabreicht zu bekommen.
Die offen diskutierte Praxis einzelner illegaler Hausapotheken zeigt ganz deutlich auf, welcher Vertriebsweg im Sinne des Patienten optimal wäre. Ganz abgesehen davon, dass gerade kleinere Landapotheken lagermäßig oft schlecht bestückt sind, der Patient also entweder zur nächsten Apotheke geschickt wird oder ohnehin bis zum nächsten Tag warten muss.

Generika

Die Flut von Generika mit bis zu 60 Medikamenten des gleichen Wirkstoffs oder mehr macht bisweilen auch den Apothekern die rechtlich einwandfreie Medikamentenabgabe schwer. Unter vorgehaltener Hand wird von Pharmainsidern geschätzt, dass bis zu 30 Prozent aller Verschreibungen von Apothekern entgegen der derzeit gültigen Rechtslage substituiert werden. Die Duldung dieser Entwicklung hat sich mittlerweile mehr oder weniger etabliert. Das zeigen auch erfolglose Versuche von Ärzten, gegen diese rechtswidrige Praxis anzukämpfen.

Medikamentensicherheit

Die beiden letzten Punkte betreffen das Thema Medikamentensicherheit. Seit einiger Zeit wird im Bundesland Salzburg der „Medikamentensicherheitsgurt“ angeboten, womit die Apotheke für den Patienten überprüft, welche Interaktionen bei seinen Medikamenten möglich sind. Die Prüfung erfolgt mit einem geeigneten EDV-Programm. Voraussetzung ist, dass Informationen über die verschiedenen Medikamente sinnvoll gebündelt werden, was über die e-Card einfach zu bewerkstelligen ist.

Das Problem bei dieser Serviceleistung liegt darin, dass der Apotheker weder fachlich noch rechtlich in der Lage ist, die vom EDV-Programm aufgedeckten Medikationsprobleme zu lösen. Verschärft wird diese Problematik durch die Tatsache, dass die meisten bestehenden Wechselwirkungen den Verschreibern bekannt sind und aus therapeutischen Zwecken bewusst in Kauf genommen bzw. in letzter Konsequenz auch VERANTWORTET werden.

Auch weit verbreitete Softwareprogramme für Ärzte verfügen über eine Interaktionsprüfung. Ein großes Manko dabei ist die derzeit noch mangelhafte Information über von anderen Ärzten verschriebene Medikamente; dieses Problem ließe sich mittels e-Card leicht lösen.

Als weiterer Problemfaktor gilt, dass auch rezeptfreie Medikamente schwerwiegende Interaktionen verursachen können, z.B. Aspirin. Beim Verkauf auf dem bisherigen Vertriebsweg erfolgt aber weder eine Beratung noch eine Interaktionskontrolle. Die Apotheke ist daher jedenfalls die falsche Instanz für eine Verschreibungskontrolle.

Fehler im System können natürlich passieren, so wie in allen Bereichen des täglichen Lebens. Da der Apotheker die Verschreibung nicht beeinflussen kann und EXAKT das aushändigen muss, was der Arzt verschrieben hat, ist durch Medikamentenabgabe in öffentlichen Apotheken keine Verbesserung der Medikamentenkontrolle gegeben. Aufgrund

der Fehlermöglichkeiten innerhalb der öffentlichen Apotheke entsteht sogar ein zusätzliches Fehlerpotenzial zum Nachteil des Patienten.
Eine wichtige Kontrollstelle ist im derzeitigen System überhaupt nicht installiert. Niemand kann nachprüfen, ob der Patient tatsächlich das verschriebene Medikament erhält. Zahlreiche Ärzte haben Grund zur Vermutung, dass die Medikationen von der Apotheke eigenmächtig und somit illegal verändert werden. Dies wird beispielsweise bei Hausbesuchen festgestellt, wo der Arzt die tatsächlich ausgehändigten Packungen zu Gesicht bekommt. Für den Arzt können daraus unter Umständen juristische Folgen resultieren, da er allein die Verantwortung für den Patienten trägt und durch nicht existente Kontrolle der Medikamentenabgabe im Zweifelsfall Beweisprobleme haben wird.

Alternative „Medikamenten-Management"

Eine Lösung, die alle angesprochenen Probleme auf einfache Weise beseitigen könnte, ist eine neue Form der Hausapotheke mit Dispensierrecht für alle Ärzte. Das Konzept folgt allerdings nicht dem für Hausapotheken und öffentliche Apotheken üblichen Modus, dass der Unternehmer Arzt oder Apotheker die Medikamente einkauft, mit Handelsspanne an die jeweilige Sozialversicherung verkauft und damit berechtigte finanzielle Eigeninteressen am Verkauf hat (Abb. 8).
Vielmehr sollte ernsthaft geprüft werden, den niedergelassenen Ärzten (und zwar sowohl Kassen- als auch Wahlärzten für Allgemeinmedizin und diverser Fachrichtungen) die Erbringung der ärztlichen Dienstleistung „Medikamenten-Management" zu ermöglichen. Ausgenommen vom Medikamenten-Management sind die „technischen" Fächer wie Radiologie oder Labormedizin.
Die Dienstleistung „Medikamenten-Management" umfasst die umfassende Aufklärung des Patienten, die persönliche „Einstellung", die

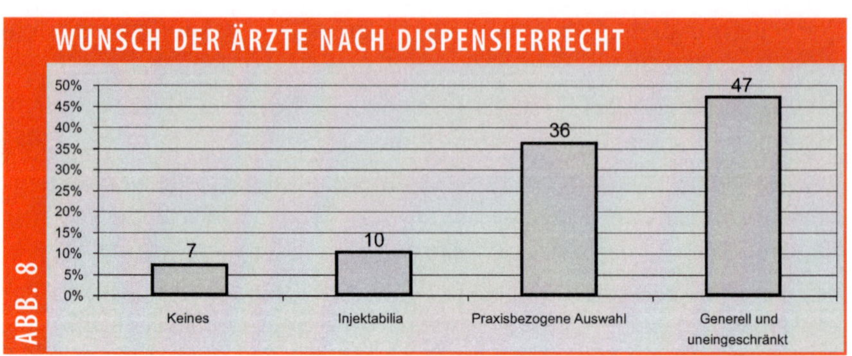

Überprüfung von Neben- und Wechselwirkungen, die Prüfung und Abwicklung der Erstattungsrichtlinien sowie die Zwischenlagerung und Aushändigung der Medikamente. Dies gilt jedoch nur für die vom Arzt verschriebenen Medikamente.

An dieser Stelle sei ausdrücklich angemerkt, dass die Entwickler des Konzepts unabhängig von den folgenden Überlegungen noch weitere Optimierungsvorschläge haben.

Umsetzbarkeit

Bedingungen

Dieses „Medikamenten-Management" ist an einige Bedingungen geknüpft. Der Arzt erhält eine Pauschalhonorierung in Höhe von 12,80 Euro pro Quartal pro Schein. Der Betrag ist wertgesichert und an die Erhöhung der Rezeptgebühr gekoppelt – unabhängig davon, ob überhaupt und wie viele oder welche Medikamente verschrieben werden. Diese ärztliche Leistung wird bei Kassenärzten als neue Leistung im Leistungskatalog einmal pro Abrechnungszeitraum verrechnet, Wahl-

ärzte werden für diesen Bereich Partner der Sozialversicherungen und legen eine Honorarnote.
Nach Auffassung der Autoren handelt es sich beim Medikamenten-Management um eine ärztliche Leistung, die daher nicht umsatzsteuerpflichtig ist. Eine diesbezügliche Prüfung läuft bereits.

Honorierung

Das Honorar von Euro 12,80 wurde unter Zugrundelegung der Infrastruktur von Ordinationen „typischer" Ärzte ermittelt. Weiters ist der Zeitaufwand von Arzt und Personal sowie dessen Bewertung mittels durchschnittlicher Stundensätze einkalkuliert. Dieses Honorar stellt keine Verhandlungsgrundlage dar, sondern einen nach betriebswirtschaftlichen Grundsätzen kalkulierten Tarif.

Sonderfälle

Praxisvertretungen werden genauso gehandhabt wie Vertretungen ohne Medikamenten-Management. Der Vertreter übernimmt den Status des Vertretenen. Im Falle von „Vertretungsscheinen" werden zwar Medikamente ausgegeben, die Honorierung des Medikamentenmanagements verbleibt jedoch beim Arzt mit „Originalschein".
Für Wahlarztpatienten gilt hierbei das „Scheinäquivalent", also die Anzahl der verschiedenen behandelten Personen pro Quartal. Die Abrechnung erfolgt direkt zwischen Sozialversicherung und Wahlarzt. Für die Patienten der „kleinen Kassen" mit Monatsabrechnung kommt ein Drittel des Betrages pro Monat zur Verrechnung.

Abrechnungsmodalitäten

Der Arzt kommt mit dem Zahlungsfluss NICHT in Berührung, alle ausgehändigten Medikamente werden direkt zwischen Sozialversicherung

und Großhändler abgerechnet. Der Arzt muss sich zum Bezug der rezeptpflichtigen Medikamente für EINEN Großhändler entscheiden. In die Verhandlungen dieser beiden Vertragsparteien muss die Annahme aufgenommen werden, dass bei dispensierenden Ärzten ein Lager von einem Monatsumsatz als fixe Richtgröße aufrecht zu erhalten ist.
Die Sozialversicherung rechnet nun ihrerseits die Medikation direkt mit dem Patienten ab, die Rezeptgebühr wird per Erlagschein eingezahlt. Als Option kommt selbstverständlich eine Direktabbuchung über Bankomatkasse in Frage. In diesem Fall müsste die Bankomatkasse samt Betrieb dem Arzt kostenlos vom Hauptverband zur Verfügung gestellt werden. Beim Wahlarzt wäre zu überlegen, ob die Verrechnung nicht sogar als Gegenrechnung zur Rückerstattung des Kassenanteils beim Wahlarzttarif erfolgen kann.

Rezeptgebühr

Zu diskutieren wären in diesem Zusammenhang auch eine völlige Abschaffung der Rezeptgebühr und eine pauschalierte Einhebung dieser Beträge durch eine deutliche Erhöhung des e-Card-Beitrages. Dies würde die Zahl der Zahlungsflüsse massiv reduzieren und somit die Administration des gesamten Medikamenten-Managements für alle Beteiligten erheblich vereinfachen.

Chefärztliche Bewilligung

Das neue Konzept legt nahe, Position und Aufgaben der Chefärzte neu zu überdenken.

Teilnehmende Ärzte

Die Entscheidung, ob ein Arzt am System „Medikamenten-Management" teilnimmt, ist freiwillig und nur von ihm zu treffen. Hierbei wird nicht individuell je Patient, sondern je Ordination entschieden.

Die Teilnahme am System gilt jeweils für ein Jahr, ausschließlich im ersten Durchgang wird eine „Kündigungsfrist" von einem Monat eingeräumt.
Wer sich für dieses System entscheidet, muss eine Medikamentenverfügbarkeit innerhalb von 24 Stunden gewährleisten. Dieses System gilt unabhängig von den Öffnungszeiten der Ordination. So kann es vor freien Tagen etwa Sinn machen, die fällige Medikamentenlieferung auf den Nachmittag des Ordinationstages zu legen.
Wer sich als Arzt für dieses System entscheidet, verpflichtet sich, ALLEN Patienten sämtliche selbst verschriebenen Medikamente auszuhändigen. Ob dieses Recht in Anspruch genommen wird, hängt unter anderem von den Gegebenheiten vor Ort sowie in den einzelnen Ordinationen ab. Der Patient kann entscheiden, ob er einen Arzt mit oder ohne Medikamenten-Management vorzieht. In den Städten werden Ärzte auf das Dispensierrecht verzichten, da die Versorgung mit Medikamenten gut funktioniert. Auf dem Land ist es sicher sowohl für Ärzte wie auch Patienten attraktiv, dieses Modell zu wählen.

Logistik

Die Distribution beurteilen Logistikexperten grundsätzlich als problemlos. So wie bei öffentlichen Apotheken oder Hausapotheken könnte in Zukunft auch eine größere Anzahl von Ärzten täglich vom gewählten Großhändler angefahren werden. Da Ärzte ihre Verschreibungsmodalitäten kennen, sollte eine Lagerhaltung in der Art möglich sein, dass der Großteil der Medikamente vorhanden ist. Fehlende Medikamente können vom Großhandel rasch nachgeliefert und je nach Individualsituation des Patienten etwa bei Hausbesuchen nachgeliefert werden. Die derzeit bestehenden gesetzlichen Regelungen für Lagerräume in ärztlichen Hausapotheken sollten hierbei neu überdacht und an die zeitgemäßen Erfordernisse angepasst werden.

Eine aus anderen Gründen auch sehr sinnvolle Installation des Hausarztes als „Koordinator“ oder „Lotse“ durch das Gesundheitssystem würde dieses Modell noch attraktiver und effizienter für alle Beteiligten machen.

Gesetzesänderungen

Bei einer Umsetzung dieses Konzepts würden weitere Änderungen im System durchaus Sinn machen. So leiden öffentliche Apotheken stark unter einer teilweise nicht mehr zu rechtfertigenden Gesetzeslage. Die Apothekengesetzgebung stammt aus dem Jahr 1907 und ist noch auf das ursprüngliche Berufsbild ausgelegt, als Apotheken mit Herstellung von Medikamenten auch das getan haben, wofür sie heute noch ausgebildet werden. Hier sollte ein moderner Standard Platz greifen.
Dies betrifft jedoch NICHT das existente Substitutionsverbot. Nach wie vor sollte AUSSCHLIESSLICH derjenige über das verordnete Medikament entscheiden, der dazu ausgebildet ist und auch die ALLEINIGE Verantwortung trägt. Gleichzeitig ist es nicht mehr zeitgemäß und offenbar auch rechtswidrig, den derzeitigen Gebietsschutz öffentlicher Apotheken weiterhin einzufordern. Hier zeigen zahlreiche Beispiele von neu eröffneten Apotheken auf groteske Weise, wie überarbeitungswürdig die dafür erlassenen Gesetze sind. Ein Beispiel: Wenn etwa Apotheker gezwungen werden, „auf der grünen Wiese“ abseits jeglicher gewachsener Infrastruktur nur aufgrund der Gesetzeslage zu eröffnen. Der Verkauf von apothekenpflichtigen Waren sollte im Rahmen des Medikamenten-Managements in Arztpraxen erlaubt werden.

Argumente, die für das Medikamenten-Management sprechen

1. Medikamenten-Management ist mit großem Abstand die patientenfreundlichste Abgabeform durch den Wegfall oft langer und bei

gewissen Erkrankungen auch schmerzhafter Wege zur nächsten Dienst habenden Apotheke.

2. Durch Medikamenten-Management wird die Verschreibungs- und Abgabetätigkeit vom Umsatz entkoppelt. Somit entsteht keinerlei finanzieller Anreiz.
3. Durch bezahlte Arztzeit unabhängig von der Verschreibung wird es dem Arzt ermöglicht, etwa Patienten auf Generika umzustellen oder auch medikamentenarme/-freie Therapien zu besprechen und einzuleiten.
4. Durch die direkte Abrechnung zwischen Sozialversicherung und Patient sowie Sozialversicherung und Großhändler ist eine optimale und absolut sichere Kontrolle der Verordnungen möglich.
5. Die Fehlerquote wird durch den Wegfall einer Vertriebsstufe reduziert.
6. Die Honorierung der einzelnen Tätigkeits- und Verantwortungsbereiche im Rahmen der Medikation wird entzerrt und wieder an den realistischen Umfang und Verantwortungsbereich geknüpft.
7. Durch die Kombination von Umstieg Spanne auf Honorar sowie Anreizen zur preiswerteren Medikation ist nach unseren Berechnungen ein theoretisches Einsparpotenzial (bei vollkommener Marktdurchsetzung) von etwa 70 Millionen Euro pro Jahr für die Sozialversicherungen gegeben.

Weitere Problembereiche

Bei der Erstellung des Konzeptes Medikamenten-Management wurden Informationen und Beurteilungen von zahlreichen Experten aus der Branche sowie erfahrenen Wahl- und Kassenärzten eingeholt. Hauptproblem bei der Erarbeitung der Details waren die Schnittstellen. Beim Überdenken einzelner Aspekte ist aufgefallen, dass viele Probleme fast

ausschließlich auf Grund für viele Ärzte unbefriedigender „Zustände" bestehen. So sorgt etwa die Größenordnung der Naturalrabatte in Krankenhäusern von bis zu einem Jahresbedarf – die erstaunlicherweise dort gebilligt wird, ärztlichen Hausapotheken aber verboten ist – für enorme Probleme bei der Nachmedikation im extramuralen Bereich.
Die Problembereiche im Einzelnen (ohne Anspruch auf Vollständigkeit):

- Verschreibungsgewohnheiten in Krankenhäusern werden von Naturalrabatten enorm beeinflusst.
- Gesetzeslage betreffend Apotheken und Hausapotheken ist teilweise veraltet.
- Rezeptgebühr mit hohem administrativen Aufwand (mehr als 150 Millionen Einzelbuchungen pro Jahr) und ohne Lenkungsfunktion.
- Verschiedene Abrechnungszeiträume der Krankenkassen.
- Unterschiedliche Leistungskataloge der Krankenkassen.

Resümee zum Thema Dispensierrecht

So wie in allen Geschäftsbereichen, haben sich auch die Rahmenbedingungen für den Vertrieb von Medikamenten in den vergangenen Jahren und Jahrzehnten massiv geändert. Das Berufsbild des Apothekers hat sich gewandelt, er stellt nur noch in seltenen Fällen Medikamente selbst her, sondern ist zum Händler von Arzneimitteln geworden; wobei der Handel nur die rezeptfreien, aber apothekenpflichtigen Medikamente betrifft. Im Rezeptbereich ist er zum bloßen Aushändiger einer exakt definierten Ware geworden, mitunter zum Nachteil des Patienten.

Medikamentendistribution – Ein gesundheitspolitischer Exkurs

Aufgrund der enormen Anzahl verfügbarer Präparate können selbst größere Stadtapotheken nicht immer jedes verschriebene Präparat lagernd halten, kleinere Landapotheken haben dafür noch schlechtere Voraussetzungen. Außerdem müssen Patienten in ländlichen Regionen aufgrund der vom Gesetz vorgegebenen Regelungen oft sehr lange Wege zurücklegen. Das bereitet vor allem alten und kranken Menschen große Schwierigkeiten. Wenn das verschriebene Präparat dann nicht vorrätig ist, besteht aus unserer Sicht ein grober Missstand, den es zu beseitigen gilt. Ein Extrembeispiel sind Impfstoffe und andere Injektabilia. Es ist geradezu grotesk, wenn der möglicherweise immobile Patient nach Verschreibung in die Apotheke muss, um dort ein Präparat zu besorgen, das dann wiederum in der Arztpraxis verabreicht werden muss.

Die Ausführungen in diesem Kapitel lassen auch klar erkennen, dass die Verteilung der Ressourcen bei der Medikamentendistribution grob aus dem Rahmen fällt. Die Berufsgruppe mit dem geringsten Arbeitsaufwand und ohne gesetzlich vorgeschriebene Verantwortung verdient gutes Geld. Hingegen erwirtschaften die Ärzte mit der vom Gesetz auferlegten Verantwortung und der meisten Arbeit rund um die Medikation keine kostendeckenden Honorare. Deshalb unsere Forderung nach einem generellen Dispensierrecht für Ärzte auf Basis von Freiwilligkeit und Pauschalabgeltung. Durch dieses System wäre eine optimale Betreuung des Patienten durch zeitgemäße Distribution und vor allem gerechte und unbeeinflusste Entlohnung garantiert.

Springer und Umwelt

ALS INTERNATIONALER WISSENSCHAFTLICHER VERLAG sind wir uns unserer besonderen Verpflichtung der Umwelt gegenüber bewusst und beziehen umweltorientierte Grundsätze in Unternehmensentscheidungen mit ein.

VON UNSEREN GESCHÄFTSPARTNERN (DRUCKEREIEN, Papierfabriken, Verpackungsherstellern usw.) verlangen wir, dass sie sowohl beim Herstellungsprozess selbst als auch beim Einsatz der zur Verwendung kommenden Materialien ökologische Gesichtspunkte berücksichtigen.

DAS FÜR DIESES BUCH VERWENDETE PAPIER IST AUS chlorfrei hergestelltem Zellstoff gefertigt und im pH-Wert neutral.